みんなでつくる
子ども・子育て支援新制度
子育てしやすい社会をめざして

前田正子
[著]

はじめに

　2013年の出生数は戦後最低の約103万1000人で，2012年より約6000人減少である。人口も前年より24万4000人減少している。今後日本の人口は引き続き減少していくことになる。

　筆者が子育て支援の研究をするようになったのは，1994年からである。1992年の育児休業法施行前の2月に出産した筆者は，当然のように退職することになった。その後，同年9月からその子を連れて夫婦で米国のビジネススクールに留学したのだが，公的保育制度のない米国での保育所探しは大変で，良い保育所は高く，安い保育所はひどい。そもそも0歳児保育は少なく，見つかるかどうか際どい状況だった。

　子連れで時々学校に現れる私たち夫婦を見て，何人もの米国人の女学生が「子育てと勉強をどうやってやりくりしているのか」と聞いてきて，米国でも仕事と子育ての両立はみんなが悩むことなのだと知った。北欧から来た留学生は，育児休業制度も児童手当もない米国の状況を見て，「米国人はおかしいんじゃないか？　子どもが産まれなきゃ，社会も続かないのに，なぜ子育てを支援しないんだ？」と言っていた。だが，ご存知の通り，実は米国は子どもがたくさん生まれる国である。

　その後，1994年に帰国し，再び日本で働きだした筆者は，またもや保育所探しに四苦八苦し，保育所や子育て支援の研究を始めることになった。1994年はエンゼルプランの始まった年であり，子育て支援に国が政策的に取り組み始めた年である。

　それから20年たち，様々な子育て支援の施策も展開され，育児休業制度や保育所の充実も図られているが，日本の少子化は進むばかりである。今，筆者は大学で教えているが，学生たちに聞くと，男女ともに結婚し子どもを持ち，幸

せな家庭を持ちたいという。未婚化が進行している中で，学生たちは結婚や子どもを持つことに否定的ではないか，と考えていた筆者には予想外だった。だが，みな「それが実現できるかどうかわからない」という不安も大きいという。筆者が結婚し子どもを産んだころより，ずっと様々な制度が充実しているのに，学生たちは「子どもはお金がかかるから，たくさんは産めないですよね」「これから仕事を始めて，やっと一人前になるころに結婚や出産することは許されるでしょうか？」と口々に不安を述べる。若者は誰でも将来に不安を抱くものだ。今の学生の親たちはちょうどバブル世代で，楽々と大手企業に入り，母親も専業主婦という家庭が多い。だが，これから学生たちが生きていく未来は，親が過ごしてきた時代とはまったく違うものである。親の生き方や考え方が見本にならず，学生たちは不安ばかり募らせている。

そのような中で，2015年より子ども・子育て支援新制度が始まる。恒常的な財源を得て，子ども関係の施策を強化し，子育てを巡る様々な課題をなんとか乗り超えようというものだ。この新制度を進めれば，日本の少子化問題は解決するだろうか？　また，先に述べたように，今は将来への不安を持つ学生たちも，安心して働き，結婚し，子どもを産み育てていける社会になるだろうか？

そこで，まず本書では日本の少子化の要因について触れるとともに，これまでの日本の子育て支援施策の変遷を取り上げる。さらに子ども・子育て支援新制度がどのような制度かを見るとともに，各国と日本の子育て支援の状況を比較してみた。また，子育て支援で有名な自治体の状況についても調査し，東日本大震災後の子育てや子どもへの支援の現状についてもふれている。最後には，本当に子育てしやすい社会になるには何が必要か，についても考察を試みた（子ども・子育て支援新制度については2013年12月に一通りの取りまとめがなされたが，まだ細かい点や費用などについては2014年5月時点でまだ議論されており，確定的なものでないことをご了承頂きたい）。

ここでみなさんに是非ともご理解いただきたいことがある。日本の子育てを巡る状況が改善し，出生率，つまり女性一人が産む平均の子どもの数が増えたとしても，日本の少子化や人口減の進行はしばらく，おそらく数十年にわたっ

はじめに

て止まらないということだ。なぜなら、そもそも子どもを産む年齢の女性が減っているからである。例えば、2014年時点で40歳になる団塊ジュニアの最後の世代となる1974年生まれの人口は約203万人（半分弱が女性である。自然に任せると男子のほうが少し多く生まれるため）であるが、35歳になる1979年生まれの人口は約164万人である。同じく2014年に30歳になる1984年生まれは約149万人で、20歳になる1994年生まれは約124万人である。

つまり、2014年時点で40歳の女性は約101万人いるが、30歳の女性は約74万人、20歳の女性は約62万人しかいない。そして、2043年に30歳になる2013年生まれの赤ちゃんは約103万であるため、女性は約51万人である。何人子どもが生まれるかという出生数は、一人の女性が平均何人産むかという出生率と、出産可能年齢の女性の数で決まる。そのため、出生率が上昇しても、そもそも子どもを産む女性の数が少なければ、生まれる赤ちゃんの人数も増えないのだ。

つまり、日本は2つの課題を抱えている。若者が安心して働き、結婚し、子育てしていけるような環境整備を、一日も早く成し遂げなければならない。だがその一方で、人口減を前提に社会の仕組みを変える必要がある。特に地方では、今後、すさまじい勢いで人口減が進んでいくだろう。それは、子育て支援で有名な自治体であっても免れることは難しい。

しかも、これまでの社会の延長線上に日本の未来はない。世界の誰もが体験したことのない少子高齢化の波を日本は乗り越えなくてはならない。子ども・子育て支援新制度を、本当に子育てしやすい社会づくりの端緒とできるかどうか、それは私たちみんなの問題である。

本書が少しでも、読者のみなさんが日本の子育て支援の現状について知ることへの一助になれば幸いである。

2014年5月

前田正子

目　次

はじめに

第Ⅰ部　なぜ子ども・子育て支援新制度なのか

第1章　子ども・子育てを取り巻く現状 ... 3
1　団塊の世代から団塊ジュニアまで ... 3
2　1975年から下がり続ける出生率 ... 5
3　第三次ベビーブームが来なかった2000年代 ... 6
4　なぜ少子化が進むのか ... 9
　（1）未婚化の進行　9
　（2）晩婚化の進行　10
　（3）夫婦の出生力の低下　12

第2章　少子化対策・子育て支援策の変遷 ... 15
1　大きな3つの流れ――政策・保育制度・財源 ... 15
2　エンゼルプラン（1994年から1999年）の時代 ... 16
3　新エンゼルプラン（2000年から2004年）の時代 ... 20
　（1）少子化対策推進基本方針　20
　（2）少子化対策プラスワン　21
　（3）次世代育成支援対策推進法　22
4　子ども・子育て応援プラン（2005年から2009年）の時代 ... 22
　（1）少子化社会対策大綱　22
　（2）子育て支援の財源を巡って　23
　（3）保育制度改革　25
5　子ども・子育てビジョン（2010年から2014年）の時代 ... 27
　（1）子ども・子育てビジョン　27

　　　　（2）子ども・子育て新システム検討会議　27
　6　「子ども・子育て新システム」から「子ども・子育て支援新制度」まで…28
　　　　（1）子ども・子育て新システムを巡って　28
　　　　（2）待機児童解消「先取り」プロジェクト　29
　　　　（3）待機児童解消加速化プラン　30
　　　　（4）財源を巡って　31

第3章　子ども・子育て支援新制度とは　35

　1　子ども・子育て支援新制度で何が変わるか………………………………35
　2　子ども・子育て支援給付……………………………………………………37
　3　「保育に欠ける」から「保育の必要性」へ………………………………39
　　　　（1）保育の必要性の認定　39
　　　　（2）保育の必要性の認定区分　43
　　　　（3）保育の必要性認定と利用の申し込み　44
　　　　（4）保育の必要性と長時間・短時間　45
　4　保育と教育にかかる費用……………………………………………………46
　　　　（1）保育料はどうなるのか　46
　　　　（2）公定価格とは　47
　　　　（3）公定価格の仮単価のイメージ　48
　5　新たに始まる確認制度………………………………………………………49
　6　新たな幼保連携型認定こども園……………………………………………51
　7　地域子ども・子育て支援事業………………………………………………53
　8　放課後児童クラブ……………………………………………………………55
　9　保育所の待機児童の状況……………………………………………………59

第4章　各国の子育て支援策から学ぶ　63

　1　米国の子育て支援策…………………………………………………………63
　2　ドイツの子育て支援策………………………………………………………65
　3　フランスの子育て支援策……………………………………………………68

4	スウェーデンの子育て支援策 …………………………………… 70
5	日本の子育て支援策 …………………………………………… 71

第Ⅱ部　子育て支援の現場から──様々な新しい動き

第5章　子育て支援は町づくりと共に──新潟県長岡市　79

1　米百俵 ………………………………………………………… 79
2　子育ての駅・ハードとソフトの相乗効果 …………………… 80
3　防災施設の子育ての駅 ……………………………………… 82
4　駅前再開発と子育ての駅 …………………………………… 83
5　駅前再開発と全世代の生涯教育 …………………………… 87
6　シティホールプラザ・アオーレ長岡 ……………………… 88
7　長岡市ならではの取り組み ………………………………… 91

第6章　過疎の村のスクール・コミュニティ構想──岩手県普代村　93

1　保健師は2人 ………………………………………………… 93
2　はまゆり子ども園──保育料は無料 ……………………… 95
3　幼小中一貫教育 ……………………………………………… 98
4　キャリア教育 ……………………………………………… 100
5　普代村スクールコミュニティ …………………………… 100
6　小中学校の建て替え問題 ………………………………… 101

第7章　産科医のいない町の子育て支援──岩手県遠野市　106

1　民話のふるさと …………………………………………… 106
2　「わらすっこプラン事業」………………………………… 108
3　病児等保育室 ……………………………………………… 111
4　遠野市助産院「ねっと・ゆりかご」……………………… 112

    5　沿岸被災地の後方支援拠点基地……………………………… 116
    6　今後の子育て支援施策…………………………………………… 118

第8章　待機児童ゼロへの歩み──神奈川県横浜市　120

    1　横浜市の多様な保育資源………………………………………… 120
    2　待機児童対策の始まり・横浜保育室と幼稚園の横浜型預かり保育…… 121
    3　子育て支援事業本部の時代（2003年度から2005年度まで）……… 123
        （1）待機児童解消が目標の時限つき事業本部設置　123
        （2）新しい整備手法の導入　124
        （3）運営法人の多様化　126
    4　こども青少年局の時代（2006年度から）…………………………… 128
    5　待機児童解消が再び市の重点施策に（2010年度から）…………… 131
        （1）全庁的協力体制と地域密着の整備　132
        （2）さらに多様な保育サービスの展開　134
        （3）保育コンシェルジュ　137
        （4）保育サービス間で不公平感のない，適正な料金設定　138
        （5）保育士の確保　139
    6　待機児童ゼロを達成して──その後の課題………………………… 140

第9章　子育て支援を市民の力で──大阪府熊取町　144

    1　協働で取り組む子育て支援……………………………………… 144
    2　子育て支援を支える市民の力…………………………………… 146
    3　ファミリー・サポート・センター事業の会員獲得…………… 148
    4　NPOと地域の人々との連携でホームスタート事業の展開…… 149
    5　次の世代の育成…………………………………………………… 153
    6　子ども家庭課・教育委員会との連携…………………………… 154

第10章　子育て当事者から支援者へ──大阪府富田林市　157
1　学生結婚……………………………………………………………………157
2　良い母親・理想の子育ての呪縛…………………………………………159
3　自分たちの居場所をつくろう……………………………………………162
4　活動体から事業体へ………………………………………………………164

第11章　震災後の子どもたち──宮城県仙台市　168
1　仙台──震災の後で………………………………………………………168
　　（1）災害子ども支援ネットワークみやぎ　168
　　（2）二分化される被災者のいま　170
　　（3）子どもたちの育ちを守ることが東北の未来を築く　172
2　のびすく泉中央……………………………………………………………174
　　（1）中高生の居場所──"のびすく4プラ"　174
　　（2）震災の後の子育て支援　177
3　仙台冒険遊び場・プレーパーク…………………………………………180
　Column　各地の現場レポートから見えてくるもの……………………186

第Ⅲ部　子ども・子育て会議と子ども・子育て支援新制度のこれから

第12章　子ども・子育て会議とは　191
1　地方版子ども・子育て会議の役割………………………………………191
2　地方版子ども・子育て会議の状況………………………………………193
　　（1）設置状況　193
　　（2）県の役割　194
　　（3）何の議論から始まるか　195
　　（4）「子ども・子育て会議」を効果的に運営するために　196
3　尼崎市の事例………………………………………………………………197
4　会議とニーズ調査で十分か………………………………………………201

第13章　子ども・子育て支援新制度で問題は解決するか　204
　　1　国際比較調査から……………………………………………204
　　2　子どもを増やす？　増やさない？……………………………205
　　3　教育費の負担………………………………………………207
　　4　子どもを持つことと生活満足度の関係……………………209

第14章　子育てしやすい社会に必要なもの　211
　　1　子どもをもう一人産みたくなるのは……………………211
　　2　長時間労働の克服…………………………………………212
　　3　若者に安定した仕事を……………………………………215
　　4　長野県下条村を訪れて……………………………………219
　　5　地方で仕事をつくれるか…………………………………221
　　6　子ども・子育て支援新制度をスタートとして…………223

おわりに　229
さくいん　233

第Ⅰ部

なぜ子ども・子育て支援新制度なのか

> 　子ども・子育て支援新制度は早ければ2015年4月から始まる。ここでは，まず日本の子育てを取り巻く現状を見るとともに，少子化の推移やその背景についても考えてみる。さらに，1994年以来，様々に打ち出されてきた日本の子育て支援策の変遷について見ていくと共に，子ども・子育て支援新制度の概要について説明する。また日本の子育て支援策をより良いものにしていくために，参考となる欧米諸国の子育て支援策について紹介したい。

第1章 子ども・子育てを取り巻く現状

　子どもが生まれないというのは，日本の誰もが知っている現実だ。それでは，この少ない子どもたちは大切にされているだろうか。驚くべきことに今や日本の子どもの7人に1人は貧困状態にあると推計されている。子どもの貧困を解消し，教育の機会均等を保障することにより，次世代への貧困の連鎖を断ち切ろうと「子どもの貧困対策の推進に関する法律（子どもの貧困対策法）」が2013年に成立した。このような中，2015年からは子ども子育て支援新制度がスタートしようとしている。そこでまず最初に，戦後からの日本の少子化や子育て支援策の変遷を見てみよう。

1　団塊の世代から団塊ジュニアまで

　今，日本は少子高齢化の急速な波の中にいる。2012年の出生率は1.41と前年より0.02ポイント高くなった。だが一方，出産年齢の女性が減っていることもあり，生まれた子どもの数は103万7101人と，前年より1万3705人減り，過去最少だった。しかも，女性が最初の子を産む平均年齢は30.3歳と，過去最高となっている。一方，人口に占める65歳以上の割合（高齢化率）は23％を超え，0歳から14歳の子どもの割合は13％に過ぎない。日本の少子化はいつからはじまっていたのだろうか。ここで簡単におさらいしてみよう。図1-1には，「出生数及び合計特殊出生率の年次推移」があるので，これを見ながら確認して頂きたい。
　1945年の終戦後，1947年〜1949年にかけては第一次ベビーブームが起こる。

第Ⅰ部　なぜ子ども・子育て支援新制度なのか

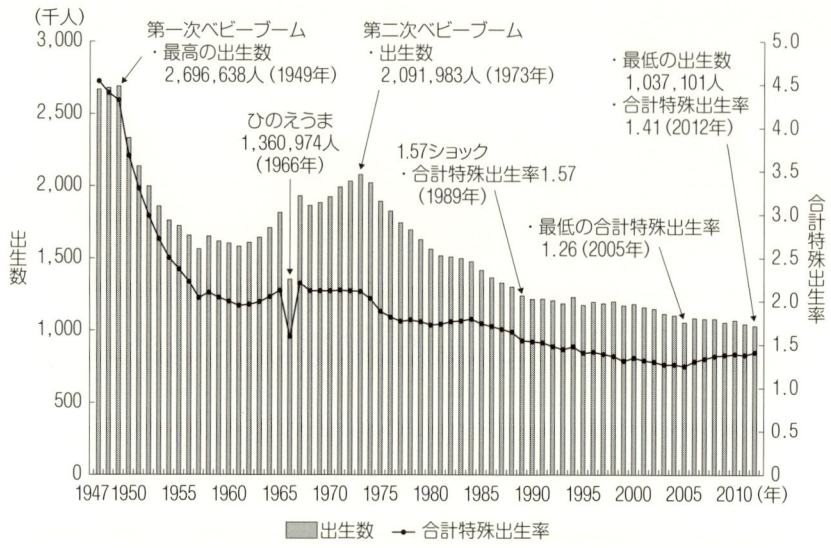

図1-1　出生数及び合計特殊出生率の年次推移
出所：厚生労働省「人口動態統計」2013年より。

　1949年には戦後最高の約269万人も生まれている。一人に女性が一生の間に産む子どもの平均は4.32人（合計特殊出生率）である（この3年間に生まれた巨大な人口の塊が団塊の世代であり，今やこの世代は65歳を超えはじめ，後期高齢者（75歳以上）になる2022年以降には医療費や介護の深刻な問題が予想されている）。その後出生数は急速に低下し，1955年には出生数は173万人で合計特殊出生率は2.37となった。

　日本にはかつて，2000年まで人口問題審議会というのがあった。その記録を見てみよう。この審議会の1回目は1953年であり，吉田茂首相が挨拶している。当時の問題意識は「いかに増える人口を抑えるか」というものだった。1954～55年にかけては「人口の量的調整に関する決議」と「人口収容力に関する決議」が採択されている。1959年には最初の『人口白書』がつくられ，生産年齢（働く年代）の激増による失業問題や出生抑制の必要性が語られている。

　ところが，その時にはすでに少子化の兆候が現れ出していた。死んでいく人

と同じ数だけ赤ちゃんが生まれれば，人口はずっと一定の数を維持することになる。その時の状態を静止人口といい，それをもたらす出生率を人口置換水準というが，1956年にはわずかではあるが，それを下回り出していた。つまり，いずれ日本の人口は減っていくことは，すでにこの時点でわかっていた。だが，誰もこれほどの少子化が来るとは予想していなかった。

一方，1960年代に入って高度成長期に入ると，今度は若年労働力の不足が言われるようになってきた。その後，団塊の世代の結婚・出産ラッシュが始まり，1971年〜74年にかけては，第二次ベビーブーム（団塊ジュニア）となる。その時は毎年200万人を超える赤ちゃんが生まれ，合計特殊出生率も人口置換水準をわずかに超えていた。

2 │ 1975年から下がり続ける出生率

団塊ジュニアの時のような出生率が続けば日本の少子化問題は起こらないはずだった。だが，その後，生まれる赤ちゃんの数は急速に減りだす。1975年には約190万人の赤ちゃんが生まれるが，合計特殊出生率は1.91と2を割り込んだ。1980年には同じように約158万人の1.75となり，人口を維持する水準を大幅に下回るようになってくる。

実はこのように生まれる赤ちゃんが減ることは，当時の人口の専門家の間でも予想外のことだった。途上国は生まれる赤ちゃんは多いが，経済発展と共に出生率は落ちていく。医療が発達して子どもの死亡率が下がるので，子どもが死ぬことを前提にたくさん産む必要がなくなる。また，女性にも賃金がもらえる仕事が増えたりするため，子どもの数を減らすようになる。そして，先進国では人口を維持する水準で，出生率は落ち着くと考えられていたからだ。

だが出生率の低下はとどまることを知らず，ついに1990年に1.57ショックに見舞われることになる。それまで戦後，日本の出生率が最も低かったのは，丙午に当たる1966年の1.58だった。丙午の年には「気性の激しい女性が生まれる」ということで，多くの夫婦が妊娠・出産を避けたらしく，1966年には約

136万人の出生数で，出生率も1.58と低かった。だが翌1967年には約194万人の赤ちゃんが生まれ，出生率も2.23へと回復したため，1.58という出生率は特別な要因で起こる一時的なもの，と受け取られていたからだ。しかし1989年は丙午を下回る1.57であり，それが判明した翌年の1990年には大きなニュースとなった。その要因を巡っては「女が働くから悪い」「女が大学に行くからだめだ」と言われたものだった。そしてさらに出生率は落ちていくことになる。

しかし，人口問題審議会が少子化問題を本格的に議論しだすのは，出生率が1.39まで落ち込んだ1997年である。それまでは，国が「産めよ増やせよ」と個人の結婚や出産に口を出すのは長くタブー視されていたからである。この年には15回にわたって会議が開催され，様々な立場の人々からのヒアリングが行われた。実は当時，5歳の子どもを抱えながら民間のシンクタンクで働いていた筆者も，米国と日本の保育所の両方に子どもを預けた経験がある，ということで呼ばれ，働く母親の実情についてお話しした記憶がある。

こういった経過を経て，同年，人口問題審議会は「少子化に関する基本的考え方について——人口減少社会，未来への責任と選択」という報告書を出している。この報告書では少子化の要因は，何よりも結婚する人が減っている未婚化の進行，そして結婚してもその年齢が遅くなっている晩婚化にあると分析している。その背景には，女性にとって仕事と家庭の両立は難しいことがあるが，それは固定的な男女の役割分業を前提とした働き方や家庭のあり方からもたらされているとしている。何よりも少子化の克服には，企業と家庭や地域での改革が必要であるとし，この考え方はその後の少子化対策の基本理念となった。

その後，審議会では諸外国の少子化対策，子育て支援を精力的に調査し，「少子化に関連する諸外国の取り組みについて」を1999年にまとめた。これは，諸外国の政策を網羅的かつ簡潔に紹介した大変良い資料となっている。

3 第三次ベビーブームが来なかった2000年代

だが，その後，2005年にはこれまでの最低の出生率1.26を記録し，生まれた

赤ちゃんは約106万人だった。だが，最初に述べたように2012年は1.41という出生率でありながら出生数はこれより少ないのである。すでに日本の人口は2008年からはずっと減少傾向が続いている。実は少子化の進行を食い止めることはできないが，少しでもその勢いを止めることはできるチャンスが2000年代にあった。だが，日本はそれを逃したのだ。

最後のチャンスは第2次ベビーブームに生まれた団塊ジュニアの世代が結婚し，子どもを産むタイミングだった。彼らの後は急速に少子化が進んでいる。そのため，いくら彼らの後の世代が結婚して出生率が上がっても，出産可能年齢の女性の数が少ないので，生まれる子どもの数が増えることは期待できない。だが残念なことに，この期待の団塊ジュニアが高校や大学を出て就職する時期は，日本社会はバブルが崩壊した就職氷河期だった。この氷河期は長く1993年から2005年まで続いた。さらに90年代後半の北海道拓殖銀行や山一証券の倒産などの金融危機後は超就職氷河期となり，2000年代に入り，一層若者の就職状況は悪化した。日本の景気の先行きが見えないこの時期は，団塊ジュニアが結婚や出産を考え出す時期でもあった。

氷河期・超氷河期には，数多くの若者が正規の職を見つけられないまま卒業していった。新卒一括採用が主流の日本では，いったんフリーターになった若者が正規の職に就くのは至難の業である。非正規のまま30代後半から40代になりつつある者も少なくない。つまり，エンゼルプランで子育て支援の必要性が論じられ始められたころは，若者が就職難に直面し始めた時期だった。しかし「就職しないのは若者が悪い」という自己責任論が展開され，「いずれ景気が良くなればこの問題も解決される」とその影響が軽視されていたのだ。

2010年時点で30歳から34歳の男性の未婚率は47.3％，35歳から39歳では35.6％，女性の場合は同順に34.5％，23.1％となっている（図1-2，図1-3）。そもそも婚外子が少ない日本では，結婚しないと子どもが生まれない。結婚するには経済的安定が欠かせないが，若者の仕事の不安定化・非正規化は，結婚しない人を増やすことになった。本来であれば，団塊ジュニアが30歳代に入る2000年代には第三次ベビーブームが起こってもいいはずだったのだが，出生率

第Ⅰ部　なぜ子ども・子育て支援新制度なのか

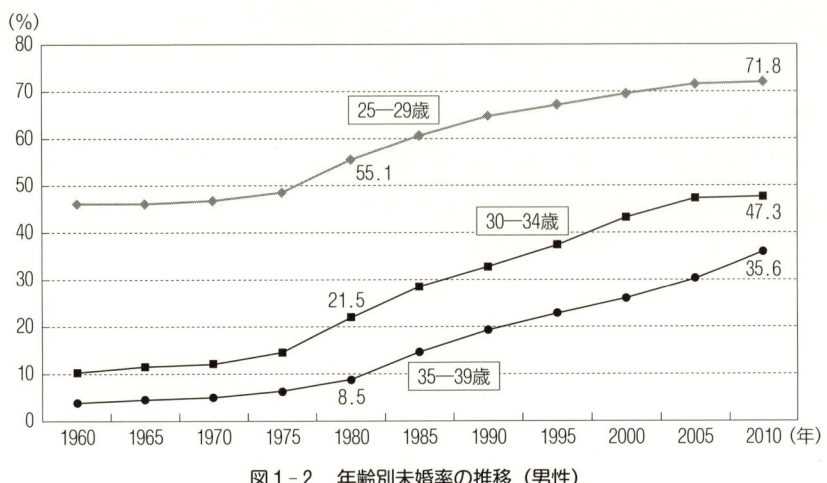

図1-2　年齢別未婚率の推移（男性）

資料：総務省「国勢調査」(2010)
注：1960～1970年は沖縄県を含まない。
出所：内閣府『少子化社会対策白書（平成25年版）』勝美印刷，2013年，p. 8より。

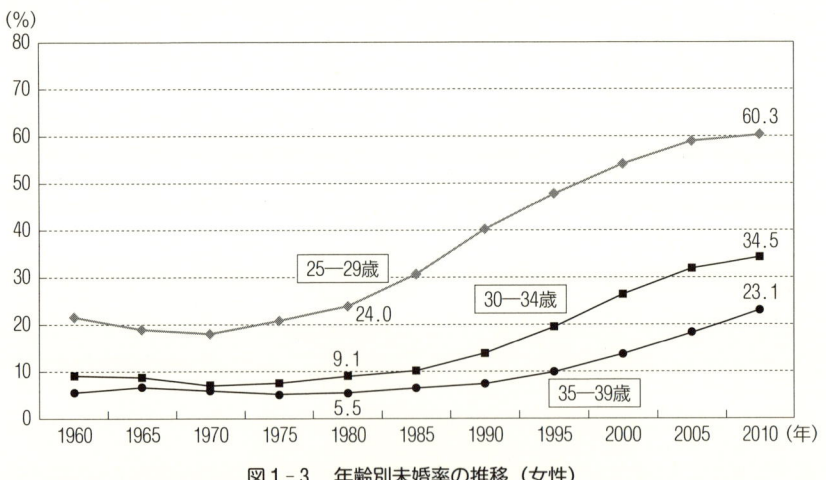

図1-3　年齢別未婚率の推移（女性）

資料：総務省「国勢調査」(2010)
注：1960～1970年は沖縄県を含まない。
出所：内閣府『少子化社会対策白書（平成25年版）』勝美印刷，2013年，p. 9より。

は下がり続けるだけだった。

　この時期，様々な少子化対策，子育て支援策が打ち出されたのだが，本当はもっと早くもっと抜本的・包括的に行われるべきだったのだろう。先にあげた人口問題審議会の少子化の要因についての分析は正しかったが，それだけでは不十分だった。今から振り返れば，若者の就労環境が急速に悪化する中で，結婚や子育て以前の問題を抱える若者たちへの就労支援や，経済的安定をもたらす政策も同時に講じられるべきだった。だが，日本では新卒一括採用の制度が定着し，若者の学校から職場への移行や自立が，その頃まではうまくいっていた。そのため，若者の就労を巡る社会構造の急速な変化は気づかれなかった。

　少し前にはやった「パラサイトシングル論」の影響もあり，若者の就労にいたっては「自己責任論」が強く支持されていた。2008年のリーマンショックや年越し派遣村や若者の貧困問題などが起こり，やっと若者の自立や就労に社会的支援が必要であるとの認識の下，子ども・若者育成支援推進法が施行されたのは2010年である。1990年代半ばから始まった若者を巡る急速な構造変化に，日本社会は対応できないまま，団塊ジュニア世代は40代になりつつある。

4　なぜ少子化が進むのか

　それではここで簡単になぜ日本で少子化が進んでいるのかを見てみよう。簡単にまとめると少子化の直接的な要因は3つ。①未婚化，②晩婚化，③夫婦の出生力の低下にあるとされている。

1　未婚化の進行

　子どもが生まれるためには，まず結婚しなくてはならない。もちろん未婚の母も増えてはいるが，日本では婚外子は出生全体の2％程度となっている。何よりも，結婚する人が減っているのだ。図1-2，図1-3を見ていただければいいのだが，先にも書いたように2010年時点で30歳から34歳の男性の未婚率は47.3％，35歳から39歳では35.6％，女性の場合は25歳から29歳では60.3％，30

歳から34歳で34.5％，35歳から39歳では23.1％となっている。つまり，女性から見ると，20代後半では結婚している人の方が40％弱という少数派であり，30代前半でやっと6割強の人，30代後半では7割強の人が結婚する。1980年には30代前半で結婚していない女性は1割弱，30代後半になればわずか5.5％。30年前はほとんどの人が結婚する時代だったのだ。

　また40歳まで独身でいると，その後，結婚するのが難しくなると言われている。男女ともに「今さら生活を変えるのは，めんどうだ」と考えたり，親もいよいよ高齢化するので親の介護の問題が始まったり，親が健康でも子どもを手放すのを嫌がるようになってくるということもある。さらに40歳を過ぎると妊娠するのが難しくなるため，女性の場合だと「どのみち産めないのだからあせることはない。本当に気に入る人が現れるまで待とう」と考える人もいる。こういった様々な要因が重なり，2010年時点で生涯未婚率（50歳時点で一度も結婚したことのない人の比率）は，男性で20.14％，女性で10.61％となっている。この未婚率は上昇していくと見られ，2006年時点の推計では1990年生まれの女性の生涯未婚率は23.5％，2012年時点の推計では1995年生まれの女性の生涯未婚率は20.1％（中位推計）となっている。1970年代半ば以降，生まれる子どもの数は減り続けている。ということは出産可能年齢の女性も減っていくということなのだ。ただでさえも出産できる女性の数が減っているうえに結婚する人も減る，ということからますます生まれる子どもの数が少なくなるのである。

2　晩婚化の進行

　またもう一つ，生まれてくる子どもの数に影響を与えるのが，晩婚化，つまり，結婚する時期が遅くなっていることである。今や結婚適齢期という言葉は死語になったと言われている。何歳で結婚するかは人それぞれであり，結婚したくなる時期が結婚適齢期である。だが，妊娠出産には年齢の影響が大きく，妊娠出産適齢期があるのは事実なのだ。

　今や平均初婚年齢（図1-4参照）も上がり続け，女性で見ると，1980年には25.2歳だったものが，2000年には27.0歳，2010年には28.8歳となっている。こ

第1章 子ども・子育てを取り巻く現状

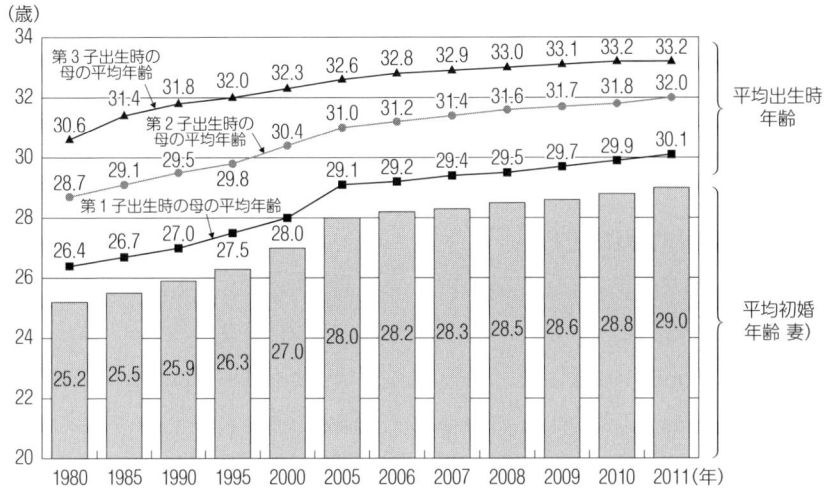

図1-4　平均初婚年齢と母親の平均初産年齢の年次推移

資料：厚生労働省「人口動態統計」
出所：内閣府『少子化社会対策白書（平成25年版）』勝美印刷，2013年，p. 11より。

れに伴って平均初産年齢も上がり，1980年には26.4歳だったものが2000年には28.0歳，2010年には29.9歳。2012年の平均初婚年齢は29.2歳，平均初産年齢は30.3歳と過去最高を更新している。

　女性の妊娠する力は39歳ぐらいから急速に落ちると言われている。ということは，結婚が遅ければ遅いほど，妊娠できる期間が短くなる。26歳ぐらいで結婚すれば，妊娠可能期間が13年はあるが，33歳ぐらいで結婚すれば6年しかない。妊娠可能期間が6年では，2人の子を産むためには，かなり計画的に考える必要があるだろう。3人産もうとすれば次から次に年子で産まなくてはならない。ましてや35歳を過ぎての結婚だと1人産むのが精いっぱいになる可能性が高い。もちろん，40代で産む人も大勢いるし，むしろ昔の方がずっと40代での出産が多かった。だが，すでに子どもを産んだ経験がある40代と，一度も産んだことのない40代では母親の体の状態に差があると言われている。

　晩婚化が晩産化をもたらし，妊娠可能な時期に配偶者がいる期間が短くなれば，当然生まれる子どもの数が少なくなる。実際に国立社会保障・人口問題研

究所の2010年の調査によると，夫婦の結婚年齢が高いほど，子どもの数は少なくなっている。妻の結婚年齢が20歳から24歳の夫婦では平均の子どもの数は2.08人なのだが，25歳から29歳では1.92人，30から34歳では1.5人となっている。

3 夫婦の出生力の低下

　さらに問題だと考えられているのが，結婚した夫婦でも生まれる子どもの数が減っていることだ。これまでは少子化の直接的な要因は結婚する人が減っている未婚化であり，結婚さえするようになれば子どもは生まれるようになる，と考えられていた。しかし，実は結婚した夫婦から生まれる子どもの数も減っている。

　結婚持続期間（結婚からの経過期間）15年から19年の夫婦の平均子ども数は，夫婦の最終的な平均出生子ども数＝完結出生児数とみなされている。つまり，結婚から19年たった夫婦は，子どもを産み終えていると考えられているわけだ。その数であるが，1992年には2.21，2002年には2.23だったのだが，2005年には2.09，そして2010年には1.96と2を下回るようになっている（「第14回出生動向基本調査」，2010）。

　もちろん，晩婚化の影響もあると考えられるが，一方で，子育て世帯の経済力の低下なども要因だと見られている。内閣府が2011年に子どもを増やさない理由，または増やせない理由を尋ねているが，男女とも「子育てや教育にお金がかかりすぎるから」と答えている。これには子育てに求める水準が上がり，子どもには塾やおけいこ事などお金をかけて育てるのが当たり前，「少なく産んで大事に育てよう」という意識もあると言われている。

　また，国税庁の「民間給与実態統計調査」（表1-1）を見ると，若年世代の所得が低下してきているのがわかる。例えば，男性30歳から34歳の場合，平均給与は2011年に433万8千円であるが，2006年には460万5千円，2001年には483万1千円，1996年には500万7千円であった。15年の間に約67万円ほど給与が下がっている。男性35歳から39歳の場合は同じく1996年に574万8千円だっ

表1-1　民間企業の勤め人の平均給与の変遷（単位千円）

	1996年	2001年	2006年	2011年
男性25～29歳	4,097	3,884	3,790	3,670
男性30～34歳	5,007	4,831	4,605	4,338
男性35～39歳	5,748	5,668	5,554	4,979
男性40～44歳	6,329	6,269	6,286	5,695
女性25～29歳	3,069	3,003	2,936	2,946
女性30～34歳	2,993	3,115	2,985	2,960
女性35～39歳	2,845	2,957	2,943	2,920
女性40～45歳	2,773	2,829	2,801	2,840

出所：国税庁「民間給与実態統計調査（各年度版）」より筆者作成。

たものが2011年には497万9千円と約77万円の減となっている。女性の場合は年代によって途中で上がって再び下がる等見られ，15年間の変化は男性に比べれば小さい。このように子育て世代の所得が減っていることも，子ども数の減少を招いていると見られている。

■参考・引用文献
阿藤誠「人口問題審議会の最終総会に寄せて」『人口問題研究』第56巻第4号，2000年，pp. 88-93.

厚生省大臣官房政策課（監修）人口問題審議会（編）『人口減少社会，未来への責任と選択——少子化をめぐる議論と人口問題審議会報告書』ぎょうせい，1998年

厚生労働省「人口動態統計（確定数）（各年度版）」
　（http://www.mhlw.go.jp/toukei/list/81-1a.html）

厚生労働省「平成26年　我が国の人口動態」2014年
　（http://www.mhlw.go.jp/toukei/list/dl/81-1a2.pdf）

河野稠果『人口学への招待——少子・高齢化はどこまで解明されたか』中央公論新社，2007年

国税庁「民間給与実態統計調査（各年度版）」

国立社会保障・人口問題研究所「日本の将来推計人口（平成18年12月推計）」2006年（http://www.mhlw.go.jp/shingi/2007/01/dl/s0119-6d-1.pdf）

国立社会保障・人口問題研究所「第14回出生動向基本調査——結婚と出産に関する全国調査　夫婦調査の結果ととりまとめ」2011年

国立社会保障・人口問題研究所「日本の将来推計人口（平成24年1月推計）」2012年（http://www.ipss.go.jp/syoushika/tohkei/newest04/gh2401.pdf）

国立社会保障・人口問題研究所「人口統計資料集2013年版」2013年（http://www.ipss.go.jp/syoushika/tohkei/Popular/Popular2013.asp?chap=0）

人口問題審議会「少子化に関連する諸外国の取組みについて」（報道発表資料）1999年（http://www1.mhlw.go.jp/houdou/1106/h0628-2_4.html）

内閣府「少子化社会対策白書（平成25年版）」勝美印刷，2013年（http://www8.cao.go.jp/shoushi/shoushika/whitepaper/measures/w-2013/25pdfhonpen/25honpen.html）

濱口桂一郎「若者と労働——『入社』の仕組みから解きほぐす」中央公論新社，2013年

第2章 少子化対策・子育て支援策の変遷

1 大きな3つの流れ——政策・保育制度・財源

　日本の少子化対策・子育て支援策はどのように変遷してきたのだろうか。その政策の焦点の変遷を見てみると，(1)保育所などの待機児童対策中心の時代から始まり，(2)すべての親子への支援ということで専業主婦の子育て支援も視野に入るようになり，次に(3)男女を含めた働き方の改革から，(4)若者への自立支援へと幅広く支援策が検討される段階まで来ている。

　また，保育制度改革の流れもある。保育制度改革も待機児童対策から始まったが，最近では就学前児童全体の保育や教育をどうするか，という視点に課題は移りつつある。例えば保育所を増やすために株式会社やNPOの参入も開く，賃貸での運営も可能にする，保育ママや小規模な保育所も制度化する，最低基準を満たしていれば認可外にも補助金を入れる，といったことで，待機児童対策が図られてきた。だが，一方，地方では少子化が急速に進み，保育所や幼稚園が単独では運営できないようになってきている中で，数少ない子どもたちが，いかに同世代と交わりあって育つかという課題もある。そこで，2006年には認定こども園制度が創設されたが，新制度では将来的には実質的な幼保一元化を図り，就学前児童の保育と教育の保障をする方向性が示されている。

　また，子育て支援施策の財源から見てみると，(1)特別な予算がなく，既存の予算からの寄せ集めで子育て施策として打ち出していた時期から，(2)子育て支援策に特別な予算が振り向けられるようになった時期を経て，子育て支援にさ

らに多くの恒常的な財源を確保する必要性が認識されるようになり，消費税増税に合わせ，(3)子育て支援策に投下できる恒常的な財源を確保する段階まで来ていると言える。そしてこの(3)の段階として，恒常的な財源を確保して新たにスタートするのが，子ども・子育て支援新制度である。

つまり，これまでの子育て支援策・少子化対策は(1)待機児童対策から，働き方の改革も含めた幅広い施策へ，(2)対象層も働く母親から，青少年の自立も含め人生前半期のすべての人を包括するものへ，(3)就学前児童全員を視野に入れた保育制度改革へ，(4)子育て支援に恒常的に投入される財源の確保という大きな流れで進行してきた。

そしてこうした流れは，様々な審議会や委員会に専門家が集まって議論し，その成果を閣議決定などを経たのちに，国会での議論を経て法律を変え，制度を変え，予算配分を変えていくという一連の仕掛けの中で，つくられていったものである。ここではその流れの概略を見ていく。これまでの様々な施策の大まかな流れは図2−1にまとめてある。

消費税の増税議論が始まった時は，財源は社会保障3経費と言われる医療・介護・年金に振り向けられることになっていた。それが様々な議論と仕掛けを経て，子育て支援も加えた社会保障4分野となった。2013年の夏に出された社会保障制度改革国民会議の報告書では，総論の後に「社会保障4分野の改革」が書かれ，筆頭に「少子化対策分野の改革」が盛り込まれている。これは財源を確保して，子育て支援を強力に推進していくという確認でもある。

2　エンゼルプラン（1994年から1999年）の時代

それではここで，子育て支援の始まりから子ども・子育て支援法までの流れを，5年毎に作成された子育て支援のプランに沿って見ていきたいと思う。

日本で子育て支援の政策展開が始まったのは，1994年からである。同年4月に発行された『平成5年版　厚生白書』は「未来をひらくこどもたちのために——子育ての社会的支援を考える」というテーマであり，初めて本格的に少子

化問題が取り上げられ，子育て支援策の必要性が盛り込まれている。さらに同年に取り組まれたエンゼルランプレリュードについて紹介されている。

また同年には300億円の基金によって「こども未来財団」が創設され，駅型保育園という駅前に保育所を設置するモデル事業が財団の補助事業として始まっている。そして12月には「今後の子育て支援のための施策の基本方針について」，通称エンゼルプランが発表された。これは文部省・厚生省・労働省・建設省の四大臣の合意で策定されたものである。

エンゼルプラン自体は子育て支援社会を構築するという幅広い問題意識をもったものであった。だが，このエンゼルプランを実施するため策定された計画は，「緊急保育対策等5か年事業」であり，1999年度をゴールとして数値目標を掲げ，低年齢児保育や延長保育の拡大など保育を中心に進められることになった。このように数値目標を定めて政策が進められるのは，画期的なことだった。

また，保育整備が中心となった背景には，1986年に男女雇用機会均等法が，ついで1992年に育児休業法が施行されたことがあると思われる。職場への女性の進出が本格化し，育児休業制度の導入により出産後も働き続けることを進めるのであれば，当然，子どもの受け皿となる保育の整備は欠かせない。そこで，保育制度改革を進めるために，1993年からは「保育問題検討会」という委員会が設置され，1994年1月には「利用しやすい保育所」を整備すべきであるとした報告書が出されている。例えば，乳児保育・延長保育などの多様なニーズに応えることや，保育料負担の適正化や入所手続きの簡便化を図ること，などが盛り込まれている。このように1994年からのエンゼルプランは様々な準備と仕掛けの上で始まったのである。

だが，エンゼルプランを進めても出生率の低下は進む一方で，さらに強力に施策を進めることが必要ではないかと思われた。先に述べた1997年の人口問題審議会の報告書を受けて，1998年に発行された厚生白書は「少子社会を考える――子どもを産み育てることに夢を持てる社会を」であった。この白書は少子化の要因やその背景，家族や地域の多様なあり方まで取り上げ，「3歳児神話には，少なくとも合理的な根拠は認められない」としている。

第Ⅰ部　なぜ子ども・子育て支援新制度なのか

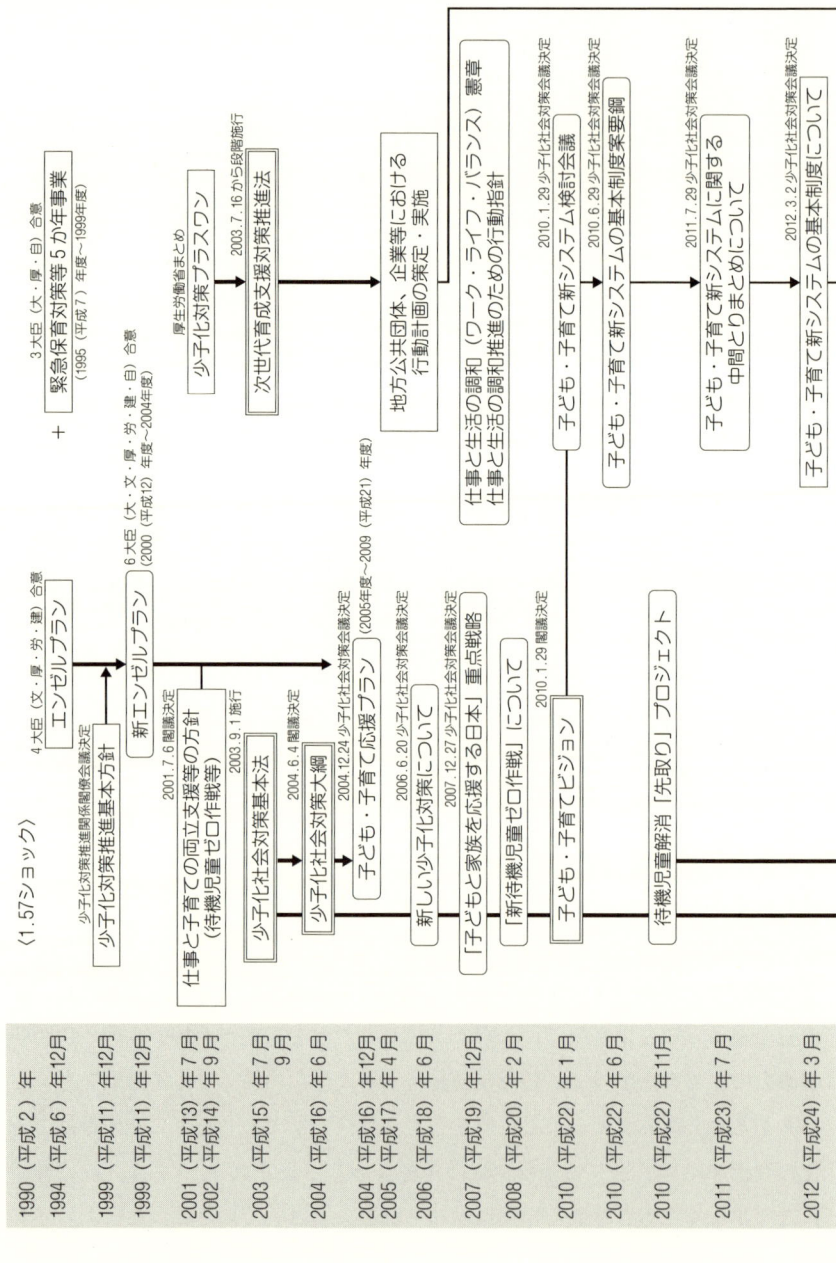

第2章 少子化対策・子育て支援策の変遷

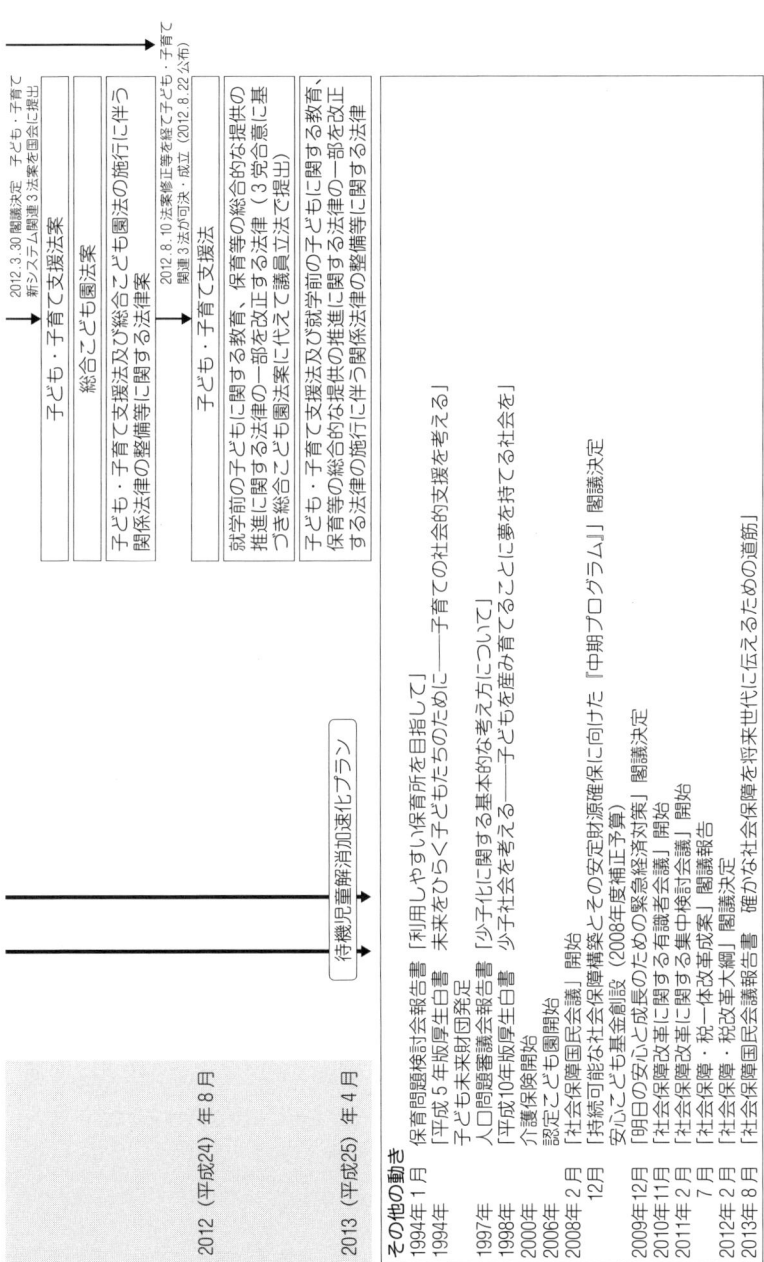

図2-1 わが国における少子化対策・子育て支援策の流れ

資料：内閣府資料．
出所：内閣府「少子化社会対策白書（平成25年版）」勝美印刷，2013年，p. 26より筆者加筆作成．

次いで1999年3月には，安室奈美恵の夫のSAMをモデルに「育児をしない男を，父とは呼ばない」というキャンペーンまで厚生省によって行われた。このキャンペーンは大きな話題を呼び，育児は誰がするべきなのかという論争を巻き起こした。実際，自由党の男性国会議員2名が「男にも都合がある」「育児をしない母親を勢いづかせるだけ」と厚生省に抗議も行っている。

3 新エンゼルプラン（2000年から2004年）の時代

1 少子化対策推進基本方針

次第に少子化は抜き差しならぬ問題だという認識が広がってくる。1999年12月には「少子化対策推進基本方針」が定められ，この方針に基づいて重点施策を実施するために「重点的に推進すべき少子化対策の具体的実施計画について」（新エンゼルプラン）が策定された。これは大蔵・文部・厚生・労働・建設・自治と6大臣の合意で計画された2000年から2004年までの計画である。

これは前のエンゼルプランに比べ母子医療や教育，遊び場の確保，育児休業給付の見直しまで含めたより幅の広いものになっており，子ども看護休暇の導入検討などが盛り込まれている。だが，エンゼルプラン・新エンゼルプランも既存の政策の中から関連施策をとりだしてまとめた域を出ず，独自の財源は確保されないままにスタートしている。また，この2000年から2004年の間の新エンゼルプランの展開中にも，様々な方針や基本法が策定されている。

2001年には小泉内閣が発足し，本格的に少子化に取り組む姿勢を明確にするため，同年7月には「仕事と子育ての両立支援等の方針」として「待機児童ゼロ作戦」が発表された。2000年には認可保育所の運営主体に株式会社やNPOなどの民間の参入が認められ，民間活力を導入し，2002年から2004年の3年間に毎年5万人ずつ保育所定員の拡大を図ることが目標として掲げられた。また，男性の育児休業取得の奨励なども盛り込まれた。

2　少子化対策プラスワン

　これを受けて，厚生労働省（2001年より，厚労省と労働省が統合した）は，同年9月に「少子化対策プラスワン」を出す。実はこれまでは，「出生率が落ちているのは未婚化と晩婚化が進んでいるからであり，結婚さえすれば子どもは生まれる」と考えられていた。だが，2001年1月に発表された「日本の将来推計人口」によれば，実際は結婚した夫婦でさえ，生まれる子どもの数が減る傾向が見えだしていた。そこで，これまでの施策は「子育てと仕事の両立政策」が中心であったが，さらに「男性を含めた働き方の見直し」「地域における子育て支援」「社会保障における次世代支援」「子供の社会性の向上や自立の促進」という4つの柱を加え，総合的な取り組みを進めるとした。

　ここで新しいのは，「若者の安定就労や自立した生活の促進」が入ったことである。バブルが崩壊し，就職氷河期に就職できないままの若者たちが滞留していることが問題になりつつあったからだ。それより目を引くのは，「社会保障における次世代支援」という視点が盛り込まれたことである。このころから，社会保障のほとんどが高齢者向けであり，子どもや家族向けは少ないことや，子ども関係の予算が必要なことが認識され始めていた。

　実は2000年には介護保険制度がスタートしていた。1989年12月に厚生・大蔵・自治の3大臣合意により策定された「高齢者保健福祉推進十か年戦略」，いわゆるゴールドプランを踏まえ，「介護は家族だけでは無理」ということで，高齢者介護に関し抜本的な対策が求められてきた。税方式で高齢者介護を行うスウェーデンの事例などが盛んに紹介される一方で，1995年にはドイツで介護保険制度がスタートした。日本でも増税よりも保険方式の方が導入しやすく，利用者の権利性も保障されるということで，保険方式による介護の社会化が選択された。1997年には介護保険法が通り，2000年のスタートが決まった。このようなこともあり，次は子ども関係の財源をどうするか，という問題意識が関係者に浮上してきたのである。

3　次世代育成支援対策推進法

　また，子育て支援を施策として定着させるために，2003年には「次世代育成支援対策推進法」が成立した。2005年より，地方自治体や一定規模以上の企業は5か年の目標を盛り込んだ次世代育成の行動計画を立てなければならなくなった。まだ「なぜ育児を支援する必要があるのか」という声も大きかった。しかし，地域のつながりがなくなり，母親一人での仲間のいない孤立した子育てが苦しくつらい側面ももつことが，子育て関係者の間では常識となりつつあった。次第に子育て支援は，単なる待機児童対策だけでは不十分であり，専業主婦家庭も含め，すべての子育て家庭に必要な施策として認知されるようになってきた。

　ところが，一方で三位一体改革が進められ，2004年から3年間で国から地方に配分される地方交付税が大幅に減額される。これによって自治体の財政難は一気に加速した。また，子育て支援事業の中には，国の補助単価が低く，自治体が大きな予算の持ち出しをしないと実施不可能な事業も見られた。市民のニーズにこたえようとすれば，子育て支援関係のメニューを増やし整備目標も大きくする方が望ましい。だが自治体にとっては，子育て支援施策を充実するための十分な財源を見つけるのが難しい状況となっていく。

4　子ども・子育て応援プラン（2005年から2009年）の時代

1　少子化社会対策大綱

　新エンゼルプランは2004年に終了するため，2005年以降の子育て支援策をさらにどう進めるかが次の課題となった。子育て支援策を充実させるために事業を義務的なものにするということと，財源が課題として浮上してきた。

　まず2004年6月には「少子化社会対策大綱」が閣議決定される。この大綱の目的では「日本が子どもを産み育てにくい社会となっている現実を直視すべき」と危機感が強調された。これを受けて策定されたのが「子ども・子育て応援プラン」であった。そしてこのプランの目標を達成するために，各自治体で

第2章　少子化対策・子育て支援策の変遷

はいよいよ2005年をスタートとする次世代育成支援行動計画を立案・実行しなくてはならない。そこで，特に「応援プラン」で重点事業としてあげられた，つどいの広場や育児支援家庭訪問事業など地域での子育て支援を進めるために，次世代育成支援対策交付金（ソフト交付金）と，施設整備を進めるための次世代育成支援対策施設整備交付金が創設された。子育て支援に使うお金，として子どもの色がついた財源が配分されることになったのだ。

2　子育て支援の財源を巡って

①　少子化社会対策推進専門委員会

そしていよいよ，子育て支援の財源を巡る様々な動きが始まることとなる。猪口邦子少子化担当大臣のもとに設置された少子化社会対策推進専門委員会が2006年5月に「これからの少子化対策について」という報告書を提出する。その報告書では「地域子育て支援の法制化」が求められていただけでなく，報告書の最後に，「財源の確保について積極的な議論が望まれる」と盛り込まれていた。

同時期には政府関係者による少子化を巡るタウンミーティングなども活発に開催され，当時の川崎厚生労働大臣は「今の財政のままではできない。次の首相は国民に消費税をどのくらい上げるか話さなければならない」と述べている。

2006年6月には政府・与党合意で少子化社会対策会議の決定で「新しい少子化対策について」が出される。そこには「新たな少子化対策の推進」が必要とされ，「歳出・歳入一体改革の中で必要な財源の確保」と財源に言及している。

これを受けて2006年11月に出された50ページ以上に及ぶ「子ども・子育て応援プラン」の冊子は，最後にフランス，スウェーデンなど各国の家族政策をまとめ，家族関係支出が対GDP比でどの程度を占めるかを掲載している。さらに「我が国の社会保障給付は，高齢者関係給付の比重が高く，児童・家族給付の比重が低い」と2004年度社会保障給付費85兆6469億円のうち，高齢者関係給付費は60兆6537億円（70.8％）であるのに比べ，児童・家族給付費は3兆906億円（3.6％）にすぎない，と明記されている。

また、2006年6月に佐賀県が「親任せにせず、国民すべてで育児の負担を担う」として、「佐賀県育児保険構想試案」を発表している。

② 「『子どもと家族を応援する日本』重点戦略会議」

2007年2月には安部首相の主宰で「『子どもと家族を応援する日本』重点戦略会議」が設置された。この会議が始まったばかりの早い段階で、先進諸国の家族関係予算と出生率の関係の図表等が示され、家族関係支出が多い国ほど出生率が高く、女性労働力率も高くなっている関係などが確認されている。さらには、フランス並みの手厚い家族・子育て支援施策を日本で導入した場合、2003年時点で3.6兆円（対GDP比0.75％）であった家族関係社会支出が、約10.6兆円（同比約2％程度）が必要になると試算されている。

会議の最終報告書は同年12月に福田総理に提出された。注目すべき点は①子育て支援のための社会的基盤作りには職場の改革が欠かせないということを「仕事と生活の調和」という言葉で表したこと、②包括的な次世代育成支援の枠組みの構築の必要性が強調されたこと、③施策を利用者視点で点検評価するPDCAサイクルを施策執行の中に組み込むこと、などの3点である。この報告書では、専業主婦家庭にも定型的な支援が必要であると、すべての家庭の子どもに、月20時間の一時預かり保育を提供する案が盛り込まれた。

また、包括的な次世代育成支援の枠組みの構築では、公費負担だけでなく、事業主負担についても言及されている。例えば児童手当や育児休業手当は雇用主や個人からの拠出や保険料も組み込まれている。この事業主や個人負担も新しい制度では統合していく可能性が示されていた。ここで示されている「具体的な制度設計」のモデルとしては、フランスの「家族手当金庫」という家族関係の財源を一括管理し、給付も行う仕組みが見本になっていると考えられる。さらに、2007年12月には「仕事と生活の調和（ワークライフ・バランス）憲章」と「仕事と生活の調和推進のための行動指針」が定められた。

③ 社会保障国民会議

一方、2007年より年金記録問題などが起こり、社会保障制度に対する国民の信頼感が揺らぎだしていた。2008年2月には「社会保障のあるべき姿について、

国民にわかりやすい議論を行うことを目的」として社会保障国民会議が開催されることとなり，分科会が3つ開設された。所得確保・保障（雇用・年金）分科会，サービス保障（医療・介護・福祉）分科会，持続可能な社会の構築（少子化・仕事と生活の調和）分科会である。この会議は始まった時は福田総理，最終報告が11月に出された時は麻生総理であった。この報告書の論点は3つあったが，その中の一つが「少子化・次世代育成支援対策に思い切った財源投入を行うこと・一元的な制度体系の構築が不可欠であること」だった。

④　持続可能な社会保障構築とその安定財源確保に向けた「中期プログラム」

同年12月には「持続可能な社会保障構築とその安定財源確保に向けた『中期プログラム』」が閣議決定される。そこでは，安心強化の三原則が掲げられ，消費税を主要な財源として確保し，基礎年金，医療・介護の充実，子育て支援の給付・サービスの強化を行うとされた。このプログラムには「社会保障の機能強化の工程表」がついており，2010年度中に少子化対策・次世代育成の新たな制度体系の制度設計を行い，2011年度から2012年度にかけて法制化を目指し，2013年ころには新制度がスタートすることが描かれている。

この間，2008年9月には米国の証券会社であるリーマン・ブラザーズが倒産し，世界同時不況が引き起こされる。政府は2008年度の補正予算を組み，追加経済対策を打ち出した。その中で「安心こども基金」創設による子育て支援サービスの緊急整備が入った。2008年度から2011年度までの総額1000億円に上る基金を設置し，複数年度にまたがる事業執行も可能にする制度である（その後，2014年度の予算も含め，この基金は積み増し継続がされている）。また，次いで小渕少子化担当大臣が「ゼロから考える少子化対策プロジェクトチーム」を立ち上げ，消費税1％を子どもたちのために投入しようと主張したのである。

3　保育制度改革

2006年10月には「認定こども園」が施行され，就学前の児童の保育と教育の統合への試行が始まった。だが幼稚園と認可保育所の施設運営の基準やルールがそのまま適用されたので，幼保連携型では予算なども幼稚園と保育所の縦割

りで処理せねばならず，運営側にとっては大変手間のかかる制度であった。

　2008年2月には「新待機児童ゼロ作戦」が発表され，10年後には，3歳未満児への保育サービスの提供を20％から38％へ（全体では利用児童数100万人増），放課後児童クラブ（小1から小3まで）の提供割合を在学児童数に対して19％から60％（登録児童145万人増）にするとした。ただし，「目標実現のためには一定規模の財政投入が必要」とされ，注記では税制改革の動向を踏まえつつ，「新たな次世代育成支援の仕組み」の構築について速やかに検討，と付記されている。目標達成には制度改革と増税による財源確保が必要ということになる。

　そして保育サービスの量的拡充と提供手段の多様化ということで，新たな子育て支援サービスを創設する方針が示された。2008年7月に児童福祉法が改正され，子育て支援事業を法律上位置づけ（2009年施行），乳児家庭全戸訪問事業（こんにちは赤ちゃん事業）や地域子育て支援拠点事業，一時預かり事業などが法制化されたのである。また同じく，家庭的保育（保育ママ）も法律上位置づけられた（2010年施行）。

　さらに，これまでの様々な提言や報告書を受ける形で社会保障審議会少子化対策特別部会は，2008年3月から次世代育成のための新たな制度設計の検討を開始していた。中間的なとりまとめとして，第一次報告「次世代育成支援のための新たな制度体系の設計に向けて」が2009年2月に提出されている。これは主に保育制度改革の方向性について述べている。

　保育の課題として「保育需要の飛躍的増大，ニーズの深化・多様化」「すべての親への支援」「人口減少地域の保育機能の維持」などが提示されている。例えば，①保育ニーズの認定，②例外のない保育保障，③市町村の実施責務の明示，④利用者と保育所の公的保育契約，⑤最低基準をクリアした保育施設への指定制の検討，⑥保育の公定価格にむけて制度を見直すとしている。つまり新しい制度の骨格がすでにこの時点で議論されていたわけである。

5 子ども・子育てビジョン（2010年から2014年）の時代

1　子ども・子育てビジョン

　2009年9月，政権は自民党から民主党へと移行する。民主党の主張は増税しなくても，埋蔵金を使い，無駄を削ればいくらでも財源はあるというものだった。マニフェストで大きな目玉になったのは子ども一人月額2.6万円（年に31.2万円）支給するという子ども手当であった。2010年度は半額実施で2.7兆円，2011年度からは年に5.5兆円の予算規模になるとされていた。だが，2010年度の一般会計予算を見ると歳出約92兆円のうち，社会保障関係費が約27兆円で（予算全体の29.5％）で借金返済に当たる国債費が約20.6兆円（同22.4％），歳入のうち約44.3兆円（同48％）は国債収入，つまり借金である。5.5兆円規模の子ども手当を恒久的に保障することは，増税なしには無理なことは自明であった。

　2009年10月には内閣府の少子化担当の政務三役が中心となって「子ども・子育てビジョンワーキングチーム」が設置され，翌2010年1月には「子ども・子育てビジョン」が閣議決定された。このビジョンでは「子どもが主人公，チルドレン・ファースト」が打ち出された。「家族や親が子育てを担う」のではなく，「社会全体で子育てを支える」という子育てに対する基本理念を転換し，「子どもと子育てを応援する社会」を実現するとしている。数値目標も掲げられたが，政府の焦点は新しい次世代育成の制度をどうするか，に移っていく。

2　子ども・子育て新システム検討会議

　この「子ども・子育てビジョン」が閣議決定された同日に，「子ども・子育て新システム検討会議」がスタートする。会議の趣旨を見ると「『明日の安心と成長のための緊急経済対策』（2009年12月閣議決定）に基づき，幼保一体化を含む新たな次世代育成のための包括的・一元的なシステムの構築について検討を行うため」とされている。この『緊急経済対策』は民主党独自の成長政策を示そうというものであり，その中に「制度・規制改革プロジェクト」があった。

「制度・規制改革プロジェクト」は、「新たな需要創出に向けて、これまで停滞していた制度・規制改革に取り組む（筆者編集）」とし、「幼保一体化を含めた保育分野の制度・規制改革」が最初にあげられている。例えば、保育要件の見直しや利用者補助方式への転換、イコールフィッティングによる株式会社とNPOの参入促進なども盛り込まれている。つまり、保育制度の大きな改革が成長のためにも必要であると、位置づけされたわけである。また、子ども・子育て新システムの財源には消費税を上げて対応するのか、増税の場合に子ども関係に確実にその分が投入されるのかどうかは、社会保障改革の場で議論されることとなった。

6 「子ども・子育て新システム」から「子ども・子育て支援新制度」まで

1 子ども・子育て新システムを巡って

　子ども・子育て新システム検討会議は各関係大臣で構成されたが、会議の下には政務官から構成される作業グループが設けられ、2010年1月に議論が始まった。この作業グループが各関係者をヒアリングし、同年6月には「子ども・子育て新システムの基本制度要綱」が少子化社会対策会議で決定された。

　この要綱に基づき、10月には有識者・保育所幼稚園関係者、自治体、子育て当事者、労使代表などの委員で「基本制度」「幼保一体化」「こども指針」の3つのワーキングチームがおかれ、制度の具体的内容について議論が始まる。

　基本制度チームは新システム制度の全体像を決める役割を担っており、給付設計や費用負担の在り方、子ども・子育て会議の設置などを議論した。幼保一体化チームは幼保一体化の目的やこども園（仮称）の具体的制度設計などについて、こども指針チームは新しい総合施設となる「こども園（仮称）」において幼児教育と保育を一体的に提供するために、従来の幼稚園教育要領と保育所保育指針を統合し、新しいこども指針（仮称）を作成するための検討を進めた。

　2011年7月には「子ども・子育て新システムに関する中間とりまとめ」がなされた。包括的な次世代育成の制度が必要だという議論が始まってから5年以

上経ていたが，実際の制度設計に入ると様々な議論を巻き起こすこととなった。上記の中間とりまとめの時点でさえ，①国，地方および事業主の負担の在り方，利用者負担の在り方，既存の財政措置と関係など費用負担の在り方，子ども・子育て包括交付金の在り方，②国における所管の在り方，③ワーク・ライフ・バランスの在り方，④国の基準と地方の裁量の在り方など実情に応じた給付・事業の提供のための仕組みの在り方については残された検討課題とされた。

これを受けた少子化対策会議は，新システムの成案を取りまとめ「2011年度中に税制抜本改革とともに，早急に所要の法律を国会に提出する」とした。この時点では，2011年の国会に新システムの法案を提出，2013年の施行がめざされていたのである。

その後，制度が具体化するほど反対意見も大きくなってきた。例えば事業主の拠出金や個人の雇用保険料まで統合して，新たな特別会計を作ることは抵抗が大きく，この構想は途中で放棄された。そして税制改正の紆余曲折もあり，最終的な「子ども・子育て新システムの基本制度について」がまとまり，少子化対策会議で決定されたのは2012年の3月であった。これを受けて3月末には子ども・子育て新システム関連三法案（子ども・子育て支援法案，総合こども園法案，関係整備法案）法案が国会に提出された。

2　待機児童解消「先取り」プロジェクト

2010年秋には待機児童ゼロ特命チームが組まれ，事務局長に村木統括官が就任し，11月には待機児童解消「先取り」プロジェクトが発表された。プロジェクトでは今まで待機児童が解決できなかった要因には①全国一律の制度でないとだめだという横並び意識，②待機児童は都市部に多いが，財政力のある自治体には上乗せ支援がなかった，③自治体任せ，④既存のルールにこだわりすぎで土地や建物の自己所有にこだわった，⑤認可外は質が悪いという偏見等があったとし，意欲的・先進的なモデル自治体から取り組み，保育ニーズに柔軟に対応できるように賃貸物件の活用や施設整備が不要な家庭的保育を活用すること，最低基準をクリアしていれば認可外にも補助金を入れるという方針を立て

第Ⅰ部　なぜ子ども・子育て支援新制度なのか

| 待機児童解消と阻む【壁】 | 制度のシバリ | 財源の不足 | 場所の不足 | 人材の不足 |

↓ 壁を突破できない！

なぜ、今までは待機児童解消ができなかったのか？（行政の隘路）

横並び意識	財政支援の既成概念	職員の確保と育成は現場まかせ	既存ルールへのこだわり	「制度外」への偏見
全国一律の制度でなければならない	財政に余裕のある自治体には上乗せ支援なし	お金を出せば自治体がやるはず	保育は土地・施設を備えた認可保育所の仕事	認可外保育所は全て質が悪い

↓ 自治体の【知恵】を吸収

待機児童解消「先取り」プロジェクト			「新システム」の前倒し	
モデル実施	待機児童が多い都市部もカバー	共通部分は国と自治体共同で	保育ニーズの変動に柔軟に対応	質が良ければ認可以外にも
待機児童が多く「先取り」発想で意欲的に取り組む自治体から実施	上乗せ支援の対象自治体を拡大	保育人材への研修プログラムの開発と提供	賃貸物件の活用や施設不要の家庭的保育の拡充	認可外保育所でも最低基準を満たす保育所には支援

↓

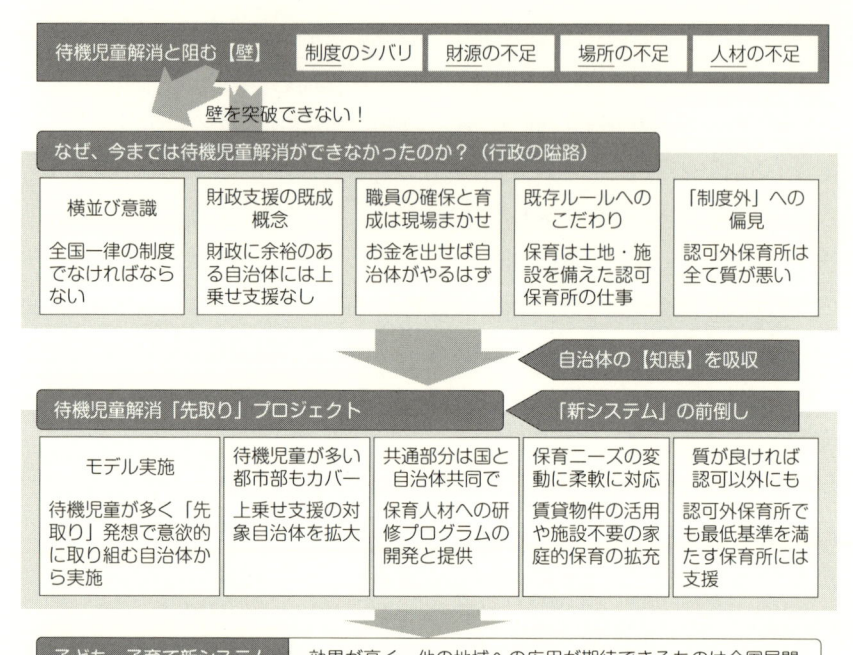

| 子ども・子育て新システム | 効果が高く、他の地域への応用が期待できるものは全国展開 |

図2-2　待機児童解消「先取り」プロジェクト概要

出所：内閣府『子ども・子育て白書（平成23年版）』勝美印刷, 2011年, p.10より。

た。これは，新システムが導入する予定だった新しい試みを先取りしたものである（図2-2）。

3　待機児童解消加速化プラン

　だが，この取り組みによっても待機児童は解消しなかった。そこで，新たに始まったのが待機児童解消加速化プランである。これは，2013～2014年度を「緊急集中取組期間」として約20万人分の保育を整備することを目標に実施されている。新制度導入後の2015年度～2017年度は「取組加速期間」として，さらに20万人分の保育の受け皿を用意することになっている。待機児童のいる自治体を積極的に支援しようというもので，支援パッケージは5本の柱からなっている（図2-3）。

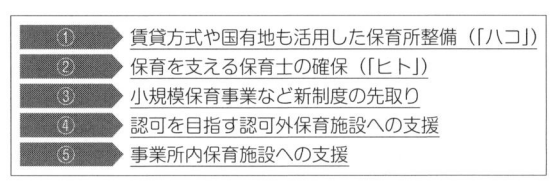

①	賃貸方式や国有地も活用した保育所整備（「ハコ」）
②	保育を支える保育士の確保（「ヒト」）
③	小規模保育事業など新制度の先取り
④	認可を目指す認可外保育施設への支援
⑤	事業所内保育施設への支援

図2-3　待機児童解消加速化プランの5本の柱
出所：厚生労働省「待機児童解消加速化プラン」2013年より。

　①にあげられているハード整備では，国の補助率をあげたり，民有地と保育事業者のマッチング業務の取り組みもある。また②の人の確保では，保育士の負担を減らすために，保育の周辺業務に多様な人材を活用することや，無資格で保育所で働く人に保育士資格取得を援助する制度も導入された。また③の小規模保育は低年齢児の待機児童解消のために重点的に運営費補助を行うものだ。④は認可外が認可に移行するにあたっての，整備費や移行費を助成する。また⑤は事業所内保育施設への運営助成金は，これまで「自社労働者の子どもが半数以上」いなくてはならなかったが，待機児童解消への貢献を踏まえ，「自社労働者の子どもが一人以上，かつ雇用保険被保険者の子が半数以上いること」に条件を緩和している。

4　財源を巡って

①　「社会保障改革に関する有識者会議」

　「財源はいくらでもある」と言っていた民主党であるが，予算を組む立場になれば，すぐに財源はなく財政は危機的状況であることに気づいたと思われる。2010年11月には「社会保障改革に関する有識者会議」が始まり，12月には「安心と活力への社会保障ビジョン」と名付けられた報告書が出される。

　そこでは，「現行の社会保障を維持する財源すら，多額の赤字国債に頼っている」という危機感が強く出され，「子ども・子育て支援」に関しては新システムに言及し，「多様な家族の選択に応える仕組み作り，地方財源のあり方，切れ目のない対応，就学前教育も担う一元的制度の構築が急務である」と強調している。

この報告書の後，同12月には「社会保障の改革の推進について」が閣議決定された。決定内容は「社会保障の安定・強化のための具体的な制度改革案とその必要財源を明らかにするとともに，必要財源の安定的確保と財政健全化を同時に達成するための税制改革について一体的に検討を進め，その実現に向けた工程表と合わせ，2011年半ばまでに成案を得，国民的合意を得たうえでその実現を図る」とされた。これによって消費税増税が社会保障の財源確保に欠かせないことが明らかにされるとともに，「社会保障・税一体改革」の議論への準備が始まったのである。

　② 「社会保障・税一体改革」の始まり

　2011年1月には与謝野経済財政政策担当大臣が菅総理より任命され，社会保障・税一体改革担当となった。そして，国民的なオープンな議論で社会保障・税一体改革の集中的な検討を行うとして「社会保障改革に関する集中検討会議」が2月よりスタートした。この検討会議の最初は，消費税増税によって得られる新たな財源は社会保障3経費，年金・医療・介護に投入するという方針であったが，様々な議論を経て，子ども分野にも振り向けられることとなった。筆者も委員の一人として持続可能な社会とするためには，第1に子育て支援が欠かせないこと，第2に様々な子ども・子育て支援事業があるが，国が想定する事業費ではとても運営できず，自治体が予算的に多くを負担しているが，地方の財政もギリギリの状態であり，これ以上の充実は難しいこと，第3に国が一律のやり方を決めるのではなく，子育て支援は地域の実情に即して自治体が様々な工夫をこらして実施する重要性などを話させて頂いた。途中，東日本大震災が起こり，会議は一時中断をはさんだが間もなく再開され，6月に「社会保障改革案」が提出された。

　政府与党側の「政府・与党社会保障改革検討本部」の会議も6月から何度も開かれた。先の「集中検討会議」の報告を受け，様々な議論の後に6月末に「社会保障・税一体改革成案」を決定し，翌7月1日には閣議で報告された。

　これによって，2015年には子ども・子育て新システムを開始すること，そのためには2015年に財源となる消費税の増税を行うという予定が定まったのであ

る。社会保障改革は年金や医療・介護・障害者施策の分野においても様々な改革が予定されているものであり、2011年度末、つまり2012年の3月までには税制改革や子ども分野も含めて社会保障関連の法案も提出する期限が示された。

　だが、その後は増税を巡って政権与党内が混乱状況を見せ始め、2011年9月には菅総理に代わり野田総理が就任することになった。

　2012年2月に社会保障改革と消費税増税への大筋を決める「社会保障・税一体改革大綱」が閣議決定された。これは2011年6月に決定した「社会保障・税一体改革成案」を基本とし、混乱する与党内での議論を経て決められたものである。その中には「与野党協議を踏まえ、法案化を行う」と書かれている。2012年3月30日には消費税増税法案（社会保障の安定財源の確保等を図る税制の抜本改革を行うための消費税法等の一部を改正するなどの法律案）や、子ども・子育て新システム関連三法案（子ども・子育て支援法案・総合こども園法案・関係整備法案）が国会に提出された。

　その後、与野党の協議で法案には国会で修正が加えられ、総合こども園法案は廃案、認定こども園制度が存続することとなり、同年8月10日に消費税増税法案と子ども関連三法案は成立した。このようにして、消費税増税という大きな山を乗り越えて、新制度の開始が決まった。その後、同年12月に政権交代してからは、子ども・子育て新システムは使われなくなり、子ども・子育て支援新制度が名称となっている。

■**参考文献**

　厚生省『平成5年版厚生白書――子育ての社会的支援を考える』1993年
　厚生省『平成10年版厚生白書――少子社会を考える』ぎょうせい、1998年
　厚生労働省「次世代育成支援施策全般」（エンゼルプラン以降の子ども・子育てビジョンまでの次世代育成関係の発表資料や調査・報告について掲載されている）（http://www.mhlw.go.jp/stf/seisakunitsuite/bunya/kodomo/kodomo_kosodate/jisedai/index.html）
　厚生省児童家庭局編『利用しやすい保育所を目指して』大蔵省印刷局、1994年
　厚生労働省雇用均等・児童家庭局「雇用均等・子育て支援対策の総合的展開」

第Ⅰ部　なぜ子ども・子育て支援新制度なのか

　　（http://www1.mhlw.go.jp/topics/profile_1/koyou.html）
　　（ここに「育児をしない男を，父とは呼ばない」のキャンペーンの背景やポスターが掲載されている）
厚生労働省雇用均等・児童家庭局『子ども・子育て応援プラン』2006年（http://www.mhlw.go.jp/bunya/kodomo/jisedai22/pdf/data.pdf）
厚生労働省雇用均等・児童家庭局「待機児解消加速化プラン」2013年（http://www.mhlw.go.jp/bunya/kodomo/pdf/taikijidokaisho_01.pdf）
こども未来財団ホームページ（http://www.kodomomiraizaidan.or.jp/）
社会保障少子化対策特別部会「第1次報告──次世代育成のための新たな制度体系の設計に向けて」2009年（http://www.mhlw.go.jp/stf/shingi/2r98520000008f07.html）
　　（この他，会議資料などは厚生労働省の社会保障審議会のホームページにある，社会保障少子化対策特別部会で検索できる）
首相官邸「社会保障国民会議」
　　（http://www.kantei.go.jp/jp/singi/syakaihosyoukokuminkaigi/）
　　（会議での一連の資料や報告書が網羅されている）
首相官邸「社会保障・税一体改革ページ」
　　（http://www.kantei.go.jp/jp/headline/syakaihosyou2013.html）
　　（2013年8月に提出された社会保障改革国民会議の取りまとめをはじめとして，社会保障・税一体改革関連の資料や提出法案等が網羅されている）
内閣府『子ども・子育て白書（平成23年版）』勝美印刷，2011年
内閣府「子ども・子育て支援新制度」（関連資料は内閣府のホームページに掲載されている；http://www8.cao.go.jp/shoushi/shinseido/index.html）
内閣府『少子化社会対策白書（平成25年版）』勝美印刷，2013年
前田正子『保育園は，いま──みんなで子育て』岩波書店，1997年
前田正子『子育ては，いま──変わる保育園，これからの子育て支援』岩波書店，2003年
民主党「マニフェスト2009」（http://www.dpj.or.jp/policies/manifesto2009）

第3章 子ども・子育て支援新制度とは

　さて，それでは2015年4月より新しく始まる子ども・子育て支援新制度とは，どのようなもので，今までとどこが変わるのだろうか。

　この本の最初に見たように，今の日本では，結婚・出産・子育てを望む人は多いのに，それが実現できていない。その背景には，経済状況や雇用市場の変化の影響がある。だが，子ども関係の施策を見てみると，何よりも出生率が高い諸外国に比べると，日本の子ども子育て支援が量・質ともに不足していることや，子育ての孤立感や負担感が増していること，育児期に女性の労働力率が下がるM字カーブが解消されない一方で，保育所の待機児童がなかなか解消されず，子育て支援の制度が財源も含めて縦割りになっており，全国一律の基準では地域の実情に応じた子育て支援が提供しにくくなっている，などといった課題がある。これらを克服し，保育の量的な拡大だけでなく，教育・保育の質の向上や地域の子育て支援を充実させることを新制度は目指している。

1 子ども・子育て支援新制度で何が変わるか

　この制度によって変わることを簡単にまとめると，次のようになる。
①各制度ごとにばらばらだった子ども関係の予算を統合し，そこに消費増税分の7000億円を加算して，子ども関係の恒久財源とする。
②認定こども園・幼稚園・保育所の給付を一本化する。
③上記以外の様々な形態の保育にも，給付を行う。
④幼保連携型認定こども園に関しては，認可・指導監督を一本化し，学校及

子ども・子育て支援給付	地域子ども・子育て支援事業
■ 子どものための現金給付 　○ 児童手当 ■ 子どものための教育・保育給付 　○ 施設型給付 　・認定こども園，幼稚園，保育所を通じた共通の給付 ※私立保育所については，現行どおり，市町村が保育所に委託費を支払い，利用者負担の徴収も市町村が行うものとする 　○ 地域型保育給付 ※施設型給付・地域型保育給付は，早朝・夜間・休日保育にも対応	① 利用者支援事業 ② 延長保育事業 ③ 実費徴収に係る補足給付を行う事業 ④ 多様な主体の参入促進事業 ⑤ 放課後児童クラブ ⑥ 子育て短期支援事業 ⑦ 乳児家庭全戸訪問事業 ⑧ 養育支援訪問事業・要保護児童等に対する支援に資する事業 ⑨ 地域子育て支援拠点事業 ⑩ 一時預かり事業 ⑪ 病児・病後児保育事業 ⑫ ファミリー・サポート・センター事業 ⑬ 妊婦健康診査

図3-1　子ども・子育て支援法に基づく給付・事業の全体像

出所：内閣府「子ども・子育て会議」資料（http://www8.cao.go.jp/shoushi/shinseido/meeting/index.html）と兵庫県の市民向け説明資料を参考に筆者作成。

び児童福祉施設として法的位置付けをする。

⑤これまでは「保育に欠ける」が保育所利用の際の要件であったが，これを「保育を必要とする」に変え，「保育の必要性」を認定した上で，保育利用の給付を受けるようにする。子育て中の親子の実情に合わせて，必要性を認定する要件も改革する。

⑥地域で展開されている細々とした子育て支援事業を，地域の実情に合わせて柔軟に実施しやすくするために，自治体に地域子ども・子育て支援事業関連予算として一括して給付する。

⑦子育て支援事業の実施主体は基礎自治体とする。

⑧子ども・子育て支援の関係者や当事者が子育て支援の政策形成過程に参画できるように，国に子ども・子育て会議を設置。自治体に関しては地方版子ども・子育て会議の設置努力義務が課せられる。

⑨制度ごとに所管が異なっていた政府の体制を変え，子ども関係の施策を推進するために内閣府に子ども・子育て本部を設置する。

という9点にまとめられる。

そこで，お金の流れはまず2つに分類される。図3-1にあるように個人に

給付される子ども・子育て支援給付と自治体に交付される地域子ども・子育て支援事業の２つである。さらに個人に給付される子ども・子育て支援給付は，現金給付（児童手当）と教育・保育給付に分けられる。地域子ども・子育て支援事業は図３-１に示した13の事業が含まれる。

2　子ども・子育て支援給付

　図３-１の左側にある子ども・子育て支援給付とは，保育や教育が必要と認められた子どもが，様々な保育・教育資源を利用する場合に給付される施設型給付・地域型保育給付と児童手当を包括した給付であり，子ども一人ひとりの保育・教育ニーズと児童手当を合わせた額が支給される。

　図３-２には就学前児童の保育や教育事業が，どのような給付を受けるかをまとめてある。まず，認定こども園，幼稚園・保育所は施設型給付の対象となる。これまで保育所には保育所運営費，幼稚園には私学助成と就園奨励費，認定こども園には，幼保連携型の場合，その両方が支給されていたが，これが施設型給付として一本化されることになる。施設型給付を受けるには，それぞれの施設が市町村の確認をもらう必要がある。

　また，幼稚園には市町村から施設型給付をもらわず，県から私学助成費をもらう方式に留まる選択肢もある。

　つまり，幼稚園は私学助成型幼稚園に留まるか，施設型給付幼稚園になるかの選択肢がある（国立幼稚園もこの新制度の枠外である）。さらに施設型給付に移る場合も，幼稚園のまま継続するか，幼稚園型認定こども園，もしくは幼保連携型認定こども園になるかの選択もある。つまり，幼稚園には今後４つの選択肢がある。また保育所もそのまま保育所でもよいが，保育所型認定こども園や幼保連携型認定こども園になることもできる。つまり，幼保連携型認定こども園には，幼稚園と保育所から移行することができる。このことを簡単に表したのが，図３-３である。

　図３-２にあるように，小規模保育や保育ママと言われる家庭的保育，居宅

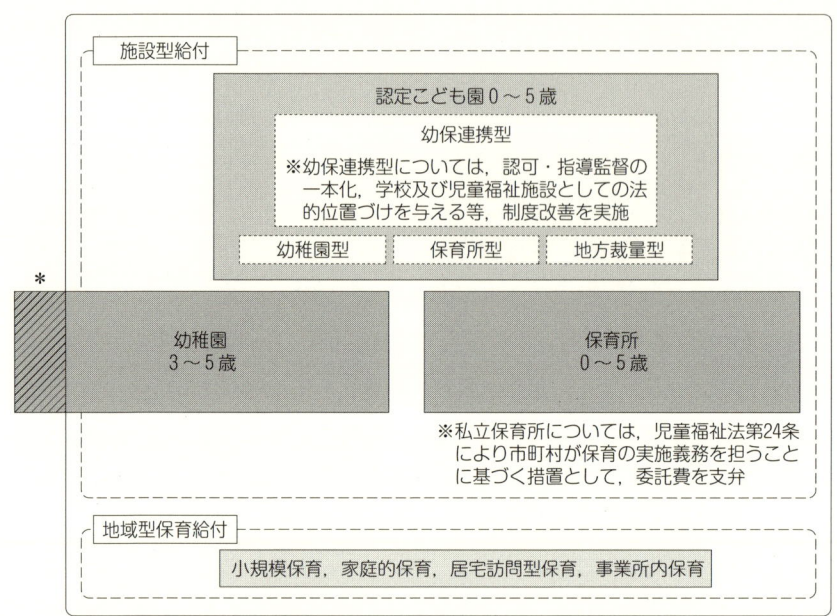

第Ⅰ部　なぜ子ども・子育て支援新制度なのか

```
┌─ 施設型給付 ──────────────────────────────┐
│         ┌─ 認定こども園 0〜5歳 ──────────┐         │
│         │       幼保連携型              │         │
│         │ ※幼保連携型については，認可・指導監督の │         │
│         │  一本化，学校及び児童福祉施設としての法 │         │
│         │  的位置づけを与える等，制度改善を実施  │         │
│         │ ┌──────┬──────┬──────┐ │         │
│         │ │ 幼稚園型 │ 保育所型 │ 地方裁量型│ │         │
│         │ └──────┴──────┴──────┘ │         │
│ ▨▨┌──────────┐    ┌──────────┐   │
│ *▨▨│  幼稚園    │    │   保育所   │   │
│ ▨▨│  3〜5歳    │    │   0〜5歳   │   │
│ ▨▨└──────────┘    └──────────┘   │
│                     ※私立保育所については，児童福祉法第24条│
│                     により市町村が保育の実施義務を担うこと│
│                     に基づく措置として，委託費を支弁　　　│
│ ┌─ 地域型保育給付 ──────────────────────┐│
│ │  小規模保育，家庭的保育，居宅訪問型保育，事業所内保育    ││
│ └──────────────────────────────┘│
└─────────────────────────────────┘
```

＊外枠からはみ出している▨▨部分は，引き続き私学助成で運営される幼稚園および国立幼稚園である。

図3-2　施設型給付と地域型保育給付を受ける保育事業

出所：内閣府「子ども・子育て会議」資料より作成。

幼稚園	保育所
私学助成型幼稚園	保育所
施設型給付幼稚園	
幼稚園型 認定こども園	保育所型 認定こども園
幼保連携型認定こども園	

図3-3　幼稚園と保育所の新制度以降の選択肢

出所：筆者作成。

型保育（ベビーシッターのように子どものいる家庭に保育者が訪れて保育すること），事業所内保育は，児童福祉法に市町村による認可事業（地域型保育事業）として位置付けられ，地域型保育給付の対象となる。また，これらの保育が地域型保育給付の対象となるためには，市町村の認可基準を満たし，支給確認を受ける

ことが必要になる。なお，保育所は定員が20人以上であるのに対し，小規模保育とは定員6人から19人まで，家庭的保育は定員5人までとなる。これまで事業所内保育や居宅型保育利用者には公的な支援はなかったが，今後は個人給付という形で利用者に支援がなされるようになる。さらに事業所内保育については，主として従業員の子どもを預かるが，この他，地域の保育を必要とする子どもを預かることも可能である。

この地域型保育には2つの期待がかけられている。一つには，待機児童の多い都市部で，主に3歳未満の低年齢児に多様な保育を増やす切り札になると考えられていること，一方では過疎が進み，子ども数が減っている地域で，認定こども園や保育所を設置するだけの規模がなくても保育の提供が可能になる，ということだ。

さらに，個人給付といっても，給付が確実に保育や教育に使われることを担保するために，実際に子どもが教育・保育を受ける施設が代理で受け取る仕組み（法定代理受領）が原則になっている。しかし，私立保育所に関してはこれまで通りのお金の流れで，市町村から委託費が払われ，保育料の徴収も市町村が行う。なぜなら，すべての教育・保育施設は利用者との直接契約になるが，社会福祉法人などが運営する私立保育所の場合のみ，利用者は市町村と利用契約を結ぶからだ。これは児童福祉法第24条において，「保育所における保育は市町村が実施する」と定められており，市町村はその保育の実施を私立保育所に委託するという形をとるからである。また公立保育所は利用者と直接契約を結ぶものの，その運営費はすでに一般財源化されているため，その分の施設型給付の費用に関しては市町村の負担となる。

3 「保育に欠ける」から「保育の必要性」へ

1 保育の必要性の認定

さて，それでは子どもの保育の必要性の認定は，どのようになされるのであろうか。保護者の申請を受けたうえで，市町村が客観的な基準に基づいて必要

第Ⅰ部 なぜ子ども・子育て支援新制度なのか

現行の「保育に欠ける」事由 (児童福祉法施行令27条・再掲)	新制度における「保育の必要性」の事由
○以下のいずれかの事由に該当し，かつ，同居の親族その他の者が当該児童を保育することができないと認められること ①昼間労働することを常態としていること（就労） ②妊娠中であるか又は出産後間がないこと（妊娠，出産） ③疾病にかかり，若しくは負傷し，又は精神若しくは身体に障害を有していること（保護者の疾病，障害） ④同居の親族を常時介護していること。（同居親族の介護） ⑤震災，風水害，火災その他の災害の復旧に当たつていること（災害復旧） ⑥前各号に類する状態にあること。（その他）	○以下のいずれかの事由に該当すること ※同居の親族その他の者が当該児童を保育することができる場合，その優先度を調整することが可能 ①就労 ・フルタイムのほか，パートタイム，夜間など基本的にすべての就労に対応（一時預かりで対応可能な極めて短時間の就労は除く） ・居宅内の労働（自営業，在宅勤務等）を含む。 ②妊娠，出産 ③保護者の疾病，障害 ④同居又は長期入院等している親族の介護・看護 ・兄弟姉妹の小児慢性疾患に伴う看護など，同居又は長期入院・入所している親族の常時の介護，看護 ⑤災害復旧 ⑥求職活動 ・起業準備含む ⑦就学 ・職業訓練校等における職業訓練を含む ⑧虐待やDVのおそれがあること ⑨育児休業取得時に，既に保育を利用している子どもがいて継続利用が必要であること ⑩その他，上記に類する状態として市町村が認める場合

図3-4 「保育に欠ける」と「保育の必要性」の比較
出所：内閣府「子ども・子育て会議」資料より作成。

性を認定することになる。まず「保育に欠ける」と，「保育の必要性」の要件はどう変わるのだろうか。

図3-4には左側に「保育に欠ける」事由，右側に「保育の必要性」の事由を掲載してある。現在，「保育に欠ける」要件は6項目あるが，「保育の必要性」では10項目になっている。大きな変化は簡単に言うと3つ。同居親族の保育についての見直しと，就労要件の見直し，そして⑥のその他を詳しく定めた点である。

例えばこれまでは「同居親族が保育することができない」を証明しないと保育に欠けるとは認定されなかった。それが「同居親族が保育できる」場合も，一律，必要性を認めないということではなく，優先度に差をつけることができる，とされている。つまり新制度では何よりも保護者本人の状況によって判断

することが基本とされる。そこで，同居親族が保育できても「保育の必要性」が認定され，保育が利用できる可能性があるということになり，市町村に運用の自由度が残された。これは特に，過疎で子ども集団が形成されないような場合は，子どもにとっては保育所に行く方がよい，と考えられるからである。

　また，これまで「昼間労働することを常態としていること」から，「フルタイムのほか，パートタイム，夜間の就労など基本的にすべての就労を対象とする」こととなった。さらに居宅外の労働だけでなく，居宅内でも児童を離れて日常の家事以外の労働をすることを常態としていることも含まれ，自営業や在宅勤務も対象となる。すでに現行制度でも通知により「求職活動」も「保育に欠ける」として認められていたが，今回はこれを明記して「起業準備」も含め，さらに「就学」（職業訓練含む）も付け加えられた。ただし，この案の策定に当たっても「求職準備」や「起業準備」をどうやって確認するかという危惧も出されている。待機児童が多い地域で，就労証明書を作成するために架空のNPOや会社をつくったり，実態がないのに「在宅で翻訳やホームページ作成の仕事をしている」と話す保護者もいるからだ。

　またすでに市町村の現場で虐待やDVの恐れがある児童に関しては保育所に入所させているが，それも明示された。上の子がすでに保育を受けている場合に，下の子で育児休業を取得する際の上の子の保育に関しても「継続利用が必要であること」となっている。これも，議論の過程では「子どものためには人間関係が断たれないよう継続利用すべき」「子どもの保育の必要性の観点が必要」という意見がある一方，「入園を待っている人との兼ね合いがある」という意見が出された。実際，育児休業取得による退園者が出ることで，入園できる人がいることも確かなのだ。そこで，保護者の希望や保育の実情を踏まえたうえで，市町村が児童福祉法を踏まえて決めるといった方向が示されている。

　また障害児については「必要性の要件」には入っていない。これは障害がある児童も，保育に受け入れるのは当たり前だからと考えられる。障害の有無にかかわらず，子どもたちは同じように必要性の認定を受ける。そのうえで該当児童に障害があったり，なんらかの特別な支援が必要な場合は，市町村が教

表3-1 消える就学前学校教育

(自治体の人口規模別にみた%分布)

自治体の人口規模	5千人未満	5千〜1万人	1万〜2万人	2万〜5万人	5万〜10万人	10万人以上	自治体計
幼稚園設置	32.4%	62.4%	80.7%	94.6%	99.3%	100%	80.7%
幼稚園未設置	67.6%	37.6%	19.3%	5.4%	0.7%	0%	19.3%
保育所設置	82.4%	98.1%	98.2%	99.5%	99.6%	99.6%	99.8%
保育所未設置	17.6%	1.9%	1.8%	0.5%	0.4%	0.4%	3.2%
自治体全体に占める割合と実数	13.6%(250)	14.0%(258)	18.0%(322)	24.0%(443)	15.0%(277)	15.4%(283)	100.0%(1843)

出所:社会保障審議会「第18回少子化対策特別部会資料」2008年より筆者作成。

育・保育の提供体制を確保しなくてはならず，教育・保育を提供する施設・事業においても，関係機関と連携して，円滑な受け入れのための配慮をしなくてはならない(新制度の基本指針より)。

　最初の新制度の案では，「保育の必要性」の認定とともに，すべての保育所が認定こども園に移行する予定だった。都会の待機児童が大きく報道され，社会の注目が集まる中で，認定こども園は待機児童対策のために推進されているように思われている。だが実際には少子化の進む小さな市町村にとっても必要なものなのだ。表3-1を見てもらいたい。自治体の人口別に幼稚園や保育所の設置状況を見たものである。これを見るとわかるように，人口2万人以下の自治体になると幼稚園のない自治体が増える。幼稚園のない比率を見ると，人口5千人未満は67.6%，5千〜1万人だと37.6%，1万〜2万人だと19.3%となる。つまりこういった地域では，これまでのルールでは「保育に欠けない」子どもたちは就学前教育を受けることができない。4〜5歳児になった時に行くところが無いのだ。おそらく，現場では運用の柔軟化でこういった子どもたちも保育所に入所させていると考えられる。少子化が進展する中で，子どもたちが健やかに育つ環境を守ろうとすれば，「保育に欠ける・欠けない」で，区別していない(できない)地域が多くあることがわかる。

　新制度で認定こども園が大きく打ち出された背景には，こういった現実がある。

第3章　子ども・子育て支援新制度とは

年齢	保育の必要性	
	ある	ない
0～2歳児	【3号認定】 ・保育所 ・小規模保育 ・家庭的保育 ・居宅訪問型保育 ・事業所内保育 ・認定こども園	・地域子ども・子育て支援事業 ［一時預かり，地域子育て支援拠点，ファミリー・サポート・センターなど］
3～5歳児	【2号認定】 ・保育所 ・事業所内保育 ・認定こども園	【1号認定】 ・幼稚園 ・認定こども園

図3-5　就学前の子どもの施設と保育の必要性の認定の関係

出所：兵庫県の市民向け説明資料を参考に筆者作成。

2　保育の必要性の認定区分

　また，子どもの保育の必要性に応じた認定区分は3つとなる。
1号認定：3～5歳児の学校教育のみ（保育の必要性なし）の就学前の子ども
2号認定：3～5歳児の保育の必要性の認定を受けた就学前の子ども
3号認定：0～2歳児の保育の必要性の認定を受けた就学前の子ども

　というように3つの区分で認定される。さらに，2号と3号の子どもは，短時間・長時間の保育の必要性の違いで区別される。つまり，3歳以上は1号と2号はともに標準的な教育時間に関して認定される。さらに2号においては保育の必要性の短時間・長時間に応じてさらに施設型給付が加算されることになる。3歳未満である3号は，親の就労などの保育の必要性に応じて短時間・長時間の認定がされる。というわけで，保育の必要性の認定の違いによって，就学前の子どもがどこに行くことになるかは，図3-5のようになる。

　0～2歳児で保育の必要性がある子どもは3号認定を受け，保育所や認定こども園をはじめとして，地域型保育給付を受ける小規模保育や家庭的保育を利用することができる。3～5歳児で同じように保育の必要性のある子どもは2

第Ⅰ部　なぜ子ども・子育て支援新制度なのか

```
┌─────────────────────────┐ ┌─────────────────────────┐
│　保育の必要性がある　　　│ │　保育の必要性が　　　　　│
│　　0～5歳児の場合　　　　│ │ない3～5歳児の場合　　　 │
│ ① 市に保育の必要性の認定を│ │ ① 園児募集に応じ，施設（幼│
│   申請　　　　　　　　　 │ │   稚園，認定こども園）に入園│
│ ② 市から保育の必要性の認 │ │   申込　　　　　　　　　　│
│   定・認定証受領　　　　　│ │ ② 施設から入園内定　　　　│
│ ③ 市に保育利用申込　　　 │ │ ③ 幼稚園等を経由して，市に│
│   （希望施設名などを記載 │ │   1号認定を申請　　　　　│
│   （①と同時手続き可））　│ │ ④ 幼稚園等を経由して市から│
│　　　　　　　　　　　　　│ │   認定証受領　　　　　　　│
└─────────────────────────┘ └─────────────────────────┘
```

図3-6　保育の必要性認定と利用の申し込み
出所：兵庫県の市民向け説明資料を参考に筆者作成。

号認定を受け，保育所や認定こども園に通う。小規模保育は原則として0～2歳児であるが，近隣の保育所の空きがない等の事情があれば，特例で3歳児以上も通うことができる。離島などで子どもが少ない地域では，定員が19人以下の小規模保育しかないところもあるだろう。

0～2歳児で保育の必要性がない子どもは，地域子ども子育て支援事業を利用する。地域子育て支援拠点に行って親子で遊んだり，育児について相談することもできるし，一時預かりやファミリーサポートセンターを利用して，子どもを預けることもできる。3～5歳児で保育の必要性のない子どもは1号認定を受け，幼稚園や認定こども園に通う。

3　保育の必要性認定と利用の申し込み

図3-6には，保育の必要性がある場合とない場合の利用の申し込みについての流れが書いてある。保護者が行う手続きはこれまでとあまり変わりがなく，自治体の窓口で保育の必要性の認定を受け，認定証の交付をその場で受けるとともに，保育利用希望の申し込みをその場ですることになると考えられる。その後，自治体は利用調整を行い，入所希望のところに入れなかった保護者には，利用可能な施設をあっせんしたり，施設側に受け入れを要請することになる。一方，保育の必要性のない場合は，今まで通り個々の幼稚園や認定こども園に入園申し込みをする。入園が内定した時点で，利用施設経由で自治体に1号認

定を申請し、施設経由で認定証が渡されることになる。

4　保育の必要性と長時間・短時間

　保育の必要性の認定に関わる、短時間とは何時間なのか、長時間とは何時間なのかは当初、議論は錯綜していた。「長時間でも8時間を超えるべきではない」（8時間ということは通勤に往復で2時間かかるとして、6時間までの勤務しか対応できない、ということになる）、「現状の11時間保育は子どもにとって適切か」という意見がある一方、「就労の実態やそれに通勤時間で11時間が必要」「現行の保育所は11時間開所で一貫した保育を提供している」という声も出された。

　この問題には3つの側面がある。親の就労実態に合った保育を保障するのは何時間かということと、子どもにとっての最適な保育時間や保育所での過ごし方や生活サイクルはどうあるべきかということ、そして個々の施設にとっての収入がこれで決まる、ということだ。

　親の就労実態と子どもの理想の保育時間を巡っての論争はずっとある。確かに、夫婦共働きが多く、出生率が高い国々では夫婦ともども労働時間は日本に比べるとずっと短く、保育所は5時か6時には終わってしまう。それでは日本で保育所を5時に閉めたら何が起こるだろうか。多くの親がフルタイムからパートに変わるか、多額の費用をかけて二重保育の手配をしなければならないだろう。結局は若い家族の経済的負担が増すだけでなく、二重保育の手配のストレスなどもかかり、さらに子育ての負担感を強めることになる。労働時間の短縮化は進められるべきだが、現実がそうなっていない以上、実態に合わせた保育時間が必要なのは否めない。さらに夜間の就労も保育の必要性認定に入るため、今後は夜間保育の整備も欠かせなくなる。

　また短時間の認定が何時間になるか、というのも大きな影響がある。保育所を考えた場合、今は入所が認められれば、全員の子どもが朝、一定の時間までには登園し、給食を食べ、お昼寝をし、午後の遊びで夕方のお迎えを待つことになる。一日を保育所で過ごすということが前提にすべての活動が設定されている。短時間の認定が本当に短時間になれば、午前だけならまだしも、午後だ

け来る，というような子も発生し，一貫した保育をしにくくなる。さらに，仮に短時間の設定によっては施設型給付も低くなり，施設の収入も減るのではないかとした危惧も聞かれる。

2013年11月には，ようやく原則的な保育時間を8時間としたうえで，「保育標準時間利用」の保育必要量としては，1日当たり11時間の開所時間での利用に対応するものとして，1か月当たり平均275時間（最大292時間・最低212時間）とし，「保育短時間利用」の保育必要量としては，1日当たり8時間までの利用に対応するものとして，1か月当たり平均200時間（最大212時間）となった。

また，一方で保育の必要性を認定する際の短時間就労の下限を何時間にするのかは，自治体の実情に合わせるということになり，月48時間から月64時間の間で，自治体ごとに決めることになっている。例えば，下限を月48時間にするということは，週に12時間であり，1日4時間で週に3日働いていれば保育の必要性が認定されることとなる。

4 保育と教育にかかる費用

1 保育料はどうなるのか

それでは，実際に保護者が負担する保育料はどうなるのだろうか？ それを表3-2にまとめてみた。表の上半分が現行制度，下半分が新制度である。基本的に新制度では，保育料は親の所得に応じて変わる応能負担になる。

そもそも，これまで保育所や認定こども園の保育所部分は応能負担，つまり，所得に応じた負担であった。これはそれぞれの施設が新制度に移行してもそのままである。変わるのは保育の必要性がなく，幼稚園や認定こども園に通っていた場合である。幼稚園は就学奨励費があるものの，基本的には保育料は保護者の所得に関係なく，みな同じように負担する応益負担であった。現行の私学助成型幼稚園として残る場合はこれまで通りであるものの，新しい制度に移行して施設型給付幼稚園になった場合は，就学奨励費がなくなる代わりに，所得に応じた応能負担となる。

表3-2　保育料はどうなるのか

区分	保育所 認定こども園 （認可保育所部分）	認定こども園 （認可保育所部分以外）	幼稚園	小規模保育 家庭的保育等
現行制度	応能負担	応益負担	応益負担 ※就学奨励費あり	／
新制度	施設型給付			地域型保育給付
	応能負担			

■応能負担：保護者の所得に応じた負担
■応益負担：施設が個別に定める保育料を入園者が等しく負担

出所：兵庫県の市民向け説明資料を参考に筆者作成。

　そう考えると，新制度に幼稚園が移行すると，所得が低い人は保育料は安く，所得が高い人は保育料が高くなると考えられる。だが，実際にはそれぞれの幼稚園の現行の保育料との比較であるので，どうなるかは，個々の人の所得と個々の幼稚園によって異なることになる。

2　公定価格とは

　また，実際の保育料がいくらになるかは，公定価格という保育を実施する際に必要だと思われる費用（価格）と保護者負担をどうするかによって決まる。

　まずは，保育を実施する際の公定価格，つまり必要だと思われる費用（価格）が決められる。そこから利用者負担を引いたものが，施設型給付及び地域型保育給付として給付される。まずは公定価格の「骨格」が決められた。「骨格」とは基本部分・加算分・減算部分の構造である。それを受けて2014年度の6月までには仮単価が示され，全体の給付の所要額が決まり，8月には2015年度の概算要求がスタートする。

　その後，各自治体は国の示した保護者負担のルールに定められた通りに保育料を徴収するのか，減額するのかなどの議論も議会でしなくてはならない。さらに自治体によっては，国基準に上乗せの補助を施設に行っているところもある。そういう自治体は実際の国の公定価格を見て，引き続きどの程度の上乗せ補助が必要かどうかなど早急に決めなくてはならない。自治体の現場の実務的

な流れから考えると、6月に公定価格や仮単価が国から示された後に、それをベースに新たな案を作成して、秋の議会を経て条例に反映させ、さらに2015年度の予算に組み込むというのは大変な作業である。

　実際、幼稚園は一般的に前年の秋には園児募集を始めるため、夏には保育料なども決める必要がある。そのためには幼稚園自身が私学助成のままとどまるのか、新しい制度の施設型給付の幼稚園になるのか幼保連携型認定こども園に移行するのかも、決めなければならない。幼稚園の決断にはこの公定価格が重要なカギとなるだろう。

3　公定価格の仮単価のイメージ

　ちなみに2014年4月末には「公定価格の仮単価のイメージ」が、仮単価試算の途中経過として出された。単価とは、幼稚園・保育所、認定こども園それぞれの施設規模と子どもの年齢等に応じて、子ども一人当たりいくらの費用がかかるかというのを基本単価とし、ここに職員の加配や子育て支援活動、冷暖房費、職員の処遇改善、休日保育、第3者評価受審等など様々な費用が付け加えられ、全体として幼稚園や保育所、認定こども園に入る公費がいくらになるかが決まるものである。またこれらの単価は施設の開設場所に応じて、人件費の高い都市部はそれだけ収入が高くなるように加算率というのがかけられる。現在は3％から18％までの7種類の加算率が設定されており、この地域区分は現在、加算のない地域も含め8区分となっている。

　4月末に「仮単価のイメージ」として出されたものは、地域区分としては加算のない「その他の地域」の単価である。また、2017年時点で消費税が10％となり、子育て分野に新たに0.7兆円の予算が投入された時の単価となっている。実際、これまでの議論で子ども・子育て支援を量も質も改善するには1兆円の財源が必要だと言われてきており、量の拡充に0.4兆円、質の改善には0.6兆円が想定されている。ところが、0.7兆円は消費増税で確保できそうだが、残りの0.3兆円については見通しがたってない。そこで、4月時点の仮単価では、量の拡充に0.4兆円、質の改善には0.3兆円を投入するという条件で組まれてい

第3章　子ども・子育て支援新制度とは

る。

　また，最近では保育士不足が深刻で，何よりも保育士の処遇改善が必要だと言われている。そこで，この仮単価では，あくまでも「この程度になるのではないか（その他の地域において）」という概算ではあるが，幼稚園の園長・保育所の所長ともに人件費年額約440万円（社会保険料含まず），また幼稚園教諭や保育士の人件費は年額約340万円（社会保険料含まず）と試算されている。社会保険料を含まないということは，これに加えて年金や健康保険料等の負担分が上乗せされると考えられる。だがもちろん施設や事業者がどのような保育・教育メニューに取り組むかということで，施設全体の収入も決まるため，施設に応じて実際に支払われる給与も違ってくる。

　この仮単価を巡っては「期待はずれ」として批判も出たが，実際には現状の単価より良く，関係者によると「ちゃんと求められている様々な事業に取り組めば，今より収入は上がる」という。だが4月末公表の「仮単価のイメージ」は，あくまでも途中経過であり，これからも様々な変更点が出てくる可能性がある。

　また，この仮単価は前述したように，2017年時点で消費税が10％となり，子育て分野に新たに0.7兆円の予算が投入されることが前提となっている。そのため，2015～2016年度は現状の単価とこの仮単価の間の単価になると説明されており，各年度の予算編成時に示されることとなる。

5　新たに始まる確認制度

　実は新しく始まる制度がある。それは，それぞれの保育や教育事業が自治体からの給付を受けられるかどうか，について確認というルールが導入されたことである。個々の保育施設や事業はまずは，認可基準を満たす必要がある。だが，認可されたからといって，自動的に給付が受けられるわけではなく，さらに自治体からの給付確認を受ける必要がある。

　認可は，施設が目的に合った基準を満たしているかどうかを見るもの，確認

は，施設が公費の支給対象施設や事業であるかどうかを見るものである。確認を受けるためには，施設や事業は認可基準を満たすだけではなく，子ども・子育て支援法に基づく利用定員に関する基準と運営に関する基準を満たす必要がある。この運営基準は自治体が条例で定める。まず，自治体はそれぞれの施設や事業の種類に応じて，1・2・3号それぞれの子どもの利用定員を決める。現存の幼稚園や保育所は，そのまま施設型給付が受けられるとして「みなし確認」でよいが，それでも1・2・3号の認定区分に応じた利用定員を決めなくてはならない（表3-3）。

　認可と確認の運営基準の関係を簡単に言うと，ハードとソフトの関係と言える。認可は設備や職員配置などの基本条件を定めたもの，確認は実際にどのように運営するかの基準を定めたものだ。

　2014年の4月末に内閣府から運営に関する基準について政省令が出されている。例えばどのような運営が求められているかというと，必ず実施しなければならないもの（従うべき基準）としては，「利用申し込み者に運営規定の概要や職員の勤務体制などの重要事項を記した文章を交付・説明すること」や「正当な理由なしに利用申し込みを拒否してはならない」「市町村のあっせんや調整に協力しないといけない」「すべての子どもを平等に取り扱うこと」「業務上知り得た子どもや家族の秘密を漏らしてはならない」といったことも含め他にもいくつか列挙されている。

　また，十分参照したうえで判断すること（参酌する基準）としては，「保護者が支給認定を受けるための援助をすること」「小学校との連携」や「教育・保育の提供の内容の記録をしなければならない」「子どもの心身の把握に努め，保護者の相談に適切に応じること」「自ら提供する保育の質の評価を行い，常に改善を図ること」などと，この他にも多数，細かく定められている（表3-4）。

　このように今後，給付を受ける保育・教育施設や事業者は，こういった運営基準に従い，保育や教育のレベルの高い提供体制が求められる。一方，確認は自治体が行うこととなっており，自治体が各施設や事業の運営についても，細

第3章 子ども・子育て支援新制度とは

表3-3 確認における「利用定員に関する基準」

保育所・認定こども園については，利用定員20名以上 定員設定は　1号：3～5歳　2号：3～5歳 　　　　　　3号：1・2歳　3号：0歳　の4区分で行う。
地域型保育事業の利用定員については以下の通り 　　家庭的保育事業　　　　　　1人以上5人以下 　　小規模保育事業A型及びB型　6人以上19人以下 　　小規模保育事業C型　　　　　6人以上10人以下 　　居宅訪問型保育事業　　　　　1人 　　0歳と1・2歳児の2区分で定員を設定

出所：内閣府令と西宮市「子ども・子育て会議」資料を参考に筆者作成。

表3-4 確認における「運営に関する基準」

従うべき基準	①内容及び手続きの説明同意，②正当な理由のない提供拒否の禁止，③あっせん・調整及び要請に対する協力，④利用者負担額の受領，⑤教育・保育の取り扱い方針に準じた保育の適切な提供，⑥支給認定の子どもを平等に取り扱う原則，⑦虐待等の禁止，⑧懲戒に関わる権限の濫用の禁止，⑨秘密保持，⑩事故発生の防止及び発生時の対応，等 特定地域型保育事業者の運営に関する基準 ①連携協力する特定教育・保育施設の確保（居宅型訪問事業者を除く） ②居宅型訪問事業者の連携障害児入所支援施設のその他の確保 ③特定地域型保育の提供終了に当たっては，連携施設との連携
参酌すべき基準	①受給資格等の確認，②支給認定の申請に関わる援助，③心身の状況などの把握，④小学校との連携，⑤教育・保育の提供の記録，⑥給付費などに係る通知，⑦特定保育・教育に関する評価，⑧相談及び援助，⑨緊急時等の対応，⑩支給認定保護者に関する市町村への通知，⑪運営規定，⑫勤務体制の確保，⑬定員の遵守，⑭重要事項の提示，⑮情報の提供，⑯利益供与の禁止，⑰苦情解決，⑱地域との連携，⑲会計の区分，⑳記録の整備，等

出所：内閣府令と西宮市「子ども・子育て会議」資料を参考に筆者作成。

かくチェックしていくこととなる。

6　新たな幼保連携型認定こども園

　これまでの幼保連携型認定こども園は，幼稚園・保育所それぞれの認可を受けたうえで，さらに認定こども園の認定を受ける必要があった。さらに，学校

51

教育法・児童福祉法，それぞれの法律に基づく指導監査を受ける必要もあった。幼稚園の指導監査は県の権限，保育所の指導監査は市町村の権限と，二重行政は現場にも大きな負担であった。そこで，新しい幼保連携型認定こども園は，学校教育・保育・家庭での養育支援を一体的に提供する施設になる。そこで，幼稚園と同じ学校としての位置付けと社会福祉事業としての位置付けの両方をあわせ持って，改正認定こども園法を根拠とした施設となり，認可・指導監査権限が一本化される。既存の幼稚園や保育所からの，この幼保連携型認定こども園への移行は任意となっている。

また設置主体は国・地方自治体・学校法人及び社会福祉法人に限定された。現在，保育所には株式会社を含めて様々な運営主体があるが，それらは参入できないこととなった。ただし，宗教法人や個人立の既存の幼稚園などは，特例で幼保連携型認定こども園に移行できる。

さらにこの幼保連携型認定こども園における学校教育・保育の内容については，幼稚園教育要領と保育所保育指針との整合性をとりつつ，小学校教育へのつながりを見据え「幼保連携型認定こども園教育・保育要領」が策定された。また，幼保連携型認定こども園の認可基準についても議論が続いていたが，2013年12月に，新しい基準がまとめられた。

基本としては「幼稚園と保育所の基準が異なる事項は高い水準を引き継ぐ」という方針で基準が定められ，様々な議論があったが，園庭や調理室・設備も「原則設置」となった。

職員についてであるが，学校教育・保育を行うものとして，幼稚園教員免許と保育士資格をあわせ持つ「保育教諭」が配置される。だが，既存施設からの移行を容易にするために経過措置もある。新制度施行後5年間は，幼稚園教員か保育士資格のどちらかしか保有していない者も，保育教諭になることができる。またこの5年間に，もう一方の免許や資格取得のため，勤務経験を評価して，免許や資格取得に必要な単位等を軽減する特例が設けられる。園長については両方の資格だけでなく，5年以上の経験も必要と定められた。

指導監査や事務についての一元化であるが，公立の場合は市町村の首長が行

い，私立の場合は都道府県知事（または政令市・中核市の首長）が行うこととなる。ただし，幼保連携型認定こども園は幼稚園と同じく学校としても位置付けられるため，教育委員会が一定の関与をすることも考えられている。

7 地域子ども・子育て支援事業

　新制度というと認定こども園や施設型給付，さらには待機児童対策に注目が集まりがちだが，地域の子育て支援事業の充実も大変重要なことだ。実は就学前の乳幼児の大多数は家にいる。表3-5にあるように3歳未満児の73.8％は家で過ごしている。だが，この時期に母親の育児の孤立や悩みのリスクが高い時期であることを考えると，この3歳未満児への支援の一層の充実が喫緊の課題であることがわかる。松田（2013）は，子育て期は現在でも「夫は仕事，妻は家庭という性別役割分業を行う夫婦と子どもから成る世帯」が多数であり，この親の育児負担が増すと，育児不安も強まり，もう一人産みたいという気持ちは大幅に低下するという。

　例えば，日本小児科学会では「スマホに子守りをさせないで」と呼び掛けている。外出先で子どもがぐずれば，スマホで遊ばせたりアニメを見せればいい，というのが最近の若いママたちのあたりまえの育児になっている。このように育児の常識が急速に変化しているのだ。だが，平面画面での仮想体験を重ねることや親の子どもへの言葉などでの働きかけが減ることが，子どもの心身の発達に深刻な影響を与えると警告している。

　しかし，一方的にスマホを禁じるだけでは，母親たちはどうしたらよいのかわからなくなる。子どもがぐずれば周りに気兼ねするし，ぐずる子どもの気をどうまぎらわすかも，誰からもちゃんと教えてもらっていない。それだけ育児文化の継承が途絶えているのだ。少子化の中で他の人の子育てを見ながら学ぶ機会もほとんどなかった親ばかりである。だからこそ，親を責めるのではなく，親子が孤立することなく，様々な人々の助けを得ながら，何が育児において大事なのかを学び，子どもとの遊びの楽しさや育児の面白さを味わうチャンスが

第Ⅰ部　なぜ子ども・子育て支援新制度なのか

表3-5　就学前児童の居場所

(2013年4月数値)

	保育所	幼稚園	その他
3歳未満児	26.2%	0.0%	73.8%
3歳以上	43.7%	49.7%	6.6%
未就学児全員	35.0%	25.0%	40.0%

出所：文部科学省「学校基本調査」2013年，厚生労働省「保育所関連状況とりまとめ」2013年より筆者作成．

必要である。様々な支援によって，親の育児の負担感や不安を減ずる。地域子育て支援には役割が期待されている。

地域子ども・子育て支援事業には，次のような13の事業が含まれており，新制度に向けて，どういった点を改善していくのか，という議論が始まっている。

延長保育，病児病後児保育，放課後児童クラブ，子育て短期支援，一時預かり，妊婦健診，乳児家庭全戸訪問（こんにちは赤ちゃん），ファミリー・サポート・センター（子育て援助活動支援），地域子育て支援拠点，利用者支援，養育支援訪問及びその他の要支援児童，要保護児童等の支援に資する事業，実費徴収に関わる補足給付を行う事業，多様な主体が本制度に参入することを促進する事業，である。この中にはこれまであった事業と，新しく制度化されるものがある。

まずは，それぞれがどういった事業か見てみよう（表3-6）。

これらの事業の多くは，大幅な変更があるとは考えられないが，それでも様々な改革案や意見がされている。一時預かり事業は待機児童対策に効果があるだけでなく，母親が働いておらず専業で3歳未満児を育児をする家庭にも必要という視点で，安定的に運営できる補助基準を設定すべきという意見も出されている。新制度までの子育て支援策の検討状況にも書いたように，新制度の議論のスタート時には「専業主婦家庭にも一定の保育時間を保障する」という案が盛り込まれていた。また，週に2回程度子どもを預けて働きたいという母親が，一時預かりを安定的に利用できないために，保育所に入所するほうがいいと考え，入所要件を上げるために週5日勤務になるという話もよくある。待

第3章 子ども・子育て支援新制度とは

機児童対策には保育所を増やすだけでなく，気軽に使える一時保育を整備することによって，すべての人の保育ニーズが保育所に集中しないようにするなど多面的な方策が必要である。また，病児病後児保育では，積極的に訪問型も取り入れていくべきだという意見も出されている。

いずれにしても市町村は2013年度中にニーズ調査を行い，それに基づいて様々な地域子育て支援の施策を組み合わせた事業計画を2014年度中に決定し，予算を組み，2015年には一層の支援基盤整備に着手することを期待されている。もちろんそれで終わりではない。新制度では事業計画の実施状況の調査や点検・評価，見直しといったPDCAサイクル（Plan/Do/Check/Action）が組み込まれており，随時，子育て支援施策の改善を求められている。

8 放課後児童クラブ

一方，大きな変化が予想されるのが放課後児童クラブである。放課後児童クラブについては社会保障審議会の児童部会に「放課後児童クラブの基準に関する専門委員会」が2013年5月に設置され，基準や指導員の資格などについて議論され，新しい基準に関する報告書が2013年12月にまとめられた。

図3-7は放課後児童クラブの数，登録児童数，さらには利用を希望しながら利用できなかった児童数の推移である。2013年には施設数は2万1482か所（全国の小学校は2万1132校），登録児童数88万9205人となっており，10年前の2003年に比べると施設数も児童数も6割強の増加となっている。2013年時点での全国の小学校1年生から3年生は約325万人であり，その約24％が利用していることになる。しかし，一方で利用を希望しながら利用できなかった児童数も8689人となっている。ピーク時の2007年の1万4029人に比べると減っているものの，ここ数年，保育所の定員を大幅に増員していることを考えれば，今後，放課後児童クラブもさらに児童数が大きく増えると予想される。実際2010年に閣議決定された「子ども・子育てビジョン」では，2014年度末までに111万人，つまり小学校1年生から3年生の32％の受け入れをめざすとしている。2013年

55

表3-6　地域子ども・子育て支援事業に含まれる12の事業について

利用者支援（新規）	子どもや保護者が，認定こども園・保育所・幼稚園などの学校教育・保育や地域子育て支援事業の中から適切なものを選択利用できるように身近な場所で支援を行う。（モデルとして横浜市の保育コンシェルジュや松戸市の子育てコーディネーターがあげられている）
地域子育て支援拠点事業	子育て広場や保育所，地域子育て支援センターなどで。子育て中の親子の交流や育児相談などの事業を実施。基本事業としては①交流の場の提供・交流促進，②子育てに関する相談・援助，③地域の子育ての関連情報提供，④子育て・子育て支援員に関する講習等の実施，となっている。この事業の機能強化として，新規事業である利用者支援が期待されている。さらにここは気軽に親子が立ち寄れる場であるため，支援が必要な親子の早期発見や虐待予防にもつながると期待されている。さらには最近では高齢者や中高生など様々な世代がボランティアなどで関わり，地域の交流拠点としての役割りを果たしているものもある。国庫補助を受けていない地方単独事業を合わせて2012年度には全国で7,860か所ある。
妊婦健康診査	妊婦健診は出産までに14回程度受けることとなっている。自治体によって公費負担額は違うものの，すべての地域において公費助成を実施している。母子手帳交付時はリスクを抱える母親を発見するチャンスでもあり，未受診妊婦も要注意である。
乳児家庭全戸訪問（こんにちは赤ちゃん）事業	生後4か月までの赤ちゃんがいるすべての家庭を訪問し，子育て支援に関する情報提供をするとともに，親子の心身の状況や養育環境を把握し，相談助言を行う。早めにリスクのある親子を把握し，虐待予防の効果もある。全市町村の92.3％となる1,613市町村で実施（2011年7月），訪問者は保健師に限定されず，助産師・看護師・保育士・児童委員・民生委員・子育て経験者と自治体によって様々である。
養育支援訪問事業及び要保護児童等に対する支援に資する事業	上記のこんにちは赤ちゃん事業などで支援が必要とされた親子や妊婦に対し，家事援助も含めて相談・助言を行う。2012年7月現在，1,098市町村で実施（市町村の62.9％）。（地域の事例として本書で取り上げる熊取町では，この事業の支援が必要なレベルではないが，気になる親子にホームスタートで対応している。）要保護児童等の支援に資する事業は子どもを守る地域ネットワーク機能強化事業であり，要保護児童対策地域協議会のメンバーの研修や，連携強化の仕組みづくりが求められている。2012年度の349市町村で実施されている。子どもを守る地域ネットワークそのものは，98％の市町村に設置されている。
子育て短期支援事業	これは短期入所生活援助（ショートステイ）事業と夜間養護等（トワイライトステイ）事業からなる。ショートステイは保護者の病気や疲労などの他に冠婚葬祭などの様々な理由で児童の養育が困難になった場合に，乳児院や児童養護施設など適切な施設で養育保護を行う。原則として7日以内。トワイライトは保護者が仕事やその他の理由で平日の夜間や休日に児童の養育が困難になった緊急の際に児童を預かるもの（宿泊可）。2012年度ではショートステイ672か所，トワイライト363か所となっている。ショートステイには，出張や育児不安，下の子の出産や遠方の親せきに葬儀などの理由もみられる。

ファミリー・サポート・センター（子育て援助活動支援事業）	子どもを預かってもらいたい依頼会員と、預かる提供会員との相互援助活動。子どもを預かるだけでなく送迎をするケースもある。また2009年度からは病児・病後児の預かりや早朝や夜間の緊急時の預かりもする強化事業も実施。2012年度では基本的な事業を展開しているところが699か所、病児も含めた強化事業に対応しているのが129か所となっている。市町村からの委託があれば、運営主体に制限はない。全国で見ると依頼会員383,321人、提供会員129,744人、子どもを預けるが預かることもする両方会員が42,585人となる。
一時預かり事業	緊急・一時的に家庭で保育できない乳幼児を保育所やその他の場所で一時的に預かる。当初は仕事や通院などの理由が求められたが、最近では保護者のリフレッシュでも利用可。これによって育児ストレスが軽減されたり、保育者から子どもの別の見方を聞くなど、保護者の視野も広がる効果がある。保育所の一時預かりなどは、決まった曜日にパートの仕事をする人等の早くからの予約と定期利用でいっぱいで使えないことも多く、多様な場所での一時保育が求められている。また、いつでも必要な時に一時保育が利用できる保障があれば、保育ニーズが保育所に集中しない効果もある。知らない人に預けるのは抵抗がある親もいるので、最近では日常的に訪れる子育て広場で、保育を提供しているところもある。ファミリーサポートの提供会員の発掘のため、こういった他の人のいる広場などで預かる経験を積んでから自宅での預かりに移行する方式をとっているところもある。2012年度には7,656か所で実施。国の事業スキームは保育所型・地域密着型（いずれも保育士を2名配置）するものと、地域密着Ⅱ型（保育士1名と研修した者）を配置するもので、設備基準も柔軟なものの3つの形態があるが、新しい枠組みは検討中である。
延長保育事業	11時間の開所時間を超えて行う保育。実施箇所16,946か所（2011年度実績厚生労働省保育課）、国の補助は民間保育所のみ。公立保育所は一般財源化されている。
病児・病後児保育事業	子どもが発熱など急な病気になった場合に、病院・保育所などに敷設された専用スペースで看護師などが保育する事業。また保育中に体調不良になった児童を保育所の医務室などで看護師などが緊急的な対応をすることも含む。対象児童は10歳未満。事業としては、病児対応型・病後児対応型・体調不良児対応型・非施設（訪問型）がある。費用負担は国・県・市町村で3分の1ずつとなっており、年間の述べ利用人数で国からの補助が加算される仕組みとなっている。2012年度の交付実績を見ると、病児対応型561か所、病後児対応型541か所、体調不良児対応型507か所、非施設型が1か所となっている。親からのニーズはあるものの、病気の流行期には変動があるように、利用児童数も変動し、採算が取れにくい事業である。
実費徴収に関わる補足給付を行う事業	特別な教材費や制服代など、学校教育・保育活動の一環として行われる活動に必要な費用で、給付対象に含められないものは、各施設の実費徴収が認められている。そこで、それらの負担が困難な世帯に対して市町村が支援する事業。
多様な主体の参入促進事業	具体的にどのような事業が対象になるのかは、今後検討される予定（2014年度には市町村が支援チームを設け、新規施設などに対する実地支援、相談・助言、小規模保育事業等の連携施設のあっせんなどを行う事業を前倒しで実施する）。

注：放課後児童クラブは除く。
出所：各種資料より筆者作成。

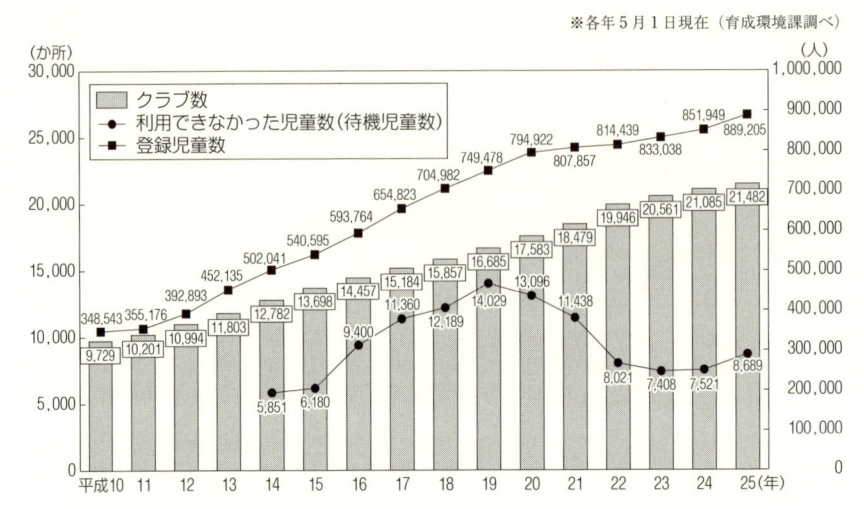

第Ⅰ部　なぜ子ども・子育て支援新制度なのか

※各年5月1日現在（育成環境課調べ）

図3-7　放課後児童クラブの数，登録児童数，利用を希望しながら利用できなかった児童数の推移

出所：社会保障審議会児童部会「放課後児童クラブの基準に関する専門委員会報告書」2013年より。

現在，就学前児童全体の35％が保育所を利用しているため，3人に1人は荒唐無稽な利用率ではないだろう。

　だが，新制度では，さらに受け入れ児童数を増加させる方向が示されている。まずこれまで対象児童は小学校3年生までというところがほとんどであったが，新制度では小学校6年生までが対象となる。これは対象の範囲を示しただけで，個々のクラブに受け入れを義務化したものではない。だが徐々に受け入れ学年を上げていく準備はしなくてはならないだろう。

　また，報告書では，「従うべき基準」として児童指導員に「児童の遊びを指導する者」という資格を求めること，指導員を2名配置することなどが求められている。だが，もちろん，一律一斉にすべての放課後児童クラブに求めることは不可能であるため，経過措置は必要だと言及されている。例えば，2013年の指導員8万9486人のうち，保育士・幼稚園教諭，幼稚園以外の教諭などの資格がある者が51％，児童福祉の経験があるのが20.1％，「児童福祉施設の設備及び運営に関する基準第38条第2項に該当する者」3.2％などであり，まった

く資格のない者が25％となっている。これに対し，委員からは「理想を語るのはよいが，既存の放課後児童クラブを閉鎖しなくてはならないようになってはいけない」という意見も出されていたからだ。

　この他，「参酌すべき基準」として，児童の定員数，施設・設備の要件，開所日数，開所基準，その他の基準などが盛り込まれている。例えば，児童定員は40人までが望ましいとされ，面積も児童一人当たり$1.65 m^2$以上とされている。

　放課後児童クラブはこれからますます重要になるだろう。例えば過疎地で子どもが減っているところでは，家に帰ると近所に遊び友達がいない，家に帰ってゲームばかりしている，ということで，家に親族がいても「放課後児童クラブに入れてほしい」という要望が増えているという。だが，こういったところでは資格のある指導員を見つけることが難しい。

　一方，都会で子どもが多いところでは物理的なスペースをどう確保するかという課題がある。例えば，1学年80人程度の学校では1年生から3年生合わせて240人，この児童の3人に1人が放課後児童クラブを利用すると，80人となる。そうすると40人の2クラスに指導員が2人ずつとなる。これらの子どもたちが，安全に活動できる十分な場所はどう確保できるだろう。小学校の空き教室は子どもが多い学校にはない。校庭に施設を設置するにしても大きさには限界がある。ましてや高学年が加われば，活動もプログラムも低学年と高学年とで分ける必要があり，さらにスペースが必要になる。保育所を建てる土地もないところで，どうやって物理的なスペースを確保できるのだろうか。職員の資格に高学年の受け入れ，十分な面積と遊び部屋と休む部屋の区別など，理想と現実をどう折り合いをつけていくかが課題になる。

9　保育所の待機児童の状況

　それでは，ここまで子ども・子育て支援新制度について見てきたが，最後に現在の保育所の状況を見てみよう。子育て支援が話題になりだした1990年以来，

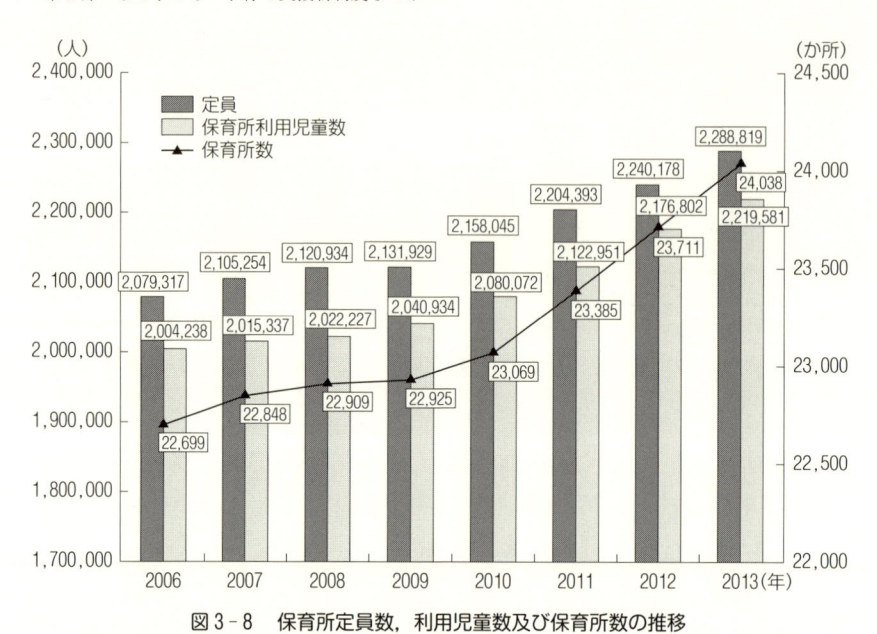

第Ⅰ部　なぜ子ども・子育て支援新制度なのか

図3-8　保育所定員数，利用児童数及び保育所数の推移
出所：厚生労働省「保育所関連状況とりまとめ」2013年より。

　ずっと話題の中心は待機児童対策である。東京の中心部で保育所には入れなかった母親たちが，大きな声を上げたことがニュースになったことは記憶に新しい。保育所の量はまだ足りないのだろうか。
　少子化が進展している一方で，保育所数と定員数は伸び続けている。2013年度の保育所は2万4038か所，保育定員は約228.8万人と前年度より約4.9万人という過去最高の増加，一方で入所児童数は約222万人と前年より約4.3万人の伸びとなっている。入所児童は定員を下回っており，定員割れが発生しているのだ。だが待機児童がいなくなったわけではない。待機児童数は2010年の2万6275人をピークに減りだしており，2013年時点で2万2741人である。だが，これは年度当初の4月1日の数値であるため，年度は進むにつれ，待機児童はどんどん増えて行くことになる（図3-8）。
　確かに子どもの数は減っているが，児童に占める入所利用者の割合が増加しているのだ。たとえば3歳未満児の保育所利用率は2006年には19.6％だったが，

第3章　子ども・子育て支援新制度とは

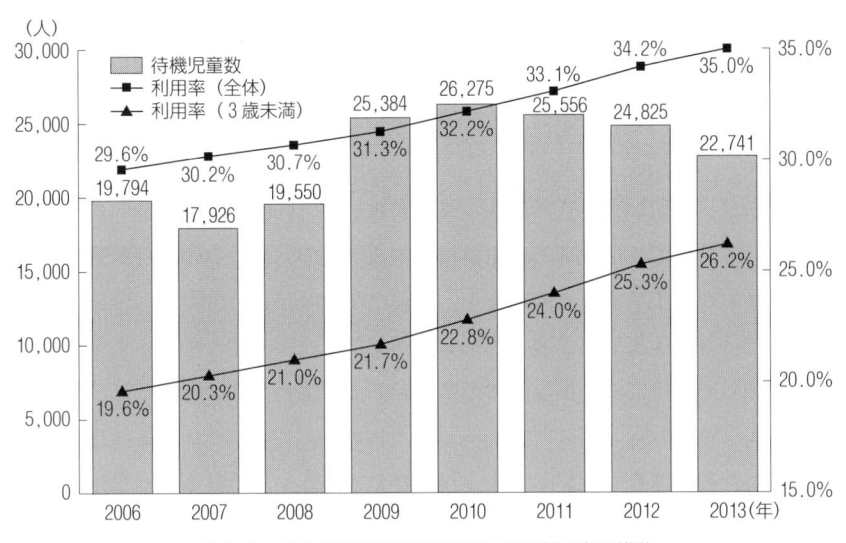

図3-9　保育所待機児童数及び保育所利用率の推移
出所：厚生労働省「保育所関連状況とりまとめ」2013年より。

利用率は毎年伸び続け，2013年には26.2％となっている。就学前児童全体で見ると同時期には35％の利用率である。この利用率はまだまだ伸び続けると考えられている（図3-9）。

　それではなぜ定員割れと待機児童が併存するのだろうか。それは年齢と地域の偏在の要因がある。保育所の定員は，4・5歳児が多くなっている。なぜなら0歳児は保育士1人で3人，1・2歳児は保育士1人で6人までしか保育できないが，4・5歳児は保育士1人で30人まで担当できるからだ。そのため待機児童の82％が0～2歳児である。それに4・5歳児であれば，幼稚園という選択肢もある。0～2歳児の待機児童を減らそうと，どんどん保育所を作れば，保育が必要な子は3歳までに入れるようになり，新たに4歳から保育所に入ってくる子は少なくなり，当然，4・5歳児には定員割れが発生することになる。効率的に待機児童対策をするためには，低年齢児専門の小規模保育や保育ママは重要な存在である。そもそも，いつでも保育所に入れるようにする，ということは，定員が常に空いていないといけない，ということになる。

待機児童のいる自治体は限られている。2012年4月現在で待機児童のいる市区町村は，全市区町村の約2割である340市区町村である。そのうち100人以上いる市区町村は64あり，50人以上100人未満が37で，1人以上50人未満が239となっている。

また，地方においても若い世帯は県庁所在地などの中心部に集まっており，同じ県内でも郡部では保育所が定員割れする一方で，中心部には待機児童がいる。それに親は便利な保育所を好む。駅前の便利な保育所に入れれば働こうかと思っている母親も，そこに入れないのであれば「再就職を延期しよう」となる。そのため，ほんのちょっとの距離でも一方の保育所には待機児童がおり，一方の保育所では定員割れが起こるということもある。

また，郡部の保育所が少子化で定員割れしているからといって，閉鎖することはできない。保育所があるからこそ，かろうじて若い親子が留まっているのであり，保育所がなくなれば，若い世帯はその地域を出ていくことになる。また子どもの少ない過疎地であるからこそ，保育所に行かないと子ども同士で遊ぶチャンスもなく，子どもの健やかな育ちを保障できないということにもなる。こういった地域では，新制度で多様な保育が認められることが，保育を守る助けにもなる。

■参考・引用文献
厚生労働省「保育所関連状況とりまとめ」2013年
社会保障審議会「第18回少子化対策特別部会資料」2008年
社会保障審議会「放課後児童クラブの基準に関する専門委員会報告書」2013年
内閣府「子ども・子育て支援新制度について」の「子ども・子育て会議資料」
　　　（http://www8.cao.go.jp/shoushi/shinseido/kodomo_kosodate/）
内閣府「特定教育・保育施設及び特定地域型保育事業の運営に関する基準（平成26
　　　年内閣府令第39号）」2014年
松田茂樹『少子化論——なぜまだ結婚・出産しやすい国にならないのか』勁草書房，
　　　2013年
文部科学省「学校基本調査」2013年

第4章 各国の子育て支援策から学ぶ

　それではここで，諸外国の子育て支援策について見てみよう。2011年度の先進各国の合計特殊出生率は高い方を見ると，フランス2.01，スウェーデン1.90，米国1.89となっている。低いのはドイツの1.36，日本の1.39である。

　まずは，女性の年齢別労働力率を見てみよう。表4-1からわかるように日本は，子育て期にあたる30代には女性の就業率が落ちるが，他の国ではそうでなく，子育て期にも労働力率が高いということがわかる。

　実は，それぞれの国の子育て支援には特徴がある。簡単にまとめると子育てを支える主な制度は3つある。一つは児童手当など子どもに関わる経済的援助である現金給付，二つ目は子育ての手間を支える保育等の現物給付，そして三つ目は出産休暇，育児休業制度等，育児と仕事の両立を支える制度である。こういった視点でこれらの国を見てみると，スウェーデンは仕事と子育ての両立支援充実型，フランスは子育て支援充実型，ドイツは家庭内育児強調型，米国は労働市場柔軟・個人解決型，日本は子育て支援は充実してきているが，性別分業意識が強く，政策の方向性不明型となる（表4-2）。

1 米国の子育て支援策

　米国は一度も少子化の問題に直面したことなく，子どもがたくさん生まれる国であるが，「家族のことに国家は介入しない」という考え方が強く，児童手当はない。ただし，児童の扶養に対して所得控除があり，また児童税額控除がある。また，育児休業制度はない。出産した人は12週間の無給の疾病介護休暇

表4-1　各国の女性の年齢別労働力率（2012年）

	米国	ドイツ	フランス	スウェーデン	日本
25〜29歳	67.8	74.2	70.0	74.2	73.3
30〜34歳	67.9	75.6	73.8	80.5	65.6
35〜39歳	68.2	76.6	77.1	84.1	64.7
40〜44歳	71.0	81.1	79.4	86.3	68.7

出所：OECD "OECD Employment and Labour Market Statistics"

表4-2　5か国の子育て支援策の特徴

国　名	政策の特徴	現金給付・保育・育児休業制度等について
米　国	労働市場柔軟・個人解決型	給付貧相・保育不足・育児休業制度なし・職場の柔軟化が進む
ドイツ	家庭内育児強調型	給付充実・保育不足・育児休業が長期間
フランス	子育て支援充実型	給付と保育・育児休業制度比較的充実
スウェーデン	仕事と子育ての両立支援充実型	給付と保育・育児休業制度充実
日　本	政策の方向性不明型	給付あり，保育足りず・育児休業制度充実・性別分業意識強固

出所：各種資料より筆者作成。

　が取得できるだけである。しかもその制度でさえ，従業員50人以下の企業の従業員には適用されないため，休業の適用を受けられるのは全従業員の半分程度と言われている。それでもファミリーフレンドリー企業もあり，育児休業制度や短縮勤務・在宅勤務など先進的な試みも豊富である。だがこれも，個々の企業の制度であり，国としての制度化が図られているわけではない。しかも公的な保育制度というのはなく，ほとんど公費補助がない中で保育所が運営されているので，良い保育所は高く（それも非常に），安い保育所は質が悪い。ただ移民の安い労働力があるので，お金のある女性たちはそういった人たちをベビーシッターや家政婦として雇い，やりくりしている。

　だが，いつでも学校に戻って勉強することも可能であるし，（能力さえあれば）転職も比較的容易で，職場での男女雇用機会均等は徹底され，男女賃金格差も小さく，一部のエリートを除いて長時間労働というのはない。仕事や労働マーケットの柔軟さが，子だくさんを支えていると考えられる。つまり，それなりの能力さえあれば，子育て支援策が充実している企業に入り，様々なサー

ビスを購入し，仕事と子育てを両立できる。だが公的に制度化された支援策が少ない，ということは親の就労状況などにより子どもにも大きな格差がつくということだ。安価で良質の保育がないことが，シングルマザーの福祉依存度を高めている，とも言われ，米国での子どもの貧困率は21.6%にもなっている（OECD, 2011）。

　だが米国では赤ちゃんを大事にする。美術館などの公共施設では，真っ先に優先され，散歩しているとみんなが声をかけてくれる。良い住宅街に住めば公園や遊び場も充実しており，子どもたちが無料でテニスやサッカーのできるグラウンドが広がっている。日の落ちるのが遅い夏は，仕事から戻ってから家族でバーベキューをするなど，生活時間のゆとりがある。大学の教育費は本人がローンを組んで調達することになっており（それはそれで若者が多額のローンを背負う問題もあるが），親の養育責任は18歳までという考え方が一般的である。そういった子育ての気楽さも子だくさんの重要な要因となっている。

2　ドイツの子育て支援策

　ドイツの状況は日本に大きな参考となる。女性の高学歴化が進み，就業率が上がる中，一方では先進国はどこでも低経済成長で夫婦共働きでないと，子育て世帯の家計が維持できなくなっているのも事実である。そんな中で，母親が家庭で育児をすべきという政策を進めるとどうなるか，についての示唆を与えてくれる。

　ドイツはナチス時代の歴史的背景もあり，「人口増」を政策として取り上げることは周辺諸国への脅威となると，長く積極的な少子化対策をとってこなかった。1970年代から女性の就労率が上昇するにつれて，出生率が急激に減少する。だが旧西ドイツと旧東ドイツでは大きく違いがあった。西側は「子育ては母親が家庭で行うもの」という考え方が強く，児童手当は充実しているものの，3歳未満の保育は少なかった。だが社会主義国である東側では，女性も貴重な労働力であり，保育も整備されていた。むしろ労働力は国家の財産であり，専

業主婦になる選択肢はなかったと言っていい。ベルリンの壁が崩壊した1989年の女性の就業率は東側で91.2％，西側は54.4％（1987年）である。

ところが，1989年の東西ドイツ統合で，東側の国営企業が閉鎖され，女性たちは職を失い，特に低年齢児対象の保育も急減した。統合前，東側では低年齢児の56％，3歳以上の94％が保育所に通っていたが，統合後は同順で3％と68％に減少した。その混乱の中で東側の出生率は激減し，1994年のドイツの出生率は1.24という最低を記録している。

この間，ドイツは統合前から育児休業制度の導入により，育児と就労の両立を図ろうとしてきた。1986年に10か月，1990年に18か月，1992年には36か月まで育児休業を延長し（1993年に育児手当を生後24か月まで支給とした），1995年には児童手当と児童扶養控除の統合した仕組みを創設し，それぞれの額も大幅に引き上げた（表4-3参照）。だが，低年齢児保育が不十分な状態では事実上，子育てと仕事の両立は不可能であり，3年間の育児休業は企業にとって女性を雇うリスクを高めてしまった。3歳になれば幼稚園に入れるが，幼稚園は通常，お昼までの保育である。さらにドイツでは「母性と仕事は両立しない」という考え方が強く，それは「働く女性が子どもを産むと，職業人としては二流になる」という考え方と表裏であった。つまり事実上，特に西側の女性にとっては就労と育児は二者択一であり，そのため1951年から1960年生まれの西側の女性で子どもを産んでいない女性の割合は25～30％にも上っている（魚住，1996）。

ドイツの事例は，児童手当の充実だけでは不十分であること，育児休業制の長期間化は企業が女性を雇うことをリスクと捉え，女性の就労の障害となること，育児休業制度だけでなく保育整備も必要ということ，「母親が育児をすべき」という価値観は，結局は女性に仕事か子どもかの二者択一を迫り，子どもを持たない女性を増やす可能性を示唆している。

そこで，2005年にドイツでは「仕事と育児の両立」を掲げ，保育整備法が施行し，2010年までに3歳未満児への保育の整備割合を20％に引き上げる目標を掲げた。2006年時点の3歳未満児の保育利用率は旧西側7.8％，旧東側39％となっていた。また母親のみが育児休業を取得するのではなく，父親も取得する

第4章　各国の子育て支援策から学ぶ

表4-3　5か国の児童手当の比較

国　　名	児　童　手　当
米　　国	支給なし。
ドイツ	第1子から18歳まで（失業者は21歳，学生は27歳）支給。第3子まで154€（約2万円），第4子以降179€（約2.3万円）。所得控除は，児童一人あたり5,808€（約76万円）。
フランス	第1子は支給なし。第2子から20歳まで：第2子119.13€（1.5万円），第3子152.62€（約2万円）。11歳から15歳33.51€（約0.4万円）加算，16歳以上59€加算（0.8万円）。
スウェーデン	第1子から16歳まで支給。子一人当たり1,050SEK（約1.7万円），多子割増手当（一人当たりの額に加えて加算される）：2人100SEK（約0.2万円），3人454SEK（約0.7万円）。
日　　本	第1子から0～3歳1.5万円，3歳から中学生1万円。第3子は3歳から小学生まで1.5万円所得制限あり。

注：SEK（1スウェーデンクローネ）＝約16円，€（1ユーロ）＝約130円として試算。スウェーデン・フランス・ドイツは所得制限なしに支給。
出所：社会保障審議会少子化対策特別部会「第1次報告」2009年より。

よう，2007年には両親手当が導入され，生後12か月間（両親が取得すれば14か月間），休業前手当の67％が支給されることとなった。片方の親が取得できるのは最長で12か月であり，最大14か月の手当をもらうためには，もう片方の親が最低でも2か月は休業しないといけない。これによって父親も休業しやすくなること，従来の手当受給期間が2年から14か月になったことで，母親の職場への早期復帰がめざされている。また最大の休業期間は3年のままである。この新しい育児休業制度は，父親の取得率を高めた。旧制度では父親の取得率は3％であったものが，2008年末に16％になっている（労働政策研究・研修機構，2011）。

また，2013年8月から政府は自治体に対し，3歳未満児の保育所への入所希望を満たすことを義務付けた。2007年の受け入れ可能数は28万人だったが，2013年には3歳未満児3分の1に相当する約82万人の受け入れ枠が確保されている。だが，急ごしらえで，中には貨物運送用のコンテナをつなぎ合わせて整備された保育所もある（読売新聞2013年9月13日）。まだまだ保育士の確保や保育整備に予算が必要である。だが一方で，「育児は家庭で」という意識もあり，激しい賛否両論もあったが，2013年からは保育を利用しない親に月約100ユー

ロ（約1万3000円）を支給する育児手当制度も始まっている。ドイツ総選挙は2013年に実施されたが，人口減対策も政治的争点の一つであった。

3 フランスの子育て支援策

　フランスは，ペストの流行で人口が危機的に減少した経験があること，隣国にドイツがあることから，19世紀以来「人口は国力」という考え方の下，積極的な子育て支援策がとられてきた。フランスでは家族給付全国金庫が設置され，ここから育児休業手当や自治体や企業の保育所整備や運営費補助も出されている。その財源は約6割が社会保障拠出金（賃金の5.4%を事業主が負担），約2割が個人所得にかかる社会保障目的税，残りが一般会計の負担である。その運用に関して専門家・内閣・労使・家族関係団体からなる家族問題全国会議が開かれることになっている。

　フランスでは1980年代までは合計特殊出生率が1.8程度で安定していたが，90年代に下がり始め，1995年に1.66となったが，その後は回復している。1990年代から2000年代にかけて子育て支援施策を様々に改正し，出産育児と就労に関する選択の幅をより広げている。その効果が出ていると言われている。

　まず，フランスの特徴としては，「母親の選択の自由」というのが重視され，仕事をしても在宅で育児をしても手厚い支援があること，保育が様々な形で供給されていること，所定労働時間が週35時間であり，男女ともに長時間労働と無縁の職場環境であることが特徴となっている。また，「働く母親も良い母親である」という価値観があり，仕事をする母親への偏見がない。フランス人の女性に聞くと，「大人の女は，仕事と子どもと夫（恋人）の3つを持っている」のが当たり前だという。子どもを保育に預けることへの抵抗感も小さい。これはもともと乳幼児の死亡率を下げるために医療機能付きの保育所を整備したことや（神尾，1999），上流階級ではベビーシッターに保育してもらうのが当然視されていたため，とも言われている。

　フランスはたくさん産んでもらうことが目的なので，児童手当は第2子以降

第4章　各国の子育て支援策から学ぶ

20歳まで支給され，第3子以降はさらに額も多くなり，所得制限はない（表4－3参照）。さらに，簡単に言えば家族の人数で世帯の総所得を割り，それに課税するN分N乗という税制が適用されており，子どもが多い家庭は大幅に税負担が軽減される。

　さらにフランスの育児休業制度を見てみよう。子どもが3歳になるまでの3年間取得可能であるが，まったく休職する，パートタイム労働（週16〜32時間）に移行する，職業教育を受けるという選択肢が3つあり，それを組み合わせるのも可能である。もともとフランスでは家庭で育児をする母親に手当があったが，1990年代からその充実が図られ，育児休業の際の賃金補助・現金支給として改革されてきた。仕事を辞めて家で子育てに専念したい人には出産を機に無職になった場合，2人目の子どもからその子が3歳になるまで養育親手当を支給する。またパートタイムなどに移行して賃金が減った場合もそれを補助する。一方，働きたい女性には，子どもを預ける認定保育ママを雇用するのに援助を出すようになった。これによって認定保育ママの数が大幅に増えている。さらに2003年と2005年にもこれらの手当に改正がくわえられた。先の2つの手当をまとめて「乳幼児迎入れ手当」とし，女性が働く場合と離職する場合の選択の幅を広げるということで，仕事をしない場合は，第1子から賃金補助（6か月間），第2子以降は3歳までの支給となり，働く場合は認定保育ママの費用への補助が拡大された。さらに，第3子を産んだ場合，休業期間があまりに長いと復職しにくくなる事態を改善するために，休業期間を1年に短縮する代わりに，賃金補助を5割増しで受け取ることができる選択肢も設けた。

　またフランスの保育は0〜2歳児には保育所と認定保育ママによる保育がある。保育所には自治体や民間団体が設置したものや事業所内のもの，さらに親と専門職が交替で保育するものもあるが，認定保育ママが主要な保育手段となっている。2008年時点で0〜2歳児の42％の児童が保育を利用している。また，3歳になるとほとんど全員，幼稚園か保育学校に通う。水曜日は休みだが，これと保育ママやベビーシッターを組み合わせて保育を確保するようになっている。

69

4　スウェーデンの子育て支援策

　スウェーデンの出生率は1964年に2.48と戦後のピークを記録している。その後、経済のソフト化と労働力不足があり、女性の労働市場への進出が急速に進むとともに、出生率が低下した。そこで1970年代から包括的な家族政策が推進され、仕事と出産・子育ての両立が図られることとなった。児童手当に加え、育児休業制度や保育の整備が進められた。

　まず児童手当であるが、すでに1948年から実施されており、第1子から所得制限なしに16歳まで支給される。一人当たりの額も、子どもの数が増えるほど加算されるようになっている（表4-3参照）。

　次に育児休業であるがスウェーデンの場合は、子どもは1歳6か月になるまで休業でき、8歳になるまで部分休業も可能である。また父親と母親のいずれも互いにゆずれない60日間の休業の権利をもっている。つまり父親にも2か月間の休業の割り当てがあり、それを取得しないと休業を放棄することになる。

　2005年のデータでは育児休業を取得する権利のあった男性のうち、78.3％の男性が育児休業を取得している。さらに最初の390日間は従前給与の80％が支給、その後の90日は最低保障額が支払われる。これによってしっかりと働き、給与を得てから出産するほうが得となった。

　このように手厚い制度が導入されると、一方ではその制度の動向いかんで出生率が左右されることになる。1980年代には第2子を第1子から2年半以内に産んだ場合に第1子を産む前の所得水準で休業給付を行うとした。当時は雇用や経済状況もよく、短い間隔で女性が子どもを産むようになり、出生率は1983年には1.61だったものが、1990年に2.13となった。

　ところが1990年代前半は厳しい経済状況下で、児童手当や育児休業手当の給付が削減された。それに伴い、女性が就職難で出産時期を先延ばしにしたことや、結局女性は産み終える子ども数が2人で変わらないということもあり、1990年代後半には出生率は1.5台に落ち込んでしまう。2000年代に入って経済

の回復と共に女性の就業率も増加、さらに2006年に児童手当と育児休業給付の増額が図られ、出産を延期していた女性が子どもを産み出し、出生率が回復した。

　また、スウェーデンでは育児休業制度が普及していることもあり、基本的に0歳児保育はない。また保育所は就労支援ということだけではなく、子どもの権利として健全な育成を保障する支援として位置付けられている。スウェーデンの保育は保育所と保育士の自宅で保育する家庭的保育の2本立てで、都市では保育所が多いが地方では家庭的保育が多くなる。保育所といっても日本のように90人や120人定員のような規模ではない。平均的なサイズは、15から20人の児童で構成されるクラスが3つ程度のものである。スウェーデンでも1980年代には待機児童の問題はあり、1995年には法律が制定され、自治体は、保育の利用申し込みに対し、3～4か月以内に、なるべく自宅の近くで保育を提供する義務を負うようになった。1996年には保育は社会保険省から教育科学省の管轄となり、生涯教育のスタートとして位置付けられている。

　また2001年から2003年にかけては、親が失業中や他の子の育児休業中であっても、1歳から5歳の子には1日最低3時間の保育を利用する権利が付与されたり、保育料の上限額が下げられた。またこの他に、親が働いていないか、育児休業中に、親子で利用できるオープン保育所も設置されている。自治体によってはそこで、妊婦健診や乳幼児健診を受けられるようにもしている。つまり育児を孤立化させず、いつでも専門家の目が届くシステムとして整備されている。一方、2008年よりは保育所を利用しない1～3歳児への手当が一部の自治体で導入されている。また2005年時点のデータでは1歳児の約45％、2歳児の約87％、2010年には1歳児に49％、2歳児の91％がなんらかの保育を利用している。

5　日本の子育て支援策

　日本も最近では子育て支援制度が充実してきているが、まだ方向性は定かで

はない。例えば児童手当であるが，民主党政権時代2010年4月ら2012年3月の間だけ子ども手当となり，その後，再び児童手当という名称に戻ったり，給付額や所得制限のあるなしも頻繁に変更が繰り返されている。これは，やはり「子どもを育てるのは親の責任」なのか，「子育てを社会で支援する」のかといった方向性が定まらない所以であると思われる。

　2013年時点の児童手当は0歳から3歳までが月額1万5000円，3歳から中学卒業までが1万円となっている。ただし18歳以下の子どもが3人いる場合，第3子にあたる3歳から小学生修了までが1万5000円に増額される。また支給には所得制限があるが，現在は所得制限を超えても一律5000円が支給されている。

　所得制限は扶養親族が2人の場合で698万円（控除までの給与収入総額で917万程度），3人で736万円（同960万程度）となり，子育て世帯の9割が所得制限以下になると言われている。だが，所得の確認だけでも自治体の行政コストがかかること，経済状態の悪い家庭ほど，申請書類などの提出ができず給付もれしてしまうことを考えると，思い切って所得制限をなくし，全員に給付してもよいと思う。高額所得者は税金もたくさん払っているし，子どものいない高額所得者から子どものいる高額所得者への再配分と考えればよいと思う。

　育児休業制度も比較的充実している。育児休業は子どもが1歳に達するまで取得できるが，入所申し込みをしている保育所に入れない場合，子どもを養育していた配偶者が亡くなった場合は，1歳半まで取得できる。またパパ・ママ育休プラスという制度もあり，夫婦の両方が育児休業をとる場合，1歳2か月まで取得可能となっている。休業中の給付金は50％給付となっており，さらに厚生年金や健康保険の保険料（本人負担及び事業主負担）も免除されるので，実質的には70％の給付に近くなっている。実際に2011年に育児休業を取得した男性は2.63％，2012年には1.89％となっている。また2014年4月には休業期間の最初の半年に関して，給付金が従前手当の67％に引き上げられている（但し，上限は月額28万6023円）。

　保育については，待機児童問題は解決されないままである。保育所の定員は毎年数万人単位で増加し，前年より約4.9万人の定員増で2013年4月には229万

人，利用児童数は対前年4.3万人増の約222万人，対前年327か所増の保育所は2万4038か所となっている。同時点の人口比で見ると0歳児の10.8％，1・2歳児の33.9％，3歳以上児の43.7％が保育所を利用している。一方待機児童は前年より2000人以上減ったとはいえ，約2万2700人。そのうち特に1・2歳児が全体の約8割を占めている。これは育児休業を取得してもその後，子どもを預けるところがなく，職場復帰できないということを意味する。待機児童は都市部に集中しており，東京のいつくかの区で保育園に入れないお母さんたちが抗議行動を起こしたのも記憶に新しい。だが，一方で地方では少子化と過疎が進み，保育所や幼稚園が閉園になっているところもある。

　このような中で，政府は待機児童解消加速化プランを打ち出し，2013年度から2014年度を「緊急集中取組期間」とし，約20万人分の保育整備を進めている。5本の柱から構成される支援を打ち出し，待機児童のいる自治体の整備を加速させようとしている。例えば①賃貸や国有地も活用，②保育士確保，③新制度の先取りで小規模保育事業，④認可を目指す認可外への支援，⑤事業所内保育への支援などが盛り込まれている。2015年度から2017年度にはさらに20万人分の整備を進め，保育ニーズがピークを迎えると予想されている2017年度末までには待機児童解消をめざしている。実は，残念ながら今後は出産可能年齢の女性が減るため，出生率が上がったところで，出生児数は減ると考えられているのだ。そのため，保育所利用率が上がっても，利用児童数が増加し続けるとは予測されていない。

　日本は制度があってもそれを利用できない人が多い。正規職員の公務員や大手企業で働く人は制度を利用できるが，中小企業や非正規の人は制度を利用しにくい。特に非正規雇用比率が上がっている中で，この問題は深刻である。さらに，労働時間が長い，残業が常態化している中で仕事と子育ての両立は難しい。日本の場合は子育て支援の制度を利用しやすくするためには，職場や働き方の改革が欠かせない。

■参考・引用文献

魚住明代「ドイツにおける出生率と家族政策」阿藤誠編『先進諸国の人口問題』東京大学出版会，1996年，pp. 221-256.

OECD "OECD Employment and Labour Market Statistics" (http://stats.oecd.org/http://www.oecd-ilibrary.org/employment/data/oecd-employment-and-labour-market-statistics_lfs-data-en;jsessionid=10g5ribky7df2.x-oecd-live-02)

OECD, *Doing Better for Families,* OECD Publishing, 2011

OECD（編著）星三和子・首藤美香子・大和洋子・一見真理子（訳）「OECD保育白書」明石書店，2011年

神尾真知子「児童福祉サービス」藤井良治・塩野谷祐一（編）『フランス（先進諸国の社会保障6）』東京大学出版会，1999年，pp. 287-304.

厚生労働省雇用均等・児童家庭局保育課（2013）『保育所関連状況取りまとめ（平成25年4月1日）』プレスリリース
(http://www.mhlw.go.jp/file/04-Houdouhappyou-11907000-Koyoukintouji-doukateikyoku-Hoikuka/0000022681.pdf)

国立社会保障・人口問題研究所（2013）『人口の動向――日本と世界　人口統計資料集2013』厚生労働統計協会，2013年

社会保障審議会少子化対策特別部会「第1次報告」2009年

「中途半端な少子化対策」2013年9月13日読売新聞（東京版）朝刊

内閣府経済社会総合研究所「フランスとドイツの家庭生活調査――フランスの出生率はなぜ高いのか」研究会報告書等, No. 12, 2005年 (http://www.esri.go.jp/jp/prj/hou/hou012/hou12.pdf)

内閣府経済社会総合研究所「スウェーデンの家族と少子化対策への含意――スウェーデン家庭生活調査から」研究会報告書等, No. 11, 2004年 (http://www.esri.go.jp/jp/prj/hou/hou011/hou11.pdf)

永井暁子「スウェーデンにおける男性の働き方と子育て」『日本労働研究雑誌』No. 535, 2005年, pp. 56-62.

中島さおり『なぜフランスでは子どもが増えるのか――フランス女性のライフスタイル』講談社，2010年

原俊彦「ドイツにおける無子の広がりとその背景」『人口問題研究』第56巻第4号，2000年，pp. 70-87.

古瀬徹・塩野谷祐一（編）『ドイツ（先進諸国の社会保障4）』東京大学出版会，

1999年
前田正子『子育てしやすい社会——保育・家庭・職場をめぐる育児支援策』ミネルヴァ書房，2004年
労働政策研究・研修機構（2011）『ワーク・ライフ・バランスに関する企業の自主的な取り組みを促すための支援策——フランス・ドイツ・スウェーデン・イギリス・アメリカ比較（JILPT 資料シリーズ）』No. 84，2011年

第Ⅱ部

子育て支援の現場から
――様々な新しい動き

　いよいよ2015年から新制度がスタートするわけだが，これまで見てきたように子育て支援が必要だと言われるようになってから，20年近い歴史がある。こういった中で，様々な意欲的な試みが，すでにいくつもの地域で展開されている。実のところ，つどいの広場に見られるように，子育て支援の先進的な事業は地域の実践から生まれ，それが後に国の施策メニューとして取り上げられたものがいくつもある。そこで，ここでは各地の実例を取り上げる。読者のみなさんの地域での参考になれば幸いである。

第5章 子育て支援は町づくりと共に
──新潟県長岡市

1 米百俵

　新潟県長岡市は，信濃川が市の中心部を流れる人口約28万人の特例市であり，近年は長岡花火で有名である。長岡藩といえば，戊辰戦争で負け，藩の財政が危機的な状況にあった時に藩士小林虎三郎が「百俵の米も，食えばたちまちなくなるが，教育にあてれば明日の一万，百万俵となる」と貴重なコメを売って得た資金で藩士の学校を開設したことでも知られている。そのため，市政においては「米百俵のこころを受け継ぐ人づくり，市民協働の伝統に根ざすまちづくり」が重視されており，「町の魅力は人。乳幼児期からの育ちが重要」と，子育て支援に力を入れている。ちなみに年少人口は約３万6000人で市の人口の12.9％（2013年４月現在）である。

　まず長岡市では2007年４月より，教育委員会に「子ども家庭課」と「保育課」を新設し，子どもの施策を統合した。乳幼児期から思春期までの子どもの成長に合わせた一貫した支援体制が必要だと，母子保健・子育て支援・家庭教育・幼児教育，学校教育，青少年育成などすべてを一元的に教育委員会が所管している。さらに2011年４月より，「子育て支援部」も設置された。これによって教育委員会には現在，学校教育や図書館・博物館を担当する教育部と保育所・幼稚園・母子保健・子育て支援・児童養護などを担当する子育て支援部が設置されている。

2 子育ての駅・ハードとソフトの相乗効果

　さらに長岡市の特徴は，現在4期目を務める森市長が建設省出身ということもあり，駅前再開発や公園整備などに子育て支援・福祉のまちづくりの視点を盛り込み，ハード整備とソフトのサービスとの相乗効果が常に考えられていることだ。こういった中で日本初の試みとなっているのが「子育ての駅」の整備である。言ってみれば長岡版子育て支援拠点であり，「保育士のいる屋根付き公園」である。北国の長岡市は雪が多い。そのため冬の間，小さな子どもたちは外で遊ぶことができず，ずっと母親と家の中に閉じこもったままになりがちである。「親子ともども長い冬の間，さびしく息がつまりそうだ」「雨の日も雪の日も子どもたちをのびのび遊ばせたい」「同じ年頃の子どもがいる人とおしゃべりしたい。育児のアドバイスがほしい」など若い親たちの声をうけ，屋根付きの公園をつくればいいのではないか，という発想から始まったものである。

　ところが，公園の整備といった都市計画は国土交通省所管であり，子育て支援施設整備は厚生労働省所管である。従来の考え方からすると，子育て支援担当者は「市が実施する子育て支援のハード整備には補助金がない」となり，公園整備担当者は「公園内に公園目的と違う建物は建てられない」となってしまう。だが，国の施策の縦割りを超えて，市民のためによりよい政策提供をするのが自治体の役割でもある。しかも縦割りを超えて複合的に整備事業を行うことには財政的なメリットもあった。子育て支援担当者と公園整備担当者が知恵を絞り，2ヘクタールもある「千秋が原南公園」に都市公園事業費補助といった国費で半分，残りは合併特例債を駆使して建物の整備を行い，ソフトのサービスは子育て支援交付金を使うということにした。建物の工事費は4億800万円かかったが，市の持ち出しは子育て関係予算では7万円弱であった。3年かけて計画・整備し，2009年に完成したのが，保育士のいる全天候型公園施設，子育ての駅「てくてく」である（写真5-1）。

　「てくてく」は全体では約1280平方メートルの広さがあり，「まる・さんか

第5章　子育て支援は町づくりと共に

写真5-1　子育ての駅「てくてく」の全景写真
注：上から見ると建物がまる・さんかく・しかく，の組み合わせであることがわかる。

く・しかく」の3つの建物からなっている。「しかく」は運動施設で大型遊具が置いてある。「さんかく」は休養施設でテーブルが設置され，飲食もできる。「まる」は教養施設として整備されており，ミニ講座や交流事業ができる広場のほか，絵本コーナーや相談室もある。管理施設には一時保育室（せんしゅう保育園）を備えており，一時保育は30分150円である。施設全体では，子育て支援センターの役割を果たしている。

　筆者はまだ雪が残る春のはじめと，夏の真っ盛りに訪れたが，大きく開いた窓からは外の公園も一望でき，夏は公園内のせせらぎで遊ぶ子どもたちの姿も見える。季節ごとの野外でのイベントも開催され，雪合戦やミニ運動会も行われている。そして毎日，本当に大勢の親子が訪れており，孫を連れた祖父母も目につく。一時保育はほぼ連日，定員いっぱいとなっている。休養施設となっているテーブル席ではお母さんたちが話しこんでいるし，「まる」では，子どもたちは弾むようにして遊んでいる。「てくてく」は公園施設なので，利用者は市外の人も誰でもOKである。ただし，入館時には名簿に名前と住所を書き，入館証を首から下げることになっている。2012年度の入館者数は約15万4000人，1日平均497人となっている。

第Ⅱ部　子育て支援の現場から

写真5-2　子育ての駅「ぐんぐん」

3　防災施設の子育ての駅

　「てくてく」で国の縦割りを超えて，使えるメニューはすべて使って複合的に整備した方が多機能で充実したハード整備も行え，財政負担も少なくなることに気づいた長岡市は，その後3つの子育ての駅を整備している。
　2つ目の子育ての駅も日本初となった子育て支援と市民防災機能が融合した施設，子育ての駅「ぐんぐん」である（写真5-2）。いざという時に仮設住宅の設置場所や防災拠点となる長岡市民防災公園にある「ながおか市民防災センター」内に，「ぐんぐん」は開設されており，ミニキッチン付きの子育て支援施設であり，木目の美しい内装はこじんまりとして居心地がいい。建物全体は1438平方メートルだが，子育ての駅部分は365平方メートルである。キッチンが付いているので，離乳食作りの実演や試食も行える。いくつものコーナーに分かれていて，えほんひろば，おえかきひろば，交流ひろば，ふれあいひろばと名前が付いている。様々なソフト事業の提供はNPOと連携協働して実施されている。ここも天井の高い円形の屋根付き公園がくっついており，2階から全長24メートルにもなるローラースライダーが付いている。実はこの市民防災センターは，いざという時は2階が災害ボランティアセンターとなり，1階の屋根付き公園の土間部分（ゴムチップを敷きつめてある）が支援物資の集積・仕分け場となるところである（写真5-3）。だがそうでない時は，屋根付き公園は子どもたちが三輪車に乗ったり，砂遊びをするかわいらしい公園であり，外

第5章　子育て支援は町づくりと共に

写真5-3　災害時の内部利用状態　　写真5-4　平常時の「ぐんぐん」内部

の芝生の公園と地続きでつながっている（写真5-4）。しかも，防災拠点なので市の中心部に整備されている。一つの目的ごとに別々のハードの整備をするのではなく，市民の利便性を向上させるために，どう複合的に利用するかが考えられている。そのため，この「ぐんぐん」も建物工事の費用は5億3000万円かかっているが，都市公園防災事業費補助が半分，残りは合併特例債等を起債し，市の一般財源の負担はわずか10万円。備品・遊具・絵本の整備には872万円かかったが，「安心こども基金」の100％補助で整備することができた。つまり長岡市は屋根付き公園まである子育て支援センターを設計等を除くとわずか10万円で整備できたことになる。

4　駅前再開発と子育ての駅

　長岡市で今進められているのは，駅前に人々を戻すことを目標にした駅前の再開発である。長岡市でも1977年に市役所が中心から2キロメートル離れた場所に移転したころは，駅前商店街もにぎやかだった。だが，その後は他都市の例と同じように郊外に大型商業施設ができ，駅前の百貨店が撤退することが相次いで，駅前の空洞化が進んでいた。だが，雪深い長岡では冬の間に子どもが外で遊べないように，車を持たない高齢者は買い物にも出かけられない。駅前商店街で雨の日も雪の日も，傘をささずに高齢者もベビーカーも自由に行き来して買い物できるようにすることだけでなく，駅前に大屋根をかけて人々が自由に集える場所を作り，駅前ににぎわいを取り戻したい，持続的発展を可能に

83

するコンパクトな街に作り替えたいというのが，市の構想であった。また，そのためには商店街に人が住めるようにすることも必要だった。

そこで，市では市役所を駅前に戻すことと，子育て支援施設や住宅付きのビルの再開発に乗り出した。そうやってまず2010年にデパートや銀行の跡地を利用した「フェニックス大手」という計4連のビルが完成した。この中に分譲62戸，賃貸14戸の住宅があり，銀行や商業施設も入っている。

だが，このビルの特徴はここに市役所の大手通庁舎や長岡震災アーカイブセンターが入り，さらには「まちなかキャンパス長岡」という生涯教育センター，そして子育ての駅「ちびっこひろば」と1万冊の絵本が並ぶ「まちなか絵本館」が入っていることである。

子育ての駅「ちびっこひろば」と「まちなか絵本館」はフェニックス大手ウェストの2階と3階に入っている。絵本館が3階にあり，2階のちびっこひろばからそのままつながっている。ここは，「保育士のいる絵本館」であり「司書のいる子育て支援施設」でもある。図書館に絵本コーナーがあるところは多いが，親が読み聞かせたり，子どもが声を出すことには遠慮がある。だが，この絵本館は親子の場所なので，読み聞かせもできるし，子どもがうれしがって声をあげてもかまわない。のびのび一緒に絵本を楽しめる。それにちびっこひろばの一角はいつでも飲食していい場所になっている。そういった自由さも親子連れにはありがたい。とにかく広くて，きれいでくつろげる。2階には「まちなか保育園」が開設され，一時保育を行っているし，市内のファミリー・サポート・センターの事務所も開設されている。

「てくてく」は毎週水曜，「ぐんぐん」は毎週火曜が休みであるが，駅前にある「ちびっこひろば」は休みなしで午前9時から午後6時まで開いている。駅前にあるため，市内から長岡駅行きのバスに乗れば，すぐ前にバスが停まり，簡単に来ることができる。そこでいつでも思い立ったら来られるようにと毎日開けている。イベントも多彩である。さらに良いところは，フロアーが2つあり広いので，イベントに参加したくない人にも居場所があることだ。自由に遊べる自由ひろばや交流会や講座を開催する交流ひろば，親子サークルの活動が

第5章　子育て支援は町づくりと共に

できるわいわいルームなどもある。

　例えば「ちびっこひろば」の2013年8月のプログラムを見てみると，紙芝居は毎日午前中に行われており，誕生会は3回，子育て中のママや妊婦さんが思いっきりおしゃべりする"わいわいおしゃべり会"も3回，保育士が一緒になって親子とわんぱく遊びをする"ニコニコわんぱくデー"は4回となっている。この他に臨床心理士による，子どもの「イヤイヤ期」のお話，歯科衛生士による歯の手入れの講座，栄養士や主任児童委員による個別相談やグループのお茶飲み会など多彩である。

　しかもここの狙いは親子の支援だけではない。駅前の便利な場所にあるので高校生にも来やすい。高校生や大学生にも来てもらい，将来の親になる若者に小さな子に触れてもらおう，という狙いもある。実際，男子大学生たちが何人もボランティアに登録して，手作りの遊具作りやミニイベントを手伝ってくれたりもしている。ちびっこ広場に来る子どもたちと学生を交流させようと，いくつかの専門学校からは，学生の交流体験を受け入れている。その学生たちの中から，継続してボランティアに来る子もいる。高校生や中学生が遊びに来ることもある。

　この「ちびっこひろば」は実は，2001年に実験的に始められた前身がある。駅前のデパートが撤退した後のビルを，市民の提案を活かして再利用しようという事業が2001年から「ながおか市民センター」として始められていた。中高生の学習コーナーや市役所機能の一部，障害者プラザ，国際交流センター地球広場ワークプラザ長岡と共に旧ちびっこ広場やまちなか保育園も開設されていたのである。私もこの時代に訪れたことがあるが，古いビルの中を工夫してうまく使っており，市民が何かと立ち寄り，過ごせる場所になっていた。これは市民に開かれた市役所づくりや，様々な事業を市民との協働でどこまでできるか，ということと共に，駅前に人を戻す試行事業でもあった。そうやって10年の歴史を経て利用者から出てきた声を反映して生まれたのが，現在のちびっこ広場である。実はこれも驚くべき予算で開設されている。再開発全体の事業費は約37億円である。うち，子育ての駅「ちびっこひろば」は約1421平方メート

85

第Ⅱ部　子育て支援の現場から

表5-1　長岡市の子育て支援施設の整備費などの財源構成
(単位：千円)

設置場所	補助金のフレーム	事業費（基本・実施設計）工事費・工事監理費含む	国費	起債（合併特例債95%）	起債（県貸付金5％）	一般財源
子育ての駅千秋・千秋が原南公園（子育ての駅「てくてく」）	都市公園事業費補助・緑化重点地区総合整備事業	436,723	214,230	203,700	10,600	7,893
長岡市民防災公園（子育ての駅「ぐんぐん」*1）	都市公園防災事業費補助	565,100	282,550	268,200	14,000	350
大手通中央西地区市街地再開発ビル（子育ての駅「ちびっこひろば」*2）	まちづくり交付金	権利床購入費（2・3階部分実施設計・内装工事・工事監理費・建築確認など）含む　606,305	260,506	328,300	16,300	1,199

注：*1，*2ともに，備品や遊具・絵本の特定財源は「安心こども基金」の地域子育て創生事業で100％補助。
出所：長岡市行政資料より筆者作成。

ルをしめており，色々検討した結果，賃貸ではなく権利床を4億5000万円で購入した。ここに国土交通省のまちづくり交付金や合併特例債の起債などにより内装工事含め，市の一般財源の負担は約120万円となった。絵本を大量に購入したため，備品・絵本などに約5640万円かかったがこれも「安心こども基金」の地域子育て創生事業の100％補助金で賄い，市の負担はゼロである。子育ての駅などの整備事業の財源構成に関して，表5-1にまとめてみた。

　こうやって長岡市では2006年から4年をかけて子育ての駅を3か所整備してきた。この他，栃尾市が長岡市に合併され，2012年栃尾産業交流センターの2階の一室を改装し，子育ての駅「すくすく」が開設されている。昔から地元で子育て支援事業を展開していたNPOが運営を行い，地域の実情に合ったアッ

第5章　子育て支援は町づくりと共に

表5-2　2012年度　子育ての駅など入館者数

施　設　名	入館者数	一日平均
てくてく	154,529人	497人
ぐんぐん	63,879人	206人
ちびっこひろば	38,832人	107人
すくすく	5,908人	53人
子育て支援センター（33か所計）	88,680人	
総　　計	351,828人	

出所：長岡市行政資料より。

トホームな雰囲気で週に4日開設されている。隣にある道の駅や栃尾美術館等地元の様々な資源と連携して事業を展開している。この他に長岡市では保育園併設の子育て支援センターが33か所ある，利用者の数は表5-2のようになっている。

5 | 駅前再開発と全世代の生涯教育

　ながおか市民センターはまだ現存しているが老朽化しており，次の再開発に向けての「長岡まちなか創造会議」が始まっている。構想では健康と福祉のキー・ステーションを目指している。高齢者福祉や障害者福祉はもとより，放課後の子どもたちの居場所づくりも盛り込むことが検討されている。

　次に「まちなかキャンパス長岡」を見てみよう。ここの講座は大きく4つに分類され，お茶を飲みながら気軽に学べる単発講座である「まちなかカフェ」，長岡大学等市内三大学と長岡工業高等専門学校がプロデュースする本格的に学べる「まちなか大学」，さらにそのうえにステップアップした「まちなか大学院」，そして学んだことを活かして市民が地域課題の解決策を考えたり，行政に具体的な提案を行う「まちづくり市民研究所」である。

　「まちなかカフェ」もメニューはいろいろで，サイエンスカフェ，プチ芸術カフェ，若者カフェ，多文化カフェなど様々あるが，それだけでなく，小学生対象のこどもカフェも用意されている。カフェの受講料はワンドリンク付き

500円であり，何か作るのであれば，その材料費が加算される。「まちなか大学」にも「こども学科」があり，小学生から高校生が学べる連続講座が用意されている。生涯教育というと，ともすれば社会人や高齢者向け，と捉えられがちだが，ここではまさにすべての世代の人が学べる場として考えられているわけだ。

　小さな子どものいる人でも参加できるように，キャンパスは生後6か月からの赤ちゃんの保育付きである。中越大地震の経験がある長岡では，防災教育も欠かせない。例えば「防災カフェ」講座では「子どもに教える着衣泳」や「ブログで生まれた絆」ということで，中越大地震で被災した子ども3人を持つ夫婦が，自分たちの被災体験だけでなく，ブログで人々に救われた話などをするものが用意されている。また，「まちなか大学」の人づくり学科では「災害から子どもを守る──急場のサバイバルから心のケアまで」という5回連続の講座もあり，初回は「3日間をしのぐ備蓄とは」から始まり「子ども自身で身を守る」という，親がいない時に子どもが災害にあったらどうすればよいのか，を学ぶ回も用意されている。さらに，まちなか大学とまちなか大学院の講座の受講者は「まちキャン生」として学生証が発行され，周辺の約100軒のお店でお得なサービスが受けられるようになっている。つまり，駅前のまちなかキャンパス長岡で学んだあとは，周辺のお店で食事したり買い物してもらうことが期待されている。

6　シティホールプラザ・アオーレ長岡

　駅前に人々のにぎわいを取り戻すためにも，誰もが利用しやすい場所に市役所を戻したい，という構想の集大成が2012年に駅前に新しくできたシティホールプラザ・アオーレ長岡である。もともとは体育館が入っている厚生会館という多目的ホールが建っていた場所である。今ではJRの長岡駅からデッキでつながり，そのまま市役所であるアオーレ長岡に入ることができる。ここは，これまでの市役所とはまったく違った考え方でつくられている。「市民が交流す

写真5-5　アオーレ長岡のナカドマ（この写真では舞台が設置されている）

る場」であること，行政と市民の活動がモザイクのように交ざり合い「市民と行政が協働する場」であることを体現しており，行政スペースと市民利用スペースがブロックのように組み合わされている。また，合併によって市域が広がった長岡市にとっては，すべての市民が簡単に集える便利な場所に市役所を設置することは，何としてでも実現しなくてはならない使命でもあった。

建築家の隈研吾氏によって設計された4階建ての市役所は3棟の建物から構成されており，中心には屋根つきの大広場"ナカドマ"が，誰もが気軽に立ち寄り活動できる場としてつくられている（写真5-5）。それぞれの建物はデッキやテラスでつながっており，そこかしこにテーブルやイスが置かれ，ナカドマを見下ろせるようになっている。私が訪れたのは夏であったため，週末のイベント準備が進む大きなナカドマの面する商店街通りの出口近くには，仮設の子ども用プールがつくられ，スタッフがホースで子どもたちに水をかけて喜ばせていた。

それぞれの建物の1階には市役所の総合窓口やガラス張りの議場，市民交流ホールやアリーナ，3Dシアターまである。3階に市民活動の拠点，2・4階に行政執務スペースが配置されているが，執務スペースもガラス張りでデッキから丸見えである。

市役所の1階の総合窓口は思い切って執務スペースをなくしてある。職員は下から丸見えの中2階部分で仕事をする。ナカドマの延長でこの1階部分の床も土間であり，銀行の高額預金者のための窓口のように，パーテーションで一

第Ⅱ部　子育て支援の現場から

人ひとりに区切られてゆったりとした受付が配置されている。ここには市役所コンシェルジュがおり，市民の相談や手続きの内容を聞きとると，市民は番号札の順番に受付に案内される。複数の案件にまたがることでも市民がそれぞれの窓口を回るのではなく，座っている市民のところに必要な職員が2階から降りてきて対応することになっている。ようするにワンストップサービスである。さらには，市役所に関係ないことも聞けるように，出入り口のすぐ横には情報ラウンジ「まちの駅の案内人」が座っている。

　今までの，用事がある時だけに来る市役所ではなく，来るだけで楽しい市役所，人が集う市役所である。1階にはモスバーガーやセブンイレブン（福祉作業所の商品も販売している），カフェもある。カフェは一つのところに任せているのではなく，曜日変わりで5つの障害者施設が当番で運営しており，見たところ満員であった。市民協働センターのサロンも夏休みだからであろうか，高校生に見える若い学生があふれていた。駅からのはずれに市役所があった時代の，何もない駅前を覚えている筆者には驚きである。多くの町が駅前の空洞化を嘆き，「何とかしないと」と悩んでいる。本当に市役所が率先してやれば，ここまでできるという実例である。アリーナやホールで様々なイベントが開催されていることもあり，本当に人が多いのだ。

　もちろん，今では小学生がお弁当を持って市役所見学に来る。お昼はナカドマの木陰でお弁当だ。実は議事堂には赤ちゃんが泣いてもいいように，防音ガラスで囲まれた議会見学のための親子席まで用意されている。これまで数組，ベビーカーでの見学者がいたそうだ。そしてこのナカドマは，夏の暑い日，冬の雪深い日の子どもたちの遊び場でもある。子どもたちは「絵本館」で本を読んだ後，このナカドマに歩いて遊びにくることもできる。子どもたちが水遊びしたり，走り回る市役所は，初めて見たような気がする。

　実は市役所の機能はここにすべて集まっているわけではない。前述した再開発したフェニックス大手にもいくつかの部署，ながおか市民センターにも一部に機能がある。それに職員食堂も廃止された。市役所間の移動や，職員がまち中で食事をすることで商店街ににぎわいを取り戻そうという試みである。

第5章 子育て支援は町づくりと共に

7 | 長岡市ならではの取り組み

　長岡市の特徴はハード整備だけではない。「子どもと子育てを途切れなく一元的に支援」するという考え方の下，様々な取り組みがされている。教育委員会が子ども関係すべての所管をしていることもあり，幼稚園・保育所などの就学前から，発達の気になる子どもに関しては，保護者と共同で子どもたち一人ひとりの成長・支援の記録「すこやかファイル」が作成され，義務教育修了まで継続される。保育課には心理士・保育士・児童指導員・保健師・特別支援教育担当教員が配置され，保育所・幼稚園，保護者を含めての相談支援が行われている。

　この他に「父と子のメモリアルカード」という父子手帳もある。長岡青年会議所の若手事業者と内容を考え「父親は育児の当事者である」という視点が盛り込まれている。子どもの名前に込めた思いや，子どもがパパと読んだ日などを書き込み，子どもの成長の節目に父親の思いが残るようになっている。

　さらに子ども家庭応援ブック「おやこスマイルガイド」という，子育て中のすべての家庭向けに子育ての不安解消や子育て力の向上に役立つアドバイス集も作成している。内容は実際に市に寄せられた質問をもとに作成されている。現在市が力を入れているのが，「家庭で子どもに手伝いをさせよう運動」の推進だ。児童全員に「家庭でワクワクお手伝い通信」を配っている。

　学校教育の現場でも様々な試みがなされている。長岡市では①どの子にもわかる授業の実現，②地域の力，市民の力を活かした教育の推進，③熱中・感動体験の充実の三本柱を掲げている。アシスタントティーチャーの雇用や，教員OBの指導主事が現役の教員の指導に1年間マンツーマンで当たる「教員サポート錬成塾」。地域人材を活用する「ようこそまちの先生事業」や，子どもに感動体験を伴う活動を提供する団体に対して，公開審査のうえ助成を行う「地域・子ども元気塾助成事業」も展開されている。この他，子どもたちが夢中になれる，小中学生ロボコン教室，子どもクッキング教室，中学生のための英語

第Ⅱ部　子育て支援の現場から

合宿など様々な事業が用意されている。これらも乳幼児からの一貫した人づくり「米百俵のひとづくり」のためである。

■参考・引用文献

長岡市「長岡市子育て応援プラン」2010年
　　（http://www.city.nagaoka.niigata.jp/shisei/kakusyu/kosodateplan.html）
長岡市・長岡市教育委員会「平成25年度版子育てガイド」2013年
長岡市「こそだての駅」（http://www.city.nagaoka.niigata.jp/kosodate/k_eki/）
長岡市「シティホールプラザ　アオーレ長岡」（http://www.city.nagaoka.niigata.jp/ao-re/）
まちなかキャンパス長岡「平成25年度講座一覧」2013年

第6章 過疎の村のスクール・コミュニティ構想
——岩手県普代村

1 保健師は2人

　岩手県下閉伊郡普代村は，NHK「あまちゃん」の撮影地である久慈市の南側に位置する，三陸海岸にある村である。実は「あまちゃん」に景色の美しい駅として映っていた袖が浜駅は，普代村の堀内駅である。村の黒埼灯台から見える海一帯が三陸海岸一番の漁場とも言われ，水産業が盛んである。三陸鉄道の駅から見下ろす海は青くて美しい。だが，岩手県は大きく広い。盛岡から車で2時間，鉄道だと八戸経由でJR八戸線と三陸鉄道を乗り継いで3時間以上かかる。日本中いたるところにある村と同じように，ここも震災前から過疎と人口減の問題を抱えていた。東日本大震災の津波では，普代水門が村を守った。だが，港等漁業関係施設や船は流され，それを機に，「年もとったし，後継者もいないから」と，海から上がった人も少なくない。国勢調査を見ると，1990年には3909人，2000年には3583人と，毎年ゆっくり人口が減り，2013年7月は2955人（1130世帯）の人口となっている。

　このような中，次世代の育成が重要だと，村では様々な子育て支援策を講じている。小さな村だからできないことも多いが，小さな村だからこそできることもある。そうやって母子保健・福祉・教育が連携し，一生懸命，村の子を育もうとしている。

　普代村は合計特殊出生率は1.67と全国平均より高いが，出産適齢期の女性は限られており，生まれる赤ちゃんは毎年20人程度だ。そして普代村の保健師は

2人である。つまり、この2人はお母さんが妊娠した時期から赤ちゃん全員のことを知っているのだ。母子手帳の交付を行う際には必ずどちらかの保健師が面接する。それから妊娠5～6か月頃にはお母さん一人ひとりに手紙を贈る。一般的な妊娠中のケアなどについての文章の最初には、必ずお母さん個人へのメッセージを書き、お母さんたちが「私のために書いてくれた」と感じるようにしている。「こんにちは赤ちゃん訪問事業」も、もちろん保健師が訪問する。また、自殺対策事業の事業費を使い、お母さんたちに「生きてるだけで百点満点」という赤ちゃんが生まれることの素晴らしさや命の大切さについて、助産師が書いた本を送っている。お母さんたちに、新しい命に巡りあえる喜びを感じてほしいと願っているからだ。

　また、以前は予防接種も集団接種だったので、必ずその時に親子に会っていたし、接種に来ない人のこともすぐわかった。だが、現在では予防接種が個別接種になり、親子がそれぞれ病院に行くようになっている。予防接種の種類が増え、集団接種では、適切な時期に接種することが難しいからだ。そのため、乳児期は1歳になるまで隔月に集団での乳児健診を行い、親子と保健師が会うようにしている。またそれは数少ない乳幼児の親子が、村に住む他の親子に出会う場にもなっている。

　係長を務める保健師は、もう30年村で働いている。最近は保健師としてお母さんに伝えるべきことを、慎重に言葉選びする場面が多くなったと話す。自分の思いは伝わっているのか、保健師としての自信がもてないこともある。昔は「子どもは私が育てる」という責任感や誇りがあり、何でも吸収しようとするお母さんたちの意欲に、保健師として育てられている実感があった。今は、一人ひとりに丁寧に向かい合いたいと話す。

　それに、人数が少ないので丁寧なケアができるが、人数の少なさがお母さんの選択肢の少なさにつながっていることも心配だ。例えば、毎年50～60人ぐらい子どもが生まれていたころは、健診の時に自然とお母さんたちの交流が始まり、気の合う人同士で友人になったりしたという。だが、今では生まれる赤ちゃんは20人程度で、この子たちは、ずっとこども園から中学校まで一緒に過ご

すことになる。ということはお母さんたちのつきあいもずっと続く。小さな村で人の好き嫌いなどいってられないし，波風も立てられない。お母さんたち誰もが慎重に他人と距離を置いてしまっていると感じるのも，「どこの誰」かがわかりすぎる小さな村の問題なのだろう。

また普代村の外からお嫁にきた人のことも心配だ。三世代同居が多い村で，お嫁さんの居場所がどこにあるのか気になるという。喫茶店や気軽に遊べる場所もなく，どこに行くにも他人の目がある。「困った時は相談に来てね」と常日頃から声をかけているが，見ず知らずの他人だからこそ家族のことやプライバシーも話せる。小さな村だと保健師とも頻繁に会い，どこに住んでいる誰と互いにわかるがゆえに，相談に来にくいのがわかる。だから相談に来てくれた時は「よく来てくれたね。しっかり子どもは育ってるし，よくやっているよ」という励ましを欠かさないようにしている。

2 はまゆり子ども園——保育料は無料

村では，2011年4月より認定こども園である「はまゆり子ども園」を開設している。昔は村内に5つの保育所があったが，少子化で次々に閉園され，最後は2001年にできた普代児童館で，無認可保育園が開かれていた。そこで幼小中一貫教育を教育基本目標として掲げた教育委員会が，村立の認定こども園を開設することを決め，児童館の増築・改修を行い，2012年10月には子育て支援室も増設した。現在では0歳から2歳児は20人，3歳から5歳児が61人，計81人の乳幼児が通っている。スタッフは園長以下（調理師や，教育委員会と園を兼務する事務職員を含め）18人（他にパート保育士2人）である。

0から2歳児は保育を必要とする（保育に欠ける）乳児のみで，3歳になると村の子どもほぼ全員が入園する。驚くべきことに保育料は無料であり，給食費（6000円）と教材費（2000円）の実費のみ，月額8000円徴収している。通常保育は月曜から金曜の午前8時から午後4時だが，時間外保育があるので毎日午前7時半から午後7時まで開園している。土曜日は弁当持参で午前7時半から

午後5時半だ。海岸線に沿って細長く、移動距離が長い村では、スクールバスも無料である。園は明るくきれいだ。実は普代村は医療費も高校生まで無料である。ところが小さな村の奥ゆかしいところなのか、普通なら村のホームページに大きく「普代村は子育て支援充実・保育料無料！ 医療費は高校生まで無料！」と書きそうなものだが、どこにもそういった表示はない。

また、こども園に併設された子育て支援センターも様々なメニューを実施している。「遊びの広場」といって、子育て支援室や園庭も毎日開放されているし、月に2回「なかよし広場」という親子で遊ぶイベントも開催されている。この他、例えば4月だとお花見散歩会や身体計測会、お誕生会と盛りだくさんだ。子育て相談もあり、必要な時にはここから専門機関につないでくれる。さらに、一時預かりは定員3人だが、料金は協力金で半日500円、1日1000円と給食が200円におやつが100円である。

だが、子育て支援センターにそんなに人が来ない、というのだ。といってもこども園に来ていない3歳未満児は30人ぐらいだが、どこでどう過ごしているのか、家にこもっているのか心配だという。認定こども園も始まって2年と少しで保育士も児童館を経てやっと慣れてきたころ、子育て支援室はまだ始まって1年もたっていない。先進事例に学び様々なメニューを導入したが、支援メニューの内容なども保健師や他の村内の人々と連携し、教育委員会も関わって地域のニーズや実態に合わせて考えていく必要があるだろう。人が少ない分、なかなかアイデアが浮かばない、担い手が確保できない、という悩みもある。また住民福祉課ではたった数人の職員が高齢者・障害者・年金・生活保護・子どもとすべてを担っている。子ども専任の教育委員会側がイニシアティブをとらざるをえない側面もある。

そして今、懸案になっているのは、保育料が無料だということだ。無認可保育園であった児童館時代も無料であったために、そのままこども園になっても無料のままである。こども園の園長はそれが良いことかどうか悩むという。もちろん、一般論として、最近では「保育料を払っているんだから、保育するのは当り前でしょう」という親の絶え間ない注文や要望が問題だとも言われてい

第6章　過疎の村のスクール・コミュニティ構想

るが，その一方で「無料」ということが子育ての責任を軽んじる親の態度を助長しているのではないかと感じることがあるという。

　実は，保健師も低額の一時預かりがあることが親には助けになると思いつつも，デメリットもあるという。一時預かりのない時代には，子どもを預けたいお母さんは，姑や周りの人や誰かに頼むしかなかった。いざという時に頼れる人を作るため，若いお母さんも努力して周りとの人間関係を築いた。子どもを預けるのは気兼ねするが，それによって人間関係が広がり，子育てに関しても多くの人のアドバイスが聞けるようなチャンスでもあった。しかし，一時預かりができてからは，すぐに預けられるので他人に気を使う必要がなくなった分，お母さんが子育ての経験を重ねながら，地域で人間関係を築くチャンスも奪われることとなった。また村の高齢者，おじいちゃん・おばあちゃんの孫育ての手伝いの役割や楽しみも減っていると感じる。普代村は元気な高齢者が多い村である。元気な高齢者を誇れる村づくりに，子どもたちの果たす役割りは大きなものであることは間違いないだろう。

　そこには簡単には割り切れない子育て支援の難しさがある。無料にすれば最初はありがたいと思っても，次第にそれが当たり前になる。あまりに便利にすれば，他人と関わり合う面倒臭さがなくなった分，人間関係を構築する機会を奪うことになる。だが，所得の低い若い世代にとって例えば保育料無料はありがたい。村では，一度保育料を払ってもらってから，子育て支援金として還付するという方式も検討している。

　また放課後子ども教室も，こども園の横にある社会体育館で，毎日午後7時まで開設されている。放課後子ども教室は利用料をとることはできないので，これもおやつ代以外は無料である。だが，予算がギリギリの村では色々なことを行うための活動費を用意できない。子どもたちに盛りだくさんな活動をさせるためにも，ある程度の費用を集めることも必要かもしれないと悩んでいる。

3 幼小中一貫教育

　普代村の懸案は小学校の統廃合であった。実は普代村には4つの小学校があったが，少子化が進む中で子どもが3人だけになるかもしれない，という小学校も出現し，一つに統廃合するのは避けられない状況だった。だが小学校は地域の核でもある。地域から小学校がなくなることは，保護者よりも地域の人々に抵抗感が強かった。そこで2006年に新しい教育長が就任し，2年かけて様々な人々とまとめ上げたのが2008年に策定された「普代村教育ビジョン」である。
　普代村は子どもたちに寄せる地域の愛情や地域の教育力が強く残る村でもある。そこで地域と学校がお互いに Win Win の関係になる普代型スクールコミュニティ構想を基本に，ビジョンは作成されている。すでに村では乳幼児健診の待ち時間の絵本の読み聞かせや子どもたちへのマイブックプレゼント，小学校低学年のサタデースクールの講師，鵜鳥神楽等の伝統芸能の指導には地域の人々の協力を得ていた。そこで改めて，2010年度に小学校一校に統合される時期をめざし，小学校と中学校が隣接している特質を活かして，小中一貫教育を本格始動することやコミュニティスクールとなって学校運営協議会を立ち上げ，学校運営に地域の人々を巻き込むことなどを進めてきた。
　小中一貫教育を進めるにあたっては，先生方も交え地域の人々と一緒に「村としてどういう15歳を育てるのか」から話し合いを始めた。1年かけた議論の結果「育ちあい，助けあい，認めあい"愛"がいっぱい普代っ子」という答申が出た。これは普代村の子どもたちの育ちの課題を見事に表した言葉でもあった。例えば答申には「育ちあい：夢を持ち，進んで学ぶ，元気な子ども」が盛り込まれているが，小さな村では多様な職業を見る機会も少なく，子どもたちは将来の夢を描きにくい。それに学力向上も必要であった。「助けあい：思いやりを持ち，心を開き，笑顔で挨拶する子ども」も子どもたちのコミュニケーション力の向上をめざしたものである。「認めあい：自信を持ち，互いのよさを知り，共に生きる子どもたち」は，ずっと同じ人間関係で育ち，幼児期に決

まった力関係が固定化し継続してしまう村の子の，自尊感情を育んでもらいたいという願いでもある。これを受けて小中学校の教師たちが，この目標を実現するために学校教育をどう進めていくかというワークショップが重ねられた。

　実際小学校を訪れると「小中一貫教育推進モデル指定研究事業」として小中学校で一貫した学習指導系統表が作成され，各学年何をどこまで勉強するかが一目瞭然でわかるようになっている。これによって中学校で勉強につまずくのは，小学校のこの部分の理解が足りないからだとわかり，さかのぼって学び直しができるようにもなっているだけでなく，小学校の先生も，今の学習が中学校の何に結び付くかが明確にわかるようになっている。おかげで学力も着実に向上している。

　例えば，岩手県で独自に実施している「学習定着度調査」によると，小学校5年生の算数は2009年時点は県平均の87％であったが，2010年に相互乗り入れの勉強を始めたところ，2011年には123％，2012年には125％と大幅に県平均を上回るようになった。また，子どもたちの声も随時アンケートなどで把握しており，1学期が終わった時に「中1ギャップ」についての評価や，小学校と一緒にしたい活動などについても聞いている。その結果は「研究推進便り」としてまとめられ，配布されている。

　また，筆者にとって驚きだったのは，教育長がこども園の赤ちゃんから中学生までほとんどの子どもの顔を知っていることだった。保健師もすべての子どもの状況を把握しているので，何かあればすぐ学校現場とも連携できる。実際普代村では，情報共有が必要と思われる子どもについては，一人ひとりの育ちのカルテ（乳幼児健康カード等の情報を入れ込んだ「普代村就学支援ファイル」）が中学校卒業まで引き継がれる。こども園と小学校の交流も盛んで，こども園に通っていた子は小1プロブレムもないという。

　もちろん，人数が少ないデメリットもある。クラス替えもできないので人間関係がもつれると逃げ場がないこと。また中学生は全員なんらかの運動クラブに所属しているが，野球やサッカーなどチームを組む必要のある競技は難しくなってきている。2013年にリーグ優勝した楽天の銀次選手は普代村の出身で，

第Ⅱ部　子育て支援の現場から

子どもたちの憧れの存在だ。野球をやるのも難しくなるのは，子どもたちにとって大問題なのだ。

4 ｜ キャリア教育

　普代村で特筆すべきはキャリア教育かもしれない。先にあげたように村には会社も多くなく，多様な職業を見る機会も少ない。そのため学校が行うキャリア教育は本当に重要なのだ。そこで中学生になると毎年全学年で実施されている。中学1年生はまず地元の企業で働く。2年生は盛岡市に宿泊して，普代村の特産物を売る実習だ。そして盛岡にいる間に，村出身の様々な人に来てもらい，いろいろな仕事の話を聞く。そして学校と教育委員会が連携して，3年生を東京に連れて行き，銀座の歌舞伎座の近くにある岩手県の「いわて銀河プラザ」で働くことを計画中だ。村の子に盛岡や東京を見せてやりたい，そして普代の特産物を売ることにより村に誇りをもってもらいたいという願いでもある（実は，これらの実績が認められ，文部科学省の「第7回キャリア教育優良教育委員会・学校及びPTA団体等文部科学大臣表彰」を普代小・中学校ともに2014年2月に授賞した）。

　過疎の村の子には選択肢が少ない。高校は隣の久慈市まで通わなくてはならないし，レベルの高い大学に行きたい，クラブ活動の強い高校でやりたいとなると，高校から家を出て盛岡に暮らすことになる。実は村には塾もないのだ。親が久慈市の塾まで送り迎えできる家も限られている。そこで，村では外から先生を呼び，週に2回高校受験に向けて村営塾を無料で開設している。最初は中学3年生だけが対象だったが，現在は，中1・2年生向けにも開かれている。

5 ｜ 普代村スクールコミュニティ

　村には次の大きな課題がある。築45年経過の老朽化した小学校の移転・建て替えだ。教育委員会では図書館などの社会教育施設なども老朽化しているため，

社会教育施設と小中学校を一体化して新設する構想を何年も前から計画している。従来の学校施設だけでなく、図書館・体育館・調理室・音楽室などは社会教育施設として学校と共用する。また社会教育専用施設として放課後子ども教室用の部屋や村民が様々な活動ができる研修室や会議室なども合築しようとしているのだ。そして共用施設の開放や放課後子ども教室の運営のために、学校支援組織として地域支援本部を立ち上げ、常駐のコーディネーターを置き、地域の人々の様々な力を活かそうと考えている。まさに小中学校が村の中心となり、子どもたちが人々をつなぐ存在となる（図6-1、表6-1）。

6 小中学校の建て替え問題

　実は現在の小中学校は最も海に近い公共施設である。小学校は普代川の河口近くに建てられ、途中河口から約300メートルの地点に普代水門がある。もともと普代村は1896年明治三陸津波、1933年の昭和三陸津波で大変な犠牲者を出している。しかも、この水門が建設される前に、小中学校が海のそばに建設されている。そこで、村を津波から守るため、当時の村長の「2度あることは3度あってはならない」という必死の訴えで、総工費35億円をかけて高さ15.5メートルの水門が建設された（村の負担は1割。残りは県の事業費であった；写真6-1）。この水門のおかげで小中学校も津波の被害は受けなかったが、現地に行くと学校から水門、そして海の近さには驚く。

　実際には津波は水門を数メートル超え、水門の上部を破壊しているだけでなく、水門裏の道路が破壊され、河口から1キロメートルまで津波が遡上している。小学校の体育館の裏手の山には体育館の屋根より高い位置に津波の跡が残っている。だが、体育館の裏山まで到達した津波は偶然にも、小学校とは別の場所に跳ね返った。小中学校に被害がなかったのは、神様のもたらした偶然だったのだ。震災から2年以上経って、現在は小学校前の河川敷にあった防潮林の倒木は撤去され、壊滅状態であったテニスコートは修復されている。

　震災後すぐの2011年4月に周辺を調査した長岡技術科学大学の犬飼助教は、

第Ⅱ部　子育て支援の現場から

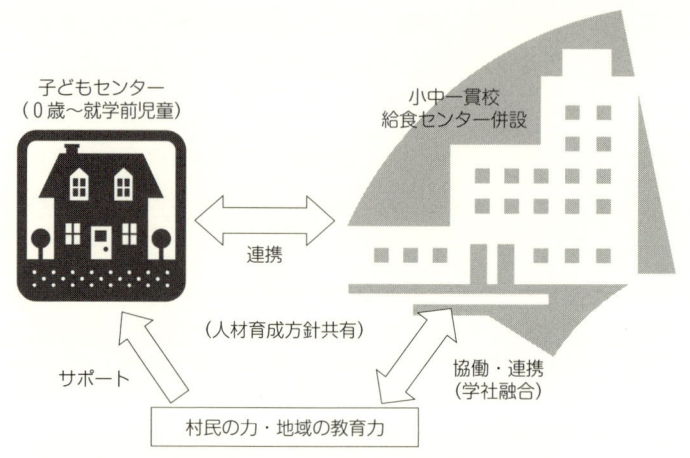

```
子どもセンター                小中一貫校
（0歳～就学前児童）            給食センター併設

         ←―連携―→

       （人材育成方針共有）

   サポート↑          ↓協働・連携
                      （学社融合）
        村民の力・地域の教育力
```

① 児童・生徒数の減少を受け，より効率的な学校経営が必要なこと，および小中連携による一貫した学習効果を期待して，小中一貫校とします。
② 学校には学校運営協議会を置き，地域・保護者が学校運営に関与し評価も行います。
③ 学校の中に地域住民が自由に出入りできる空間を設け，地域に開かれた，地域の教育力を活用する学校とします。
④ 校内で放課後子ども教室を充実させ，ボランティアと有償のコーディネーターで対応します。
⑤ 村民の生涯学習の場や図書館も学校施設と共有し，放課後や休日の運営にはボランティアとコーディネーターがあたります。

図6-1　普代村スクールコミュニティ構想

出所：「普代村スクールコミュニティ構想」報告書より。

表6-1　スクールコミュニティ構想における学校教育と社会教育施設の合築計画

学校教育専用施設	学校教育・社会教育共用施設	社会教育専用施設
職員室	コンピュータ室	放課後子ども教室用スペース
	図書室	
教室	調理室	コーディネーター事務室
給食センター	音楽室	多目的室1～2 （自習・研修・会議・講演等）など
保健室	体育館	
理科実験室など	プール	
	相談室など	

注：スクールコミュニティ構想におけるハード整備構想の説明は以下のようになっている。「小中一貫校を建築します。その際には，地域住民の教育力を大きく取り入れるための施設整備を行います。特別教室等は，住民の生涯学習施設としても活用できるように設計します（例えばコンピュータ室，調理室，音楽室，図書室，体育館，プールなど）。また，放課後の児童の居場所として放課後子ども教室のスペースを校内に確保し，子どもたちの学習を見守ったり，自由に遊んだり出来る場とします。」
出所：「普代村スクールコミュニティ構想」報告書より。

第6章　過疎の村のスクール・コミュニティ構想

写真6-1　普代水門を山側から見た写真
（震災2週間後）
注：水門の高さは15.5mで，津波はこれを超えた（津波の高さが23mあったという推測もされている）。水門上側の橋は壊れなかったが，下に設置されていた管理用の橋は破壊された。

「もう少し波が高く，時間が長ければ水門が耐えきれず一気に崩壊した可能性が高い。すぐ裏には小中学校があり，そうなればより多くの悲劇が起こっていたはず。」「どんな備えをしていても，その想定を超える災害が襲うことを念頭に」と述べている（読売新聞新潟版2011年4月21日朝刊）。

普代水門は2011年の震災では村民の命を守ったが，次に少しでもより大きな津波が来れば，崩壊する可能性がある。先生方は海のそばの学校で毎日，村中の子どもたちの命を預かっている，という緊張感があるという。今度津波が小中学校を襲えば，村中の子どもたちの命が危険にさらされ，それは村が未来を失うことにもなる。

だが，年間予算が30億円に満たない村にとって20億円程度かかると想定される小中学校の移転新築は大きな決断だろう。多額な費用はかかるが，村の中心となる新しい小中学校を安全な地域に建てれば，普代村がどれだけ子どもたちを大切に育てているかを形にして見せることができる。だが，一方で小中学校の建て替え費用が，村の財政に深刻な影響を与えるかもしれない。実際，長野県では，過疎地で豪華な中学校をつくり，それが財政難に拍車をかけ，合併を余儀なくされた村もある。村と子どもたちの未来のためにどうするのがよいの

103

第Ⅱ部　子育て支援の現場から

写真 6-2　普代小学校運動会で，鵜鳥神楽「綾遊び」の舞を 5，6 年生が披露

か，村自身が覚悟を決めなければならない。

　保育料も医療費も無料，塾まで無料。みんなどの子の顔も名前も知っていて，小さな村で子どもたちを宝物のように大事に育てているのに，普代村は宣伝が下手で，それがどれだけすごいことか知っている人は少ない。また，幼小中一貫教育，こども園の 3 歳以上全員入学などを軸に，今一度，村内での子育て支援策の体系化や再整理をし，子育て当事者の意見を拾い上げることも必要だ。新制度の開始に合わせ，行政側も部署を超えた連携をきっちりと位置付けることも求められる。

　だが，村には大学を出た若者の仕事がほとんどない。漁業関連の会社もパート雇用が多数を占める。「子どもたちを乳幼児期から丁寧に育て，学力を付け，立派にすればするほど，村から外に出てしまうのでは？」と村長に聞いてみた。村長は「子どもを育てるのは村のためだけでない。本人のため国のため，社会のためだ。ずっとこうやって地方は子どもを育ててきた」という。

　普代村には鵜鳥神社という三陸の漁業を守る神社があり，鵜鳥神楽という正月から 2 か月かけて陸中の沿岸地域を回る有名な神楽がある（写真 6-2）。これと宮古市の黒森神楽が隔年で北回り・南周りと巡行して回り，三陸の伝統を支えている。これも村の小中学生が引き継いでいく。この神楽を踊りたくて村外から村に移住する人もいるぐらいなのだ。普代村で子どもがいなくなれば，三陸の伝統の神楽の担い手がいなくなってしまい，三陸の漁業の安全を祈る舞いも失われてしまう。今後も普代村で子どもが生まれ，健やかに育っていくこ

第6章　過疎の村のスクール・コミュニティ構想

とができるかどうか，過疎の村の試行錯誤は始まったばかりである。

■参考・引用文献
熊坂伸子「普代村教育ビジョンと小中一貫教育」
　　（http://www1.iwate-ed.jp/kenkyu/happyoukai/h24/houkoku01/h25_03.pdf）
はまゆり子ども園「平成25年度子ども園経営計画書」2013年
はまゆり子ども園「平成25年度教育課程計画書」2013年
普代村「平成23年度普代村保健年報」2012年
普代村教育委員会「普代村教育ビジョン」2008年
普代村教育委員会「平成22・23・24年度　岩手県教育委員会指定小中一貫教育推進
　　モデル指定研究事業　研究紀要」2012年

第7章 産科医のいない町の子育て支援
——岩手県遠野市

1　民話のふるさと

　民話のふるさととして有名な遠野市は，岩手県の北上高地の中央部，山に囲まれた盆地にある市である。東約40キロメートルが釜石市・大船渡市などの沿岸部，逆に西側約40キロメートルが花巻市や北上市となっており，昔から岩手県内の沿岸部と内陸部を結ぶ結節点となっていた。かつて遠野市では1と6のつく日に市が立った。その日に合わせて沿岸部からは魚や昆布，塩等，内陸部からは日用品や炭などが運ばれてくる。それを運ぶのが遠野市で育てられた南部駒と言われる馬たちで，この馬に荷物を積んで運ぶのが駄賃付けといわれる仕事である。そうやって馬方たちが各地で聞いた話をもちよって語り合うことにより，遠野市には各地の民話が集まったと考えられており，柳田国男が集めた物語は119になる。

　遠野市は馬産地としても栄え，貴重な現金収入を得るために農家は馬を飼い，明治時代には軍用馬も産出していた。かつての遠野市の家々は，人と馬が一緒に暮らす曲がり家という特殊な家であった。いまでは，観光施設として残されているもの以外，かやぶきの曲がり家を見ることはほとんどない。

　かつて岩手県の物流の結節点として栄えた遠野市だが，少子高齢化の波からは逃れられない。人口はゆっくり減少しており，1970年に4万人を超えていた人口は，2010年の国勢調査では2万9000人台となり，2013年9月時点では約2万8400人であり，最近では毎年生まれる赤ちゃんは200人を下回っている。

第7章　産科医のいない町の子育て支援

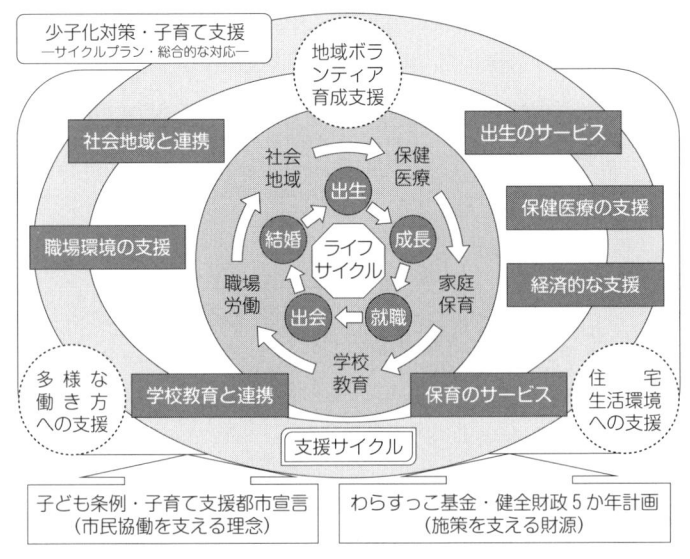

**図7-1　遠野わらすっこプランに盛り込まれている
ライフサイクルに応じた支援のプラン**

出所：「遠野わらすっこプラン」より。

　だが遠野市は，その規模に応じた細やかな子育て支援施策を講じており，2012年の合計特殊出生率は1.85と全国平均を上回っている。将来にはこれを2.08にする目標を掲げた少子化対策・子育て支援総合計画，通称「遠野わらすっこプラン」（"わらすっこ"とはこの地方の方言で，子どもを指す言葉である）を策定し，様々な取り組みを行っている。

　どの自治体でも子育て支援計画は作成しているが，はっきりと目標に合計特殊出生率を掲げている計画は少ない。このプランの基本的理念は「子どもを産み育てることに夢がもてるまちづくり」であり，そのため，①家庭や子育てを社会全体で支えていく地域社会づくり，②安心して子どもが産み育てられる環境づくり，③子どもが健やかに育っていける環境づくりがめざすべき姿としてあげられている。またこのプランの特徴は図7-1にあるように「ぐるっと回る人生のライフサイクル」のそれぞれの場面において支援を行うため，ライフサイクルで途切れることなく施策を連結し，各分野の施策が重なるよう複層化

し，財源の確保を図って施策を推進する，ということになっている。

　遠野市の特徴の一つとして，お産を取り扱う産科医師が市内にいないことがあげられる。この問題については，同じ悩みを抱えている自治体も少なくないと思う。だが遠野市は，画期的な方法でその問題を乗り越えて，妊婦さんが安心して出産できる仕組みを整えている。これについては詳しく後述する。

　次に一つずつ，遠野市の試みを見てみよう。

2　「わらすっこプラン事業」

　遠野市では，赤ちゃんが生まれると「こんにちは赤ちゃん」事業の一環として，主任児童委員が各家を訪問し，地元木材を使った赤ちゃんの名前入りの木製写真立てと500円券が20枚つづりになった「わらすっこ応援券」を贈ることになっている。この応援券の有効期限は小学校に入るまでで，市内医療機関でのインフルエンザ等の予防接種料金や，病児保育，一時保育の保育料の支払いにあてることができるものである。また，1歳児健康相談には，ボランティアによる絵本の読み聞かせがあり，その場で絵本のスタートキットが贈られる「ブックスタート事業」が展開されている。

　実は，市では様々な子育て支援事業に充当するため，「わらすっこ基金」を2009年度に設置した。市が1千万円を拠出し，それまでに寄せられた寄附金と合わせて開設したものである。基金開設時から2012年度末までに78件，約1800万円の寄附金が市民から寄せられた。

　さらに震災後，遠野駅から徒歩10分ほどの距離にある市庁舎の西館を改装し，子育て支援の拠点施設，通称「元気わらすっこセンター」を設置した。1階には子育て総合支援課と社会福祉法人遠野市保育協会が入り，2階には教育委員会が入ったことにより，子どもに関する事務のワンストップ化を図っている。ちなみに，3階には災害復興の後方支援基地として東京大学の遠野市出張所が入っている。

　1階に配置された子育て総合支援課では，少子化対策・子育て支援施策，児

第 7 章　産科医のいない町の子育て支援

写真 7-1　「わらすっこルーム」

童家庭及び児童の健全育成などの福祉分野の事業を担っているほか，教育委員会との兼務辞令も発令されていることから，幼稚園就園奨励費補助事業などを含む幼児教育分野の担当も担っている。

　また，1 階の一部には，未就学児が自由に遊べる「わらすっこルーム」（写真 7-1）と，親子でゆっくりすごせる「親子ふれあいスペース」が設置されており，かわいらしい遊具が置いてある。ここは土曜日，祝祭日以外は，自由に過ごせる場所である。常勤のスタッフがいるわけではないが，この部屋の横は子育て総合支援課の執務スペースになっているので，目配りできるようになっている。また，遠野市は盆地であるため，冬はマイナス 10℃ を下回るなど，とても寒い地域であり，冬の間，小さな子どもたちが室内で自由に遊べる場所が不可欠である。この施設の他にも，地域子育て支援拠点事業を行う「子育て支援センター　まなざし」が設置されており，この施設を核とした子育てサークル活動が各町内に展開されている。

　現在市庁舎は，東館と西館だけ残されている。2 つの建物をつなぐように建っていた中央館は，2011 年 3 月 11 日に起こった東日本大震災の時に 1 階が崩れ，現在ではすでに解体されている。現在，市長や市民の窓口は，「とぴあ」という駅に近いショッピングセンターに移っている。

　遠野市では子育て中の母親の多くが働いており，保育のニーズが高く，平日に親子連れで公園等を散歩する姿を見かけることが少ない地域である。基本的に，主な移動手段が車であることもあるが，なにより，家で子育てしている親が少ない。ということは，在宅の母親の孤立化を防ぐためには，子育て支援セ

第Ⅱ部　子育て支援の現場から

ンターのような母子が気軽に利用できる子育て支援活動が重要である。

　また，都市部と比較すると，三世代同居の割合は高い傾向にあるが，現代の祖父母世代は未だ現役世代が多く，会社員として，あるいは農業に従事しているなど，働いている場合が見受けられる。遠野市は認可保育所が14か所ある。1974年に設置された社会福祉法人遠野市保育協会が10か所を運営しており，3か所は，2005年に旧宮守村と旧遠野市の合併後に，そのままの体制で引き継いだ旧宮守村の公立保育所3園である。残りの1園は，2013年に設置されたばかりの遠野市初の認定こども園である。

　保育時間は朝7時30分から午後6時30分までであるが，前後30分に延長保育が設定されている。すべての保育所で一時預かりも行っているが，公立保育所では休日保育を実施していない。休日保育を利用したい場合は，1か所の私立保育所を利用することになる。

　市街地の保育所は0歳児を中心に，保護者が希望する保育所に入所できない待機児童が発生している一方，市街地から離れた保育所では定員割れも発生している。遠野市は市域が広く，東京23区がすっぽり入る825平方キロメートルにもなる地域に集落が点在しているため，保育ニーズも偏在しているのだ。

　保育料に関しては多子減免を取り入れている。もともと保育料は国基準の半額程度に設定されているが，第2子だと半額，第3子だと月に4800円の定額保育料に設定されている。

　実は，遠野市ではここ数年，産休明け直後から保育所入所を希望するお母さんの数が増えてきている。市では「どうしたら余裕ある育児休業が取得できやすくなるか」を探るために，お母さんたちの声を聴いた。補助金などの支援策で育児休業がとりやすくなるか，とも考えたが，企業の考え方は行政が考えるものと必ずしも一致するものではなかったようだ。工場などのライン作業を例にとると，休業した人の補充のために誰かを雇う場合，多くは期限付き雇用となる。だが，熟練した技術のある仕事の場合だと，簡単に期限付き雇用で代替する，というわけにはいかない。つまり，補助金をもらってどうこうなる，というものではないようだ。また，身近な職場で産休明け直後に復帰した例が出

ると，"産休明けで戻らなければならない"ということが既成事実となり，育児休業が取りにくくなる例もあるようだ。また一方では，若い世帯の収入が伸びない中で，共働きの夫婦２人で収入を得るのが必須となっており，「一度得た仕事を手放せない」「育児休業中に収入が減るのは困る」という意識が強くなっているともいう。

　そんな中で，大正時代から続く市内の幼稚園が2013年９月より保育所を立ち上げ，認定こども園に移行することになった。新たに０歳児が９人，１・２歳児が12人ずつの定員枠が提供されたことにより，市街地における３歳未満児の保育の受け入れは一定の余裕が生じたこととなる。また，遠野市では，すべての小学校の隣接地内に学童保育施設が設置されている。これらの施設の中には，日中は地域の子どもが集まる児童館に併設開放されていることころもある。運営は，前述の遠野市保育協会が運営しており，保育料は無料である。

3 病児等保育室

　また遠野市は病児等保育室「わらっぺホーム」を2010年から開設しており，県立遠野病院の横にある看護師宿舎の１階を改装して利用している。それまでは市街地に設置され，定員数が市内でも多い園の一つである「遠野保育園」の一室を利用し病後児保育事業を展開していたのだが，それをより充実させるために事業内容を拡充して開設したのだ。開設にあたっては県立遠野病院の小児科の医師の後押しがあった。仕事の都合により，子どもの体調が少々悪くても保育所や幼稚園に連れて行かなければならない親の内情を知っている医師が，「子どものためにも病児保育室がある方がよい。自分が保育室に巡回に行くから」と申し出てくれたのだ。

　こうして2010年４月に開設された「わらっぺホーム」は，常時，看護師及び保育士が１人ずつ配置されており，利用定員を３名としている。ただし，感染症が流行する時期などは，利用児童が多く見込まれるため，臨時保育士を増員するなどして病児の受け入れを増やすなど工夫している。遠野市には「ひだま

りの会」という保育所を退職した保育士で構成されたOB会があり，人手が必要な時にはこの保育士の応援を得ることにより，スタッフが増員されることになっている。年に数日程度，利用がない日があるが，年間を通じて1日平均2.31人（2012年度）の子どもの利用がある。

4 遠野市助産院「ねっと・ゆりかご」

　だが，先に書いたように遠野市ではお産ができない。それをどう克服しているのか，遠野市の画期的な試みを見てみよう。遠野市では2002年に産科がなくなってしまい，妊婦は盛岡市や花巻市・釜石市などに1時間以上かけて行かなくてはならなくなった。特に冬場は積雪や路面凍結の危険性があり，妊婦の身体的・経済的負担も大きなものになる。何よりもお産の時に「間に合うのか？」というのが大きな問題だった。遠野市も最初は「産婦人科医を確保しよう」と考えたが，岩手県自体が医者不足に悩んでいる。そこで発想を変え，お産を行うのは無理だが，市内で健診することにより，通院の負担を減らし，かつ妊婦と胎児の健康状態を把握することができないかと考えた。冬季は特に吹雪などで道路状況が悪く，健診に行けない問題もあったからだ。

　そこで2006年度に経済産業省が始めたモバイル胎児心拍数転送装置を利用した「地域医療情報連携システム」のモデル地区となり，ITを活用した遠隔妊婦健診の実現可能性を探ることから始めた。これは遠野市の助産師が遠隔地の医師と連携し，IT通信を通じて送られた情報を見た医師から，直接指導を受ける周産期医療ネットワークシステムの実現と，そのための胎児心拍数をモニタリングする機械の開発，ウェブ電子カルテの開発実証を行うものだった。

　その後，県立大船渡病院の小笠原副院長が助産院監督医となり，遠野市助産院の指導監督を引き受け，このシステム運営を後押ししてくれた。最初は胎児心拍数転送装置を持って妊婦の自宅を訪問し，実際に胎児情報を通信で医療機関に送って，医師の所見がもらえるかどうかの実証から始まった。このような経過を経て，盛岡赤十字病院が嘱託医療機関となり，2007年12月に，遠隔妊婦

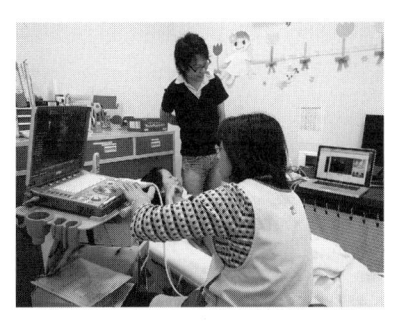

第 7 章　産科医のいない町の子育て支援

写真 7 - 2　ねっと・ゆりかごの健診風景

　健診を主軸とした遠野市助産院「ねっと・ゆりかご」が，遠野市健康福祉の里（保健・健康維持機能を集約し大きな駐車場を併設した拠点施設）に開設された（写真 7 - 2，図 7 - 2）。今では，岩手医科大学の県総合周産期母子医療センターをはじめとして，12 か所の医療機関と連携している。この「ねっと・ゆりかご」には助産師がおり，平日は毎日午前 9 時から午後 5 時まで開いている。ここに胎児の心拍などを測定し，各医療機関に転送するシステムも揃えられているだけでなく，くつろげる畳の部屋も併設され，母乳相談，妊婦・両親教室，育児相談支援や妊婦の家庭訪問なども行う。「ねっと・ゆりかご」がどういった連携で成り立っているかは，図 7 - 3 にまとめてある。

　出産までに一般的に妊婦は 14 回の健診を受ける。妊婦は最初，病院を訪れ自分の主治医を決め，主治医の許可が出た場合，定期妊婦健診の 3 〜 5 回を「ねっと・ゆりかご」で遠隔妊婦健診を受ける。もちろん助産師は 12 医療機関の医師とは定期的に面会し，病院の治療方針・出産・母乳に関する方針なども熟知し，常に良好なコミュニケーションをとることを心懸けている。

　だが，もちろんこれだけですべて安心というわけではない。お産の時でも冬季は道路事情もあり，病院につくのに 1 時間以上かかることもまれではない。緊急の際には救急車に助産師が同乗するが，救急車の中で出産するということもあり得る。その時にも万全の体制で臨むために，他市町村も含めて消防署員，助産師，保健師，そして市外の医療機関の人も招き，新生児蘇生法の専門研修を毎月行っている。実際，急速分娩など緊急の際に助産師が救急車に同乗した

第Ⅱ部 子育て支援の現場から

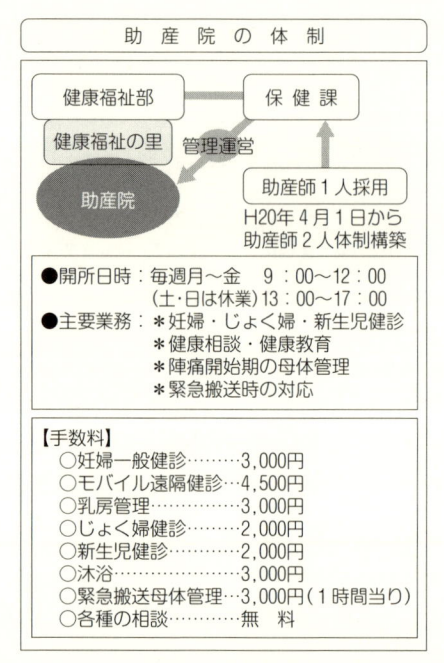

```
┌─────────────────────────────────┐
│        助 産 院 の 体 制          │
│  ┌──────┐      ┌──────┐         │
│  │健康福祉部│──→│保健課 │         │
│  ├──────┤ 管理運営 └──────┘      │
│  │健康福祉の里│  ↑              │
│  └──────┘   ┌──────────┐       │
│    ⬭         │助産師1人採用│      │
│   助産院     └──────────┘       │
│              H20年4月1日から      │
│              助産師2人体制構築    │
├─────────────────────────────────┤
│ ●開所日時：毎週月～金 9:00～12:00 │
│   (土・日は休業) 13:00～17:00    │
│ ●主要業務：＊妊婦・じょく婦・新生児健診│
│           ＊健康相談・健康教育    │
│           ＊陣痛開始期の母体管理  │
│           ＊緊急搬送時の対応      │
├─────────────────────────────────┤
│ 【手数料】                        │
│   ○妊婦一般健診………3,000円      │
│   ○モバイル遠隔健診…4,500円     │
│   ○乳房管理…………3,000円       │
│   ○じょく婦健診………2,000円     │
│   ○新生児健診…………2,000円     │
│   ○沐浴………………3,000円      │
│   ○緊急搬送母体管理…3,000円(1時間当り)│
│   ○各種の相談…………無　料     │
└─────────────────────────────────┘
```

図7-2 「ねっと・ゆりかご」の開設時間や健診内容料金など

出所：「ねっと・ゆりかご」のパンフレットより

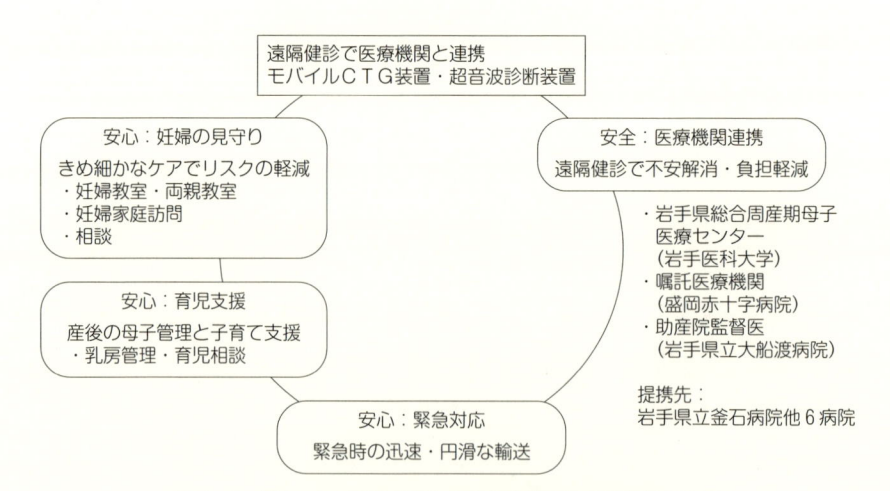

```
          ┌──────────────────────┐
          │遠隔健診で医療機関と連携    │
          │モバイルＣＴＧ装置・超音波診断装置│
          └──────────────────────┘
┌──────────────┐        ┌──────────────┐
│安心：妊婦の見守り │        │安全：医療機関連携 │
└──────────────┘        │遠隔健診で不安解消・負担軽減│
 きめ細かなケアでリスクの軽減      └──────────────┘
 ・妊婦教室・両親教室            ・岩手県総合周産期母子
 ・妊婦家庭訪問                   医療センター
 ・相談                          （岩手医科大学）
                                ・嘱託医療機関
┌──────────────┐            （盛岡赤十字病院）
│安心：育児支援    │          ・助産院監督医
└──────────────┘            （岩手県立大船渡病院）
 産後の母子管理と子育て支援
 ・乳房管理・育児相談            提携先：
                                岩手県立釜石病院他6病院
          ┌──────────────┐
          │安心：緊急対応    │
          └──────────────┘
           緊急時の迅速・円滑な輸送
```

図7-3 「ねっと・ゆりかご」の役割や病院との連携について

第7章　産科医のいない町の子育て支援

ケースは2011年に7件，2012年に6件あり，救急車の中で出産し新生児蘇生法が必要になったケースは同順で，3件と1件になっている。他市町村の消防署員や医療機関にも声をかけているのは，「遠野市の妊婦さんが，どこで産気づくかわからない。それにお産の緊急時の対応を，多くの人が身につければ岩手の妊婦さんが安心できる」からだという。

　この「ねっと・ゆりかご」は評判がいい。スタートした当初は，妊婦さんのうち，ここを利用するのは約35％であったが，2012年度には60％を超すまでになっており，市外の利用者もいる。実際，上の2人の子の時はなかったが，3人目の時には「ねっと・ゆりかご」ができていて利用した，という人の話を聞いた。上に子どもが2人いたため，本当に助かったそうだ。それまでは，冬季は妊婦は運転するのも危ないので，夫が職場を休んで一日がかりで花巻や盛岡まで連れて行っていた。特に2人目のお産の時，盛岡市にある病院の定期健診で雪道を通い，長時間かけてガタガタの雪道を戻ったという。ところが，長時間車でゆられたのが刺激になったのか，家に着いた途端に陣痛がおき，再び病院に急いで向かったのだが，間に合うかどうか，気が気ではなかったという。それが今では，まずはこの「ねっと・ゆりかご」で健診を受けて判断できるので，安心できたという。

　実は岩手県では，2009年より「いーはとーぶ」という，全県の市町村や医療機関が妊婦の健診データなどを登録する，周産期医療情報ネットワークを構築している。市町村の窓口で母子手帳の交付を受けた時点から母子手帳のID番号による登録が開始され，すべての健診情報などが蓄積されていく。これによってハイリスク妊婦への早期訪問指導が可能になるだけでなく，妊婦健診未受診者の把握も可能になり，産後の育児支援もスムーズに開始できる。さらに緊急搬送時もすばやく妊婦の情報が把握できる。岩手県の場合はハイリスクのお産は岩手医科大学の周産期母子医療センターに搬送されるのが，その際にもこの情報が必須である。このシステムは東日本大震災の時も非常に役立った。津波で病院のカルテも母子手帳もなくなった人たちの情報が県のサーバー内の「いーはとーぶ」に蓄積されていたため，母子手帳の再発行もお産に必要な健

第Ⅱ部　子育て支援の現場から

診情報も支障なく提供されたからだ。

「ねっと・ゆりかご」も震災時には大きな役割を担った。沿岸部の県立釜石・大船渡病院が被災した時、遠野助産院が後方支援・妊婦の受け入れ、物資の供給元として機能し、震災後沿岸部の妊婦たちの健診を担ったのだ。実は遠野市全体が災害支援の後方基地として機能した。次にはそれを見ていこう。

5　沿岸被災地の後方支援拠点基地

2011年3月11日に発生した東日本大震災では、遠野市でも市庁舎が崩れるなど被害を受けた。これまで東北は幾度となく津波の被害を受けてきた。1896（明治29）年の明治三陸沖地震、昭和に入ってからでも、1933年には昭和三陸地震津波、1960年にはチリ地震津波に襲われた。明治の津波では釜石が壊滅的な被害を受けたが、その時も遠野市は災害支援拠点として、毎日のように物資を供給したり、現在のボランティアに近い活動も展開されていた。災害と言えばどの自治体も自分たちの地域住民をどうするかを考えると思うが、遠野市はそれだけでなく、沿岸自治体の支援をどう実施するかを考え準備してきた。

2007年、三陸地域地震災害後方支援拠点施設整備推進協議会が組織され、遠野市の運動公園が災害支援拠点になることを予定し、同年に遠野市で岩手県総合防災訓練が行われた。2008年には東北6県の自衛隊の全部隊が参加する震災対処訓練も行われていた。震災の際には遠野市は市内住民の支援だけでなく、沿岸部の支援も行うという考え方が市民にも浸透していた。

そうやって2011年3月11日の震災を迎えることになる。その日は遠野市役所も被害を受けたが、直ちに災害対策本部が設置され、関係機関の支援拠点として遠野運動公園を開放するとともに、市内の被害状況を確認するため調査に出向き、午後4時半には市内の被害状況を把握し、避難所も開設した。停電している中で、唯一の情報源はラジオだけで不安なニュースだけが聞こえていたという。そして真夜中過ぎの12日午前1時40分、壊滅的な被害を受けた大槌町の避難所から一人の男性が遠野市の災害対策本部に駆け込んできた。「大槌高校

に500人が避難しているが，水も食料もまったくない」と助けを求めたのだ。夜明けを待って午前4時50分に非常食や水，毛布・灯油を車に詰め込み市の職員が先発隊として出発した。ピストンで朝9時半に戻ってきた職員から「言葉にならない被害だ」という報告があり，本格的な遠野市の沿岸部への支援が開始されたのである。13日には遠野市が東日本大震災後方支援活動本部を設置した。当時，大槌から遠野市の災害本部に飛び込んできた男性が，4月になってからその時のことを話している。高校の先生たちと話し合い「おそらく釜石も駄目だから遠野に行こう」と決めたこと，必死で崩れた道路を走って峠を越えたこと，遠野市の人々が「何一つ疑うことなく，すぐに行動を起こしてくれたこと」に感謝しているという。

　その後の遠野市は，自衛隊，警察，日本赤十字社，医療機関，その他様々な支援団体やボランティアの集結基地となり，遠野市を起点として多くの被災地支援が展開された。

　被災地に本を贈る「献本活動」についても，遠野市ではただ贈るのではなく，市でデータ入力やラベリング・分類まですべてを行ったうえで，ニーズに応じて必要な本を選び，並べる書架など図書館運営に必要な資材一式も取り揃えて贈るなど，きめ細かい支援を行った。

　また，遠野市には仮設復興住宅も建設されているが，3月12日には仮設住宅建設候補地の選定に入り，15日には10か所の候補地が選ばれていた。また，以前より国産材を活かす循環型林産業システムというモデル事業が展開されていたため，材木などの資材や地元職人の手配もスピーディーにでき，4月は業者に工事への協力を依頼し，7月11日には完成したのである。この仮設住宅は「希望の郷　絆」と名付けられているが，阪神大震災の経験から「コミュニティーづくり」が重要だとのアドバイスを受け，東大の先生方の協力も得て設計したものである。地元で切り出された木材で建設された明るい家々は，渡り廊下でつながり，子どもたちの遊び場の周りは子育て世帯の住宅で囲まれ，サポートセンターなどのコミュニティ施設も併設されている。

　続いて子どもへの被災地支援を見てみよう。前述したように，被災者への母

子手帳の再交付もすぐに行い，妊婦健診や相談も「ねっと・ゆりかご」で引き受けた。さらに，店にもどこにも「粉ミルクがない」状況になり，防災無線で粉ミルクの提供を呼びかけたところ，個人や保育所から49件の寄付があったという。それを数回分ずつ，お母さんたちに配ったというが，震災後物資が入ってくるまで3週間はそういった状況だった。また，産じょく期の母子やその家族をいつでも受け入れられるよう，前述の病児保育室「わらっぺホーム」を4つの部屋に区切って，一時避難所として開放した。だが，当時の状況では，同じ県内の中でも情報伝達が充分に行き届くことが困難であったため，実際の利用申込はなかったという。

また，遠野市保育協会は市の要請を受け，震災翌日の3月12日には入所児童だけでなく，被災した市民の子どもを受け入れられるよう，市内すべての保育所を開所し，14日からは避難してきた被災地の子どもたちの受け入れも始めた。さらに同協会は，NPO団体と共に避難所を回り，臨時児童館を計15日開設し，子どもたちの心のケアを行ったり，大槌町の避難所の子どもたちに手作り弁当を3日間にわたって配布するなどの活動を行った。

このように遠野市は，遠野市保育協会と共に震災支援でも目覚ましい貢献をしている。

6　今後の子育て支援施策

今後，遠野市の子育て支援はどうなっていくのだろうか。子育て支援担当の職員たちはいくつかの構想をもっている。子育てを応援するボランティアを増やし，できればファミリー・サポート・センター事業をスタートさせて，日中のちょっとした時間や，学童保育や保育所の後などに依頼できる体制づくりと，預かり会員のネットワーク化を2014年度中に実施したいと考えている。また，出産直後の産じょく期の支援を充実させたいと考えている。ヘルパーを派遣するか，親子で泊まれるような施設を作るか，考え始めたばかりだ。

それに何と言っても，遠野市における少子化問題の根本にある「出会いの創

出」,「結婚する人を増やす」ことだ。後継ぎの男性だけが遠野に残る,という状況の中,35歳から49歳の未婚男性が,未婚女性の2.5倍もいるという現状だ。

どうすればカップルが生まれ,子どもが生まれ,少子化に歯止めをかけられるか,現在模索中である。

■参考・引用文献

遠野市「遠野市わらすっこプラン」
　　（http://www.city.tono.iwate.jp/index.cfm/42,0,132.html）
遠野市子育て総合支援センター　子育て総合支援課「平成24年度遠野わらすっこプランの実績について」（遠野市記者発表資料平成25年9月27日）2013年
　　（http://www.city.tono.iwate.jp/index.cfm/1,25819,c,html/25819/TonoCity_130927-Press0300.pdf）
遠野市「遠野市助産院開設」ホームページ
　　（http://www.city.tono.iwate.jp/index.cfm/31,14067,c,html/14067/20071220-102914.pdf）
遠野市総務部沿岸被災地広報支援室「遠野市後方支援活動検証記録誌」2013年
遠野市「遠野スタイルによるまちづくり2013」2013年
　　（http://www.city.tono.iwate.jp/index.cfm/30,25160,c,html/25160/20130930-152649.pdf）

第8章 待機児童ゼロへの歩み
——神奈川県横浜市

1　横浜市の多様な保育資源

　横浜市は人口約370万人（2013年8月現在）の日本最大の市である。県別で見ると2012年に全国10位の人口の静岡県が約375万人，次の茨城県が約296万人となっている。言ってみれば日本人の3％が横浜市民ということになる。そんな横浜で絶対に無理だと言われながら，2013年4月に待機児童がついにゼロとなり，一躍，横浜方式として全国の注目を浴びるようになった。だがそれは，それだけの時間をかけ，ありとあらゆる手段を講じて達成されたものであり，2013年度の保育資源の状況は図8-1のようになっている（就学前児童数約19万人）。横浜の認可保育所は582（6月1日現在）だが，家庭的保育も家庭保育福祉員（個人型）とNPO型の2つがあり，横浜保育室に横浜型幼稚園預かり保育と様々な保育資源があることがわかる。このような多様な保育資源がなくては待機解消はあり得なかった。

　だが，これで横浜市の待機問題がすべて解消されたわけではない。待機児童ゼロのニュースを聞きつけ，周辺自治体からの若い世帯の流入も活発になる可能性があり，2014年度に向けての保育所入所申し込みは大きく増えると予想されている。それでは横浜の子育て支援や保育の変遷を見てみよう。

　もともと横浜は専業主婦比率が高く，保育所の少ない地域だった。公立幼稚園もなく，すべて私立である。かつては福祉局で高齢者・障害者・子どものすべてを担当していた。2000年の介護保険の開始を控え，1990年代は高齢者対策

	市　立（2013.6.1現在）		民　間（2013.6.1現在）	
	90施設 （公設民営2か所含む）	定員 8,416人	492施設	定員 40,645人

```
┌ 保育所‥‥‥‥‥‥
│ （児童福祉法第39条）          上記数には，認定こども園（幼保連携型）※の
│ 582施設                  15施設（定員848人）を含む。
│ 定員49,061人
│                ┌ 家庭保育福祉員（市認定）‥‥‥‥   56人      定員
│                │                        (2013.4.1現在)  220人
├ 家庭的保育事業 ─┤
│ （児童福祉法第6条の3）│ NPO等を活用した家庭的‥‥‥   36施設     定員
│                └ 保育事業（本市要綱・市認定）‥  (2013.4.1現在)  315人
│
│                ┌ 横浜保育室（本市要綱・市認定）‥ 155施設    定員
│                │                       (2013.10.1現在) 5,248人
│                │
│                │ 一般認可外保育施設‥‥‥‥‥‥  162施設   入所児童数
├ 認可外保育施設 ─┤                      (2013.4.1現在) 3,064人
│                │
│                │ 事業所内保育施設‥‥‥‥‥‥‥   81施設   入所児童数
│                │                       (2013.4.1現在) 1,148人
│                │
│                └ ベビーホテル‥‥‥‥‥‥‥‥‥   26施設   入所児童数
│                                         (2013.4.1現在)  325人
│
│ 幼稚園‥‥‥‥‥                         286施設   入園児童数
├ （学校教育法第1条）                     （休園1を含む） 59,671人
│                                         (2013.4.1現在) (2012.5.1現在)
│
│                ‥‥私立幼稚園預かり保育‥‥‥‥  129施設    3,866人
                    （本市要綱・市認定）       (2013.4.1現在) (2012.12実績)
```

図8-1　横浜市における保育資源の種類と定義

出所：横浜市こども青少年局資料より。

の方が局にとっては喫緊の課題であった。しかし，そんな中でも少しずつ，横浜ならではの対策もとられ始めてきていた。

2 待機児童対策の始まり・横浜保育室と幼稚園の横浜型預かり保育

　横浜市においても1990年代から働く母親が増えたが，育児休業制度も普及していなかったため，低年齢児の待機は深刻な問題であった。そのような中，1996年に横浜の児童福祉審議会より，低年齢児の待機を解消し，多様化する保育ニーズに応えるために「横浜の実情に即した新たな認可外保育施設の枠組みを定めることが考えられる」といった提言が出された。そこで，国基準ではなく横浜市独自の基準に沿って認定し（表8-1），市の補助が出る横浜保育室が，1997年7月に51か所定員1561人で始まった。駅周辺の保育へのニーズは高いが，

第Ⅱ部　子育て支援の現場から

表8-1　横浜保育室の基準

基本保育時間：朝7時半から18時半まで（延長保育・一時保育・休日保育の実施も推奨）。 定員：20人以上。 保育者配置：3歳未満児，4人に保育者一人。 　　　　　　保育者の3分の2は常勤。3分の2以上が保育士または保健師・看護師。 面積は児童一人当たり2.475㎡（2013年度より3.3㎡）。調理室も設置。

出所：横浜市こども青少年局資料より筆者作成。

土地がなく、そのような場所には認可保育所はつくれない。そこで駅ビルなども利用し、便利な場所に0歳児から2歳児までの低年齢児を預かる保育として始まった。また既存の保育が保育時間の延長もままならない中で、横浜保育室は最初から午後7時や8時までの保育実施園も多く、年度途中でも入れる保育室として大きな利便性があった。

　また、この他に横浜市独自の横浜型幼稚園預かり保育事業も始まった。幼稚園の正規の教育時間をはさみ、午前7時半から午後6時半まで児童を預かる事業であり、親は就労等の要件が必要である（1日4時間以上、月12日以上）。

　全国的に見ても近年、多くの幼稚園で、親の理由を問わず、短時間の預かり保育をしているが、それとは異なった位置づけの事業である。これは1996年に出された中央教育審議会第一次報告の「幼稚園においても、保育所との目的・機能の差異に留意しつつ、預かり保育等の運営弾力化を図っていくことが必要となっている」ということがきっかけとなった。そこで、1997年に待機児童対策としての位置付けを明確にし、認可保育所並みの11時間保育を行うモデル事業を開始した。その後、2000年度から本格的に実施されることとなったが、表8-2にあるように、フルタイムの勤務に対応できるように保育時間が設定され、年末年始以外は長期休業期間も開設することが求められている（2010年より新しく平日型が導入されている。これについては後述）。

　幼稚園の経常費などの補助は県から出ており、市町村と幼稚園は関係が薄いのが実態である。だが横浜の場合は、この横浜型預かり保育事業（県の預かり保育より長時間であり、補助単価も高い）を通じて、幼稚園との関係を築いていった。それが、2013年の待機児童解消の際には非常に重要な役割を果たした。

表8-2　横浜私立幼稚園預かり保育事業の開設時間

① 【月〜金】7時30分から18時30分
　　　　　　（幼稚園の正規教育時間を含む。）
② 【土】　　7時30分から15時30分
　　　　　　（「平日型」は土曜休園。）

開設時間	7：30〜9：00	9：00〜14：00	14：00〜18：30
	預かり保育	幼稚園 正規教育時間	預かり保育

出所：横浜市都市経営局「調査季報　横浜の子育て支援」横浜市, 2013年より。

3　子育て支援事業本部の時代（2003年度から2005年度まで）

1　待機児童解消が目標の時限つき事業本部設置

　一方，横浜市は保育所をつくっていなかったわけではない。1990年代にも年に数園ずつ増加している。入所児童数を見ると，1996年は1万9372人，97年は1万9976人，98年には2万836人とその後も毎年，600人から1000人規模の定員拡大は図られていた。だが，保育所に入れないという問題の深刻度が増し，2001年度には待機1040人に対し，13か所新設して入所児童を1280人も増やしたにもかかわらず，2002年4月には待機児童1140人と全国ワースト1となってしまった。

　横浜市は2002年から2007年までの中期政策プランを策定し，その中にも待機児童対策を上げ，2002年度には認可保育所の9か所新設等で約858人の定員増を図った。だが，これまでの推移を見ても待機児童数を下回るような数で定員増をしても，まったく待機児童が減らないことは自明であった。さらに福祉すべてを所管する福祉局では保育の優先順位はどうしても低くなり，さらに当時すでに270か所近くなっていた認可保育所の運営や横浜保育室まで担当する保育課では，新たな保育整備に集中できないという事情もあった。案の定2003年4月の待機児童は1123人となった。

　そこで2002年に就任した中田市長の肝いりで2003年度から2005年度までの3

第Ⅱ部　子育て支援の現場から

年間の時限で，待機児童の解消を掲げ，子育て支援事業本部を立ち上げることとなった。この事業本部の主な業務は3つあった。①待機児童解消を目指しての保育所の新設整備，②地域子育て支援基盤の整備，③放課後児童対策の充実である。通常の保育の運営や監査の業務はそのまま福祉局に残ることになった。それは新しい3つの業務に集中できるようにするためである。まず，2003年度には保育所整備のために約61.6億円の予算をかけ，新たに19か所を整備し，既存保育所の定員増も図るなどして1706人増とした。

2　新しい整備手法の導入

　それだけ一気に整備するためには今までのやり方では無理である。そこで新しい手法が考えられた。市内の待機児童マップを作り，待機の多い地域から重点的に整備を始めた。さらに市有地の無償貸与（9か所）だけでなく，建物の建築費などへの補助，再開発ビルの床や学校の余裕教室を使って市が整備して貸し付けることも始めた。市有地に関しては土地開発公社が先行取得しながらまだ未利用のものも含め，全部リストアップしていった。さらに市有地の中には市が都市再生機構などから定期借地で借入れ，それを法人に貸し出したものもある。現地調査を重ね，条件の良いものから保育所整備候補地とした。また駅前再開発ビルの利用者が決まらないフロアーなども探した。社会福祉法人だけに事業者を限っていては，とても整備の数を確保できないだろうと，多様な運営法人の参入も認めることとした。
　一方，幼稚園の預かり保育事業の拡大も図られ，さらに横浜保育室のなかで施設の条件が認可をクリアーするものや，評価の高い保育をしている施設には声をかけ，認可化を進めた。認可化をきっかけに保育所を新設する法人の中には，施設整備の補助を受けるために社会福祉法人化したものもあったが，NPOのまま株式会社のままというものも多かった（これが横浜での認可保育所の運営法人の多様化の始まりである）。一方，低年齢児の保育はまだまだ足りないため，待機児童の多い重点地域には横浜保育室の整備促進を行った。だが，当時から子どもが入らない保育室もあり，やみくもに設置しても有効な待機児童解

決に結びつかない。そこで，待機児童の多い地域を公開し，そこを重点整備地域として参入を呼び掛けた。

だが思わぬこともあった。長年空き地のままほっておかれた土地に，いよいよ保育所ができるということで，地域住民の反発があったことだ。これまでも保育所を巡っては子どもの声のトラブルなどがあったが，それまでとはまったく違うレベルの大変厳しい反対であった。とにかく，大勢の人が出入りする公的施設の整備に対する"迷惑"という意見が多く出る。そのため周辺道路の拡張や，近所に子どもの声が聞こえないようにするため，土地を掘る等の造成工事への補助も行った。実は学校の余裕教室を使っての保育所開設にもPTAから反対されたこともあった。夕方まで保育者と子どもがいる保育所が学校内にあれば，学校の安全もより高まると思うのだが，なかなか受け入れてもらえなかった。できてしまえば，小学生と乳幼児の交流も生まれ，きょうだいの少ない子どもたちには本当に良い経験ができるようになり，保護者も喜んだのだが，できるまでは大変である。

そういったこともあり，新設整備は以前よりずっと難しいものになりつつあった。さらに，バブル期に土地開発公社などによって購入されていた土地はもともとの地価が高いだけでなく，借入金の利子が付き，簿価が膨れ上がっていた。駅前再開発ビルの価格も同じように高く，時価で更地を買った方が安いという状況もあった。そのため財政局から「こんな高い保育所を作ってどうする」とも言われた。だが，いずれにせよ塩漬けになった土地開発公社の土地は一般会計で買い取り，利用するか処分するしかない。そういった面から言えば，保育所整備は未利用地の有効利用につながったのだ（横浜市土地開発公社は2013年度をもって解散となった）。

こうやって2003年度の整備を行ったが，2004年4月の待機児童は1190人と増えてしまった。つまり1123人の待機児童数を上回る1706人の定員増を図っても，待機児童数は増える，つまり本当に待機を減らすには待機児童数の何倍もの定員を整備することが必要だとわかってきたのである。そこで2004年度は約61億円をかけ，44か所新設，2765人の定員増を目指した。市有地は17か所，法人の

所有地が5か所であり、この他は既存施設の改築・改装での整備を予定した。

　また、駅ビルの中などに保育所をつくることへの批判も強く、園庭の広い保育所をつくるべきだとの声も保育関係者から寄せられていた。このことに関しては、担当者間でも何度も議論した。広い土地に保育所がつくれればいいが、それでは多額の予算をかけてごく一部の子どもしか入れないことになる。一方、既存の建物の改装などで保育所を設置すれば同じ予算で多くの保育所ができ、より多くの子どもが入所できる。税金を使って保育所を整備する以上、一部の子だけにメリットがあるのではなく、一人でも多くの子どもが入れるようにする方が、より市民のニーズに応えることになると考えた。実際、駅に近い保育所は希望者が多いが、どんなに広い園庭があっても駅から遠い保育所は希望者が少ないからだ。また、そもそも駅に近い便利な場所に広い土地などなかった。ただ、担当者は「自分の子どもを通わせてもいい」という基準は守るということは決めていた。

　さらに市では病後児保育や夜間保育、延長保育も進めたが、これも「親のニーズ優先で子どもに良くない」と保育関係者から批判された。だが、保育所が延長保育をしなかったり、夜間保育をなくせば、子どもはより高額の二重保育か、最悪の場合は自宅に一人で留守番ということになりかねない。「親の働き方に合わせるな」と言われても、市には親の勤める会社の働き方を変える力はない。「何とか助けて」という親の声に応えるしかない。もちろん、北欧は共働き率は高いが、多くの人が早く退社するので保育所も早く閉まり、親子でゆっくり夕食を楽しめる。だが、一方日本で、市が保育所を全部午後6時に閉めたとして、全員の親が5時に退社できるのだろうか。どうすればよいのか、この問題は未だに解決されないままである。

3　運営法人の多様化

　ここでもまた課題があった。市有地で条件のよい土地は、手をあげる法人も多かったが、駅から遠くであったり、将来的に子どもが減ると思われる地域には保育所をやりたいとする法人がなかなか現れない。また数も多く応募しても

らえれば，それだけ良い法人を選ぶこともできる。そこで民間保育所の全国組織等を通し，全国の法人に向けての広報活動を行った。また各地で行われている保育の研修会などを調べ，そこで事例研究発表や保育研究を熱心にしている法人などに狙いを定め，個別のアプローチも行った。

　だが，長く社会福祉法人は一法人一施設という指導を受けてきたため，一つの法人が複数の施設を運営することは好ましくない，という風土があった。そのため多くの法人が新たに施設を設置する経験がない。しかも，横浜市が保育所を一気に増設しようという時期は，他の自治体でも保育所の民営化や新設整備を進めようとしていた。そういった状況もあり，首都圏のこれはと思う法人の多くはすでに，別の自治体から分園の整備や新園の運営を頼まれていた。もちろん首都圏の法人も来てくれたが，積極的に考えてくれたのは，子どもの数が減り，むしろ保育所が減りだしている地方の法人であった。青森や福島，宮崎や長崎の法人も保育士まで連れて，横浜に来てくれた。

　だが，もはや保育所に適した市有地は減りつつあり，緊急に整備が必要な地域に限って土地を市が取得したかったが，財政的には難しく，これ以上，土地を買うことは無理であった。既存建物を改築で保育所にする，土地や建物を借りて保育所を開設することが予算的にも有効なだけでなく，またその方が時間がかからず，早く整備できるメリットもある。市も鉄道会社や大学にまで声をかけ，借りられる土地や建物がないか探して回り，鉄道高架下の土地まで借りたが，数人の職員で市が直接探すには限度もあった。

　そのうち，市が本気で保育所を増やそうとしているという話が伝わり，鉄道系の会社も含め，株式会社が保育所開設可能な土地や建物を自ら探し当て，そこで認可保育所をやりたいと話を持ち込むようになった。既存の社会福祉法人だけではこれ以上の整備の促進は無理であった。待機児童解消には様々なネットワークを使って，待機児童がいる地域に保育所の運営が可能な場所を見つけてくる株式会社の力が必要だった。そうやって株式会社による認可保育所の運営参入が本格的に始まったのである。実はその後，保育整備数が増えるにつれ，首都圏で保育士のとり合いが始まり，保育士不足が目立つようになった。社会

福祉法人の中には,「保育所をやりたいが,保育士を見つけられず開設できない」というものも出てきた。だが,大手の株式会社は,保育士を集めてきて予定通り開設する。このようなこともあり,待機児童解消のためには株式会社がどうしても必要な状況となっていく。2004年度は結局38か所で3197人分,つまり待機児童数の3倍近く増やしたにもかかわらず,2005年4月の待機児童数は643人であった。

　子育て事業本部の最後の年になる2005年度は約70億円の予算で,41か所新設で3106人の定員増となった。実は保育所をこれだけ増設しているということは,毎年それだけの運営費が積み上がっていくことになる。一方,税収は毎年落ちており,それに対する財政局の危惧も強く,「保育所で市の財政が圧迫される」という声も出ていた。大量に保育所を増設できる最後のチャンスと頑張ったが結局,翌2006年4月の待機児童は353人であり,ゼロにはならなかった。

4　こども青少年局の時代（2006年度から）

　このころになると,乳幼児の子育てだけでなく,高校中退やニート・フリーター問題など,若者が自立していくまでの様々な問題が顕在化するようになってきた。そこで,保育所整備にだけでなく,妊娠期から後期青年期（34歳まで）の子ども・若者のすべてのライフステージを切れ目なく支援することが必要だという考えの下,縦割りで福祉局や衛生局でバラバラに実施されていた子ども関係の事業を一つにまとめ,子ども施策を包括的に扱う局である,こども青少年局を2006年度からスタートさせた（図8-2）。子ども関係の施策を一つにまとめたメリットは大きく,現場での統合化が進み,母子保健や福祉系の職員が一緒になって本当に子どもの育ちを一貫して支援する体制ができたことと,「子ども」を市の施策の大きな柱の一つとして打ち立てられたことである。

　待機児童対策における保育所整備は引き続き重要な課題であり,2006年度も11か所の新設や認定こども園などで39億円かけて870人の定員増がなされた。だが前述したように増設に伴い保育所の運営費が増えていた。2006年度の保育

第8章 待機児童ゼロへの歩み

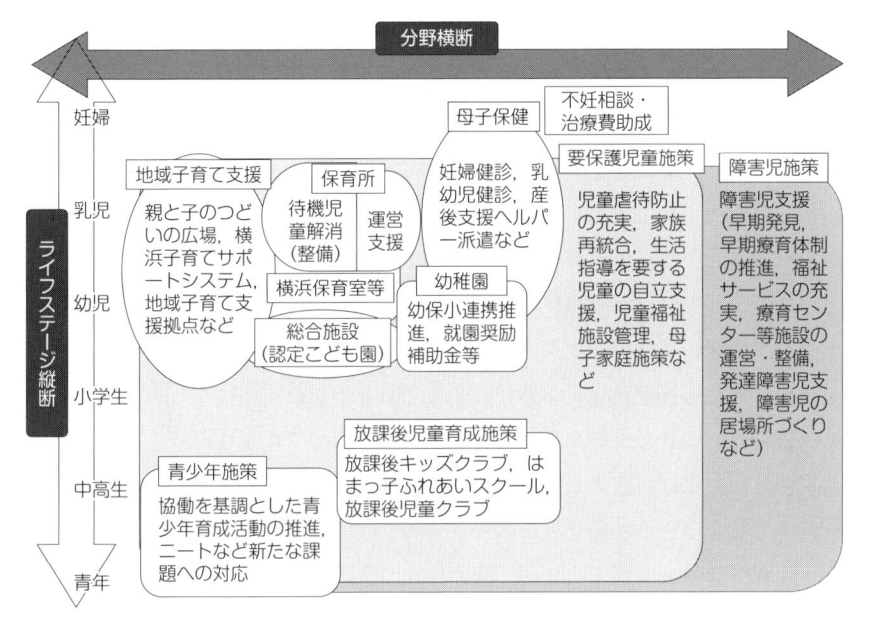

図8-2 こども青少年局の主な施策・事業

出所：横浜市こども青少年局「平成19年度運営方針」2007年より。

所運営費は約487億円（当時の内訳は市費約64％，国費約16％，保護者負担約20％）この他，横浜保育室の運営費補助が約45億円となっていた。一方，保育所に入所している児童は就学前児童全体の16.1％だった。就学前児童数の2割は保育所定員がいずれ必要になるだろうと推測されたが，圧倒的多数は在宅におり，子ども関係の問題は待機児童だけではない。在宅で子育てする親子への支援の充実ももっと必要で，つどいの広場など細々とした事業をすべて合わせて約2.5億円の予算であった，「子育て支援は保育所整備だけではない。地域の子育て支援をもっと充実してほしい」との声も，在宅で育児をする親たちから強く出ていた。

また児童虐待の増加に伴って4か所目となる児童相談所の新設や一時保護所，児童養護施設の新設と小規模化，障害児の増加に伴う7か所目の地域療育センターの新設，小学校への専門家の派遣，若者の就労支援対策とやるべき課題は

山積みであった。人も予算も限られている中で，他の重要な事業にも力点を置く必要があった。

　というわけで，引き続き保育所整備は続けていたが，かつてほどの勢いはなくなっていた。2007年度は約26億円かけて24か所1350人，2008年度は約24億円で新設13か所に増築も行い1055人，2009年度は約13億円，新設11か所で655人の定員増となった。2009年度の保育運営関係費は横浜保育室も含め，約580億円近くになっていた。市の税収は伸び悩んでいたが，生活保護費や国民健康保険や介護保険への市税の投入は毎年伸び，既存の義務的な事業を維持する予算を確保するためにも，様々な分野の予算をカットしなくてはならなかった。保育所は整備をすると翌年から運営費が何十億円単位で増加する。その増加する運営費と次の保育所整備予算を確保するためには，さらに市の他の事業をやめなくてはならない。2009年度の市の予算の10.4％がこども青少年局の予算であり，保育所整備をどうすべきか，迷いが出てきていた。

　またもう一方の課題は，保育所にふさわしい土地がほとんどなくなってしまったことだ。市有地はもちろんのこと，待機児童がいる地域で大きな保育所を新設できる場所では，たとえお金があったとしても土地そのものがない，という事態が起こりだしていた。2003年から2006年度にかけて116か所も保育所が増えていたからだ。90人や120人規模の大きな保育所をつくって待機児童対策を実施するのは無理で，小さな保育所をつくるようになった。また地域によっては，確かに0～2歳の低年齢児の待機児童はいるものの，4～5歳児に関しては，既存の幼稚園と保育所の定員が，地域にいる子どもの数と同じか，それを上回るという状況も起こってきた。つまり，4～5歳児の定員割れが恒常的に起こる地域も発生してきたのである。今までの整備方法は通用しないようになり，保育所整備は壁にぶつかりつつあった。保育所整備のスピードが落ちると待機児童数は増えだした。2009年度は就学前児童の2009年4月に1290人，2010年4月で1552人となり，再び待機児童数全国ワースト1となってしまった（図8-3）。

第8章 待機児童ゼロへの歩み

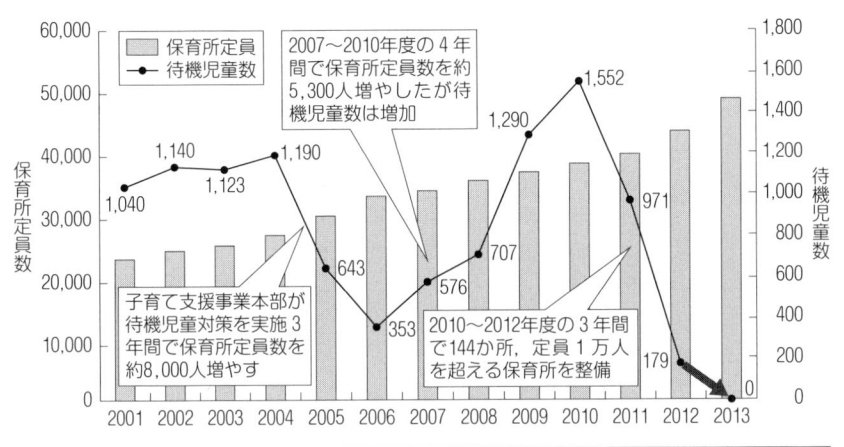

図中注釈:
- 2007〜2010年度の4年間で保育所定員数を約5,300人増やしたが待機児童数は増加
- 子育て支援事業本部が待機児童対策を実施3年間で保育所定員数を約8,000人増やす
- 2010〜2012年度の3年間で144か所，定員1万人を超える保育所を整備

	2002	2003	2004	2005	2006	2007	2008	2009	2010	2011	2012	2013
保育所数	258	267	289	327	368	383	402	420	436	459	507	580
保育所定員	24,125	24,983	26,689	29,888	32,994	33,944	35,582	36,871	38,295	40,007	43,607	48,916
就学前児童数 (A)	199,720	201,163	201,626	200,022	198,183	196,763	195,898	194,638	193,584	192,861	191,770	190,106
入所申込数 (B)	25,277	26,250	28,112	31,253	33,387	35,466	36,573	39,948	41,933	44,094	45,707	48,818
申込率 (B/A)	12.7%	13.0%	13.9%	15.6%	16.8%	18.0%	18.7%	20.5%	21.7%	22.9%	23.8%	25.7%
入所児童数	23,401	24,400	26,306	29,264	31,971	33,442	34,249	36,652	38,331	40,705	43,332	47,072
待機児童数	1,140	1,123	1,190	643	353	576	707	1,290	1,552	971	179	0

図8-3　横浜市の保育所定員と待機児童数の推移

出所：横浜市こども青少年局「平成25年4月1日現在の保育所待機児童数について」記者発表資料，2013年より．

5　待機児童解消が再び市の重点施策に（2010年度から）

　2009年夏に新たに就任した市長は，当初からこの問題を危惧しており，「保育待機児童解消プロジェクト」を同年10月に発足させ，待機児童解消を市の重点施策とし，その実現のために必要なありとあらゆる手段を考えよという指令を出した。このプロジェクトチームが様々な手法を考え，翌2010年度には4つの施策方針の下（表8-3参照），様々な取り組みがなされることとなった。これから説明する手法は，現場で問題を見ている職員が知恵を出し合って考えたものである。日々現場で経験を積んでいる職員だからこそ，課題に気づき，そ

第Ⅱ部　子育て支援の現場から

表8-3　待機児童解消プロジェクトの手法について

4つの具体的施策「量の提供」に加え「選択性の高い総合的対応」へ
1．保育所整備に加え，横浜保育室・家庭的保育・幼稚園預かり保育など多様な保育サービスの展開
2．多様な保育サービスを，適切に保護者と結び付ける
3．区を主体とする推進体制の設置
4．保育サービス間で不公平感のない，適正な料金設定

出所：横浜市都市経営局「調査季報　横浜の子育て支援」横浜市，2013年より筆者作成。

れへの対応策も生み出された，ということは重要な点である。

1　全庁的協力体制と地域密着の整備

　まず最初に，4つの施策の3番目にあがっている，区を主体とする推進体制について見てみよう。それは全市的な協力と地域密着のきめ細かいアプローチの両輪の必要性だ。一つには，市の重要課題となったことで，保育所整備地確保が市役所全体の仕事となり，すべての局に協力依頼できたことである。新たに設置された緊急保育対策課が庁内に緊急保育対策支援会議を設置し，各局が持っている市有地や公的施設で用途廃止になったものも含め，保育設置が可能かどうか検討した。例えば学校建設予定地，都市公園施設，高齢者の住まい事業との合築，交通局の高架下，プールの駐輪場もあった。また建築局には大型開発の情報が正式な届出の前に入るので，そのタイミングで保育所併設を依頼する等，市に入る情報も使って整備に結び付ける仕組みをつくった。スピーディーな整備ができたのは，横浜が政令指定都市だということも大きかった。ほとんどの権限を市がもっているため，県に一つひとつ許可を求める必要がなく，市の判断で決められたからである。

　次に，効果的だったのは局の緊急保育対策課に区を兼務する係長を配置したことである。最初は待機の多い8区8人であったが，2011年度は18区全区に18人が配置されることとなった。この係長は区の区政推進課と局の緊急保育対策課の両方に席がある。一定の保育所数がある中でさらに待機児童対策を進めるには，局だけでは限界があった。

待機と定員割れが混在する中で，待機児童がいる場所にピンポイントで保育所を設置しないと効果があがらない。どこにつくるべきかは，駅からの距離だけでなく，周りの環境，道の上り下りや，住民の買い物圏など，その地域ならではの特性を理解していないと適地を発見できない。その意味で，各区の区政推進課に兼務係長が配属され，中心となって区でも待機児童解消チームを組み，区の課題として取り組んだことは，課題解決の大きな要因だった。それまではどうしても待機児童対策はこども局の仕事，と理解されていたからである。まずは区できめ細かく区民のニーズを把握し，さらに土木事務所や地域振興課なども加わり，区役所の持っているネットワークや資源をすべて使って，地元の不動産業者や地主・事業所にもあたり，整備の適地・適所を見つけることができた。さらに区としても区所有の公的施設で，分園や保育所の設置が可能かどうかを洗い直したのである。
　実は，市立保育所も長く福祉局が所管しており，子育て支援事業本部時代に市立保育所は区の施設となっていた。しかし，保育所の定員増も，やるのは局と考えているふしがあった。だが，待機児童の解消が区の仕事となったことで，じっくり市立保育所とコミュニケーションをとり，定員増を実施できた。
　子育て事業本部時代も，個々の職員が権限を持ち，自分たちの責任で物事を決めていくことはできた。だが，それをさらに区のレベルに落とし，区単位で自分たちの裁量で，様々な工夫ができるようにしたのである。そこで，全市統一のルールにこだわらず，区の実情に合わせた補助制度なども新設した。例えば特に家賃が高い西区みなとみらい地区などで焦点を当てた「横浜保育室特例家賃補助」の補助加算などである。さらに互いの工夫を学びあえるように，兼務係長の18人を地域ごとに5つのユニットに分け，緊密に連携するようにしている。いずれにしても職員が現場で自由に動き，自分たちの責任と権限で物事を決めていけるようにしないと，スピード感のある問題解決は不可能である。

2 さらに多様な保育サービスの展開

①整備適地の情報提供

　保育所を増やすには，市が探すだけでなく，保育所を運営したいという法人側が整備可能な場所を見つけてくることも必要である。だが，だんだん法人側からも「やりたくても場所が見つからない」という声が出てくるようになった。そこで，「保育所適地を求めます」と，市が呼び掛けて整備候補地を集め，さらに「そこなら運営したい」という法人も公募し，それぞれのマッチングを行っている。さらに，市がUR都市機構や神奈川県宅地建物取引業協会などの不動産業者からも情報をもらい，横浜保育室などの小規模な施設の場として，保育所運営法人に紹介している。前述したように，4歳児以上で定員割れが見られるようになってきた中では，低年齢児に特化した保育の整備が重要である。そこで以下のような手法をとった。

② NPO法人等を活用した家庭的保育

　横浜ではもともと，1960年から家庭福祉員制度という，保育者の自宅で0～2歳児を預かる制度があった。早くから，一人で見るのではなく補助員を入れて複数保育者で6人までを見る制度としており，小規模で家庭的な保育として評判の良いものだった。国の方でも2010年には家庭的保育事業として制度化された。低年齢児の保育として有効な手段と思われたが，保育者の自宅で開設するというのがネックになり，待機児童がいる地域と保育者の居住地が離れているという課題も出てきた。そこで，保育者の自宅ではなく，待機児童のいる地域の賃貸物件で，NPO法人が事業実施者となることを考えた。保育者の自宅で新たに事業を始める際には，保育者が事業実施者として各種手続きも進め，施設整備もするだけでなく研修にも参加しなくてはならず，負担が大きかったからだ。だがNPO型だと法人側が申請手続きなどを進め，保育者自身は研修に専念できるからである。

　これも2013年度で36施設，定員315人となっている。施設は原則1階であることや面積も必要で，かつ6人から9人の子どもを受け入れるためには，近隣の理解が欠かせない。そのためこの事業も，やりたくてもできる物件がないの

が問題だった。これも，市が先にあげたようなネットワークを使って場所を探した。一方で，すでに保育に実績のある事業者は，経営がより安定している認可保育所を志向する。そこで事業実施の要件を満たす1000以上のNPOにこの新しい事業に関するセミナーへの参加を呼び掛けるなどして，担い手を確保したのである。

③幼稚園預かり保育の拡大：平日型の開始

次第に保育所適地が減り，かつ小規模化していく中で，広い敷地や園庭を持つ幼稚園は重要な保育資源である。2012年時点で幼稚園は285園あり，3歳から5歳児の約6万人が在園していた。なんとかして横浜型の11時間の預かり保育をしてもらえれば，様々な親の就労形態に対応でき，待機児童対策の切り札になる。だが，2009年までの実施園は67園であり，伸び悩んでいた。そこで未実施園に調査したところ，土曜日の開園や夏休みなども全日開園することへの負担が大きいことがわかった。そこでこれまでの「通常型」に加え「平日型」という，土曜日は閉園で，夏休みも5日間設定できるという事業を始めた。そうすると，預かり保育実施園が増え，2013年には129園となり，利用児童は2012年実績で約3900人となっている。

④横浜市預かり保育幼稚園と横浜保育室との連携

横浜保育室は0～2歳児の保育施設であり，卒園後はどこに行くのかが大きな課題だった。子育て事業本部の時代から，3歳児以降も入れるようにしてほしい，兄弟で別々の園に通うのは大変という保護者からの声もあった。だが，実際に横浜保育室に訪れ子どもたちの状況を見たり，運営者の話を聞き，やはり3歳になったら，もっと規模の大きな認可保育所か預かり保育を行っている幼稚園などに移ってもらおうと方針を決めた。低年齢児のための保育室に，運動量も体格も大きく違う児童がいるのは無理だと考えたからである。

だが，3歳以降に通えるところがあるのか，親にとっては大きな不安である。認可への入所申し込みの際には横浜保育室の児童はニーズ要件を1ランク上げるようにしているが，それでも確実ではない。そういった意味でも先にあげた幼稚園の預かり保育の拡大は，必須のものだった。実際，幼稚園の中には，早

くから本園のすぐそばに横浜保育室を設置していた園もあった（その後，その園は認定こども園になっている）。

　平日型で預かり保育をする園が増えたことで，幼稚園協会から，横浜保育室と横浜型預かり保育実施園との連携の提案がもたらされた。連携した幼稚園はお祭りや移動動物園，プール利用などに保育室を招くなどして，年間を通じて交流事業を行う。そして3歳になったら，幼稚園は保育室からの入園希望者を受け入れるというものだ。これによって横浜保育室に入った時点で，小学校就学前までの保育が保障されることになる。2013年3月時点で9組の連携ができており，4月には横浜保育室卒園児108人のうち66人が連携幼稚園に入園している。

⑤乳幼児一時預かり事業

　認可保育所に申し込む保護者の中には，実は週に2回程度のパート勤務をして，その間だけ子どもを預けたいという人がいる。ところがすでに多くの保育所の一時保育はいっぱいで，確実に利用できる保証がない。だが保育所に正式に入るにはフルタイムで勤務するという要件が有利となる。そこであえて勤務日を増やし入所申し込みをする人がいることは，前々からわかっていた。多様な他の受け皿がないために，保育所にニーズが集中してしまう。そこで，この人たちに確実に使える一時保育があれば，それで対応できる。というわけで，これまでも地域子育て支援拠点でも一時預かりを始めていたが，それを拡大するために認可外で行っている一時預かりにも補助を出し，理由を問わず1時間300円で子どもを預けられるようにした。

⑥新設保育所の4・5歳児保育室を活用した定期利用一時保育

　これも上記事業と同じような意味合いをもっている。新設園の場合，最初の数年は4・5歳児がいない，もしくは大幅に人数が少ないということもある。そこで当該年度末までだけ年間契約の一時保育を実施することとした。これであるとパート勤務等の人も対応可能となる。

3 保育コンシェルジュ

　「保育ニーズがある」人は多いが，その中には認可保育所以外のもので対応可能な場合もある。利用者がどのような子育て支援サービスがあるのか知らないので，「とにかく保育所」，と考えてしまう場合もある。そこで丁寧にそのニーズを聞き取り適切なサービスや支援に結び付けることができれば，不必要な入所申し込みが減ると考えられた。そこで保育サービスの専門の相談員である保育コンシェルジュが配置された。具体的な役割は①保育サービスの利用に関する相談，②入所保留児へのアフターフォロー，③保育資源・保育サービスの情報収集の3つとなっている。

　本来は保育所の入所申し込みの時にそういったニーズの聞き取りが丁寧にできればよいという考えもあるだろう。だが，保育所が増え，それだけ申込者が増えると，区役所の窓口では申請に関する入所手続きの説明が中心となり，きめ細やかな聞き取りなど，とてもできる状態ではない。また認可保育所の入所担当と横浜保育室などの認可外の担当が分かれていたため，総合的に保育サービスの情報を集め，提供できる人が必要であった。モデル配置区となる3区の関係者を集めて，そういった問題状況を深く検討し，保育コンシェルジュにどのような役割を果たしてもらうか，どのような人がよいのかを考えていった。

　さらに，個別に丁寧に対応すれば，育児不安や子どもの発達など様々なニーズの発掘に結びつく。そこで，あえて専門的な資格を必要とせず，気軽に様々なことを相談できる「ママ友」や「世話好きお母さん」といった役割を果たせる人として，「子育て中の人を応援したい人」として人材募集を行った。

　採用された人には保育所の入所に関する知識や，各種の保育・子育て支援資源について学んでもらい，様々な相談者を想定したロールプレイ，保育所マップの作成などの研修を経て，まずは2011年の2月に3区に配置された。2月の中旬には4月からの保育所入所の選考結果が通知されるので，すぐに保留児へのアフターフォローが始まり，同年6月には全区配置されたのである。

　保育コンシェルジュの効果はてきめんであった。第一にコンシェルジュが自らの足で集めてきた保育や子育て資源の情報は区の子ども家庭支援課内でもシ

ェアされ，区役所の窓口で提供される情報量が圧倒的に多くなった。第二に保留児へのケアはこれまで「さらに苦情につながる」と考えられていたが，実際には違った。保護者の不安を受け止め，一緒に考え，そのニーズに応じて代替サービスを紹介すると，むしろ感謝されることもある。もちろん適切なアフターフォローができたのは，区の緊急保育対策担当係長と緊密に連携をとり，待機の状況や保育所整備計画などの情報を抑えていただけでなく，地域の保育・子育て資源についての情報を把握していたからである。第三に，やはり丁寧に聞き取ると，やはり本当のニーズが保育所の入所申し込みに書いたのとは違っていたことがわかり，適切な保育サービスにつなげることもできた。それによって確実に待機児童が減ったのである。

また，入所申し込み以前の乳幼児の保護者への対応も重要である。どういった保育資源があるかを知っていれば，子どもがいくつになった時にはどうしたい，といった保護者の選択肢も広がり，準備もしやすい。そこで，地域子育て支援拠点などに定期的に出向き，そこで個別の相談も受けている。

4 保育サービス間で不公平感のない，適正な料金設定

認可保育所に入れるかどうかで，大きな不公平があると言われるのが保育料のことである。一般的に，認可の保育料は所得に応じて決まるので安いが，認可外の場合はそういった所得に応じた補助がないので高くなる。しかも入所要件の高いフルタイム勤務の人の方が認可に入りやすいので，収入もそれだけ高いフルタイム勤務の人は保育料の安い認可に入り，勤務時間が短く所得が低いパートの場合は保育料の高い認可外に入ることになる。実はすでに横浜保育室などには保護者の所得に応じて保育料を下げるために補助を入れていたが，それでも認可と横浜保育室や家庭的保育の保育料の差が課題であった。そこで2011年に外部委員で「保育料の在り方検討委員会」をたちあげ，各種保育施設利用者にアンケート調査も行い，保育料の改定を行った。

所得の高い人には応分の負担を，ということで認可保育所の保育料の最高額を3歳未満では6万2500円から7万7500円へ，3歳以上は3万5500円から4万

3500円とした。一方できめ細かく負担額を分けるために，所得別に31階層に分けて負担額を変えるとともに，多子減免率を拡大し（所得に応じて45％から65％の割引率），子どもの多い世帯の負担増を抑えた。

一方横浜保育室は基本保育料の上限を5万8100円としているが，それを保護者の所得に応じて減免するようにし，最大で5万円減免される，逆に言えば8100円になる制度を導入し，第2子は最大1万8000円，第3子は無料という大幅な多子減免も入れた。これは兄弟が横浜保育室だけでなく認可保育所や認定こども園，幼稚園，家庭的保育を利用していても適用される。

5 保育士の確保

保育所を増やすうえで大きな課題は，保育士の確保である。保育士確保を法人任せにしていては，保育所整備ができない。市が積極的に動くことが必要である。そこでまず2010年に最初の保育士就労支援講座を開催した。翌年は駅にチラシを置く仕事も職員総動員で行ったが，参加者が伸びなかった。そこで2011年度は各戸に配布される市の広報に掲載したところ，一気に参加者が増えることとなった。保育士養成校が全国規模で行った保育士の再就職に関してのアンケート結果などでは，「新保育指針」や「保護者対応」が再就職にあたっての不安点であることがわかった。そこで研修内容もそれに対応したものとした。さらに同年から市のホームページに市内保育所の求人情報を給料情報も併せて掲載した。保育士就労支援講座は定員を上回る参加者を集めたが，それだけでは保育所の増設の勢いには不十分である。

そこで，神奈川県内の保育士養成校協会にアプローチし，市内への就職あっせんの協力を求めたが，首都圏では保育士のとりあいである。病院を担当している部署から看護師確保のために，職員宿舎の整備や県外の養成校も訪問するだけでなく，大々的に説明会を行っていることを学び，保育士に関しても県外学生対象の説明会開催を横浜市内と出張開催の2本立てで計画した。横浜市内の説明会及び保育園見学ツアーには，遠くは北海道からの参加者もあり，市内の法人に就職が決まっている。2011年には山梨県，2012年は長野・新潟の養成

校にて出張説明会を実施している。

さらにハローワーク横浜や神奈川県社会福祉協議会で個別説明会等を実施し，今ではハローワーク横浜と共催で，90近い運営法人がブースを出展する就職面接会の開催へとつながっている。まだまだ養成校から横浜の情報が足りないと言われており，園長会と合同で早めに各園の採用情報を提供する取り組みも必要と考えられる。さらに，そもそも養成校で保育士の勉強をしようという学生を増やさなくてはならない。そこで，2012年度には市立高校の学生対象に，私立保育所でのインターンシップを始めている。

さらに，保育士の処遇改善の予算も組み，2013年度以降は，施設長の年間報酬の上限のガイドラインを導入し，人件費の保育士への配分が多くなるように誘導している。

6 待機児童ゼロを達成して──その後の課題

このような様々な工夫で2010年度から2012年度の3年間で144か所の認可保育所を整備し，1万621人の定員増を行った。この他に横浜保育室の35か所の整備で948人，家庭的保育事業も個人型・NPO型を合わせて375人，認可保育所の定員外受け入れや幼稚園の預かり保育の拡大と様々な保育資源を使っての一時預かりの拡大，事業所内保育への整備助成などで，すべて合わせて3年間で1万3964人の受け入れ増を成し遂げたのである（表8-4）。

だが，課題がないわけではない。主な課題は4つだ。

第一に定員外の受け入れを行う保育所がある一方で，定員割れも起こっていることだ。2013年4月時点で，定員外の入所を受け入れているのは266園で2198人，一方で253園で乳児も含め2096人の定員割れを起こしている（ここからは新設園の4・5歳枠はのぞいてある。なぜなら新設の4・5歳枠は2・3歳の在籍児童が進級後に埋まるからである）。子どもがいなくては運営費が入らない。そこで定員割れを起こしている保育所からは，これ以上保育所が増えると，ますます入所の子どもが減るが保育士の人件費は減らせないため，経営が苦しくなる，

表8-4　2010年度から2012年度の3か年の取組結果

（3年間の増加分のみ）

	施設の増減	定員増（人）
Ⅰ．保育所の新設等による定員増		
認可保育所の整備	146（-2）	10,621
横浜保育室の整備	35（-7）	948
家庭的保育事業	20（-6）	60
NPO型家庭的保育事業	37（-1）	315
Ⅱ．既存資源の有効活用		
市立保育所（定員外）	80	208
認可保育所（定員外）	97	556
幼稚園の預かり保育	56	1,028
Ⅲ．多様な働き方への対応		
乳幼児一時預かり	10	150
子育て広場での一時預かり	18（-1）	51
事業所内保育所の整備・助成	3	27
	502（-17）	13,964

注：-は，施設減。
出所：横浜市こども青少年局「平成25年4月1日現在の保育所待機児童数について」記者発表資料，2013年より筆者作成。

との声も出ている。誰もが希望する保育所にいつでも入れるように整備する，ということは常に入れる枠が空いている，つまり定員割れが恒常化することも意味する。

　第二に保育の質の問題である。これだけ保育施設が増えれば，指導や監査の手間も並大抵ではない。もちろん第三者評価も導入している。「保育の質に疑問がある」として株式会社の参入を規制している自治体もある。だが率直に言って社会福祉法人が良くて，NPOや株式会社が悪いとは一概には言えない。横浜ではいつでも入所児童で満杯の状態が続いてきたため，社会福祉法人の中には漫然とした運営が続き，一族の運営で法人が私物化されていたり，保育の質の向上に無関心なものもある。むしろ運営主体にかかわらず，保育内容を適切に評価していくことが必要だ。局には保育運営課に保育向上支援係長も配置し，保育士の経験年数や職種別の研修を体系化して行っている。例えば2012年度には市が主催して，43講座，総定員約8700人対象の研修会を開催した。

第三に待機児童ゼロの発表を受けて，市外からの転入者が増えていることや，それなら預けたいという保護者が増え，入所申し込みが3割増しになる可能性があるのではないか，と危惧されている。そのため待機児童ゼロを達成した2013年度も，保育所や認定こども園の新設に，既存園の改・増築，横浜保育室の拡大などで2152人の定員増を計画している。本当に待機児童ゼロが続くかどうかはわからない。2013年度の認可保育所定員が就学前児童人口に占める割合は25.7％である。

　第四の問題は保育所運営費等が大きな額になっていることだ。2013年度の認可保育所の運営費は約763億円となった。この他に横浜保育室や幼稚園の預かり保育やさらに整備費で約124億円（2012年2月補正の予算の前倒し含む）にもなり，横浜市の一般会計約1兆4535億円の6％強になっている。こども青少年局全体の2013年度予算は約2132億円である。待機児童ゼロ達成の成果は誰もが評価するところだが，「こんなにお金をかけて，市の財政は大丈夫か」という声があるのも事実である。だが一方，介護保険会計だけを見ても2013年には約2220億円となっているので，子どもたちへの支援はまだそれより少ないとも言える。また保育所だけでなく放課後児童対策なども国の補助単価が低く，市の持ち出し負担が大きくなっている。子ども・子育て関連3法に伴う新制度導入の際にどれだけの十分な予算が国から来るかどうかで，市が今以上の子育て基盤の整備を進められるのか，財政的に継続可能なのかが決まってくるだろう。

＊　本章では横浜市こども青少年局のホームページ（http://www.city.yokohama.lg.jp/kodomo/action/）を参考にした。詳細を知りたい方はホームページを参照されたい。

■参考・引用文献
横浜市子育て支援事業本部「平成16年度予算概要」2004年
横浜市子育て支援事業本部「平成17年度予算概要」2005年
横浜市子育て支援事業本部「平成18年度予算概要」2006年
横浜市こども青少年局

（http://www.city.yokohama.lg.jp/kodomo/action/）
横浜市こども青少年局「横浜市における保育資源の種類と定義」
　　（http://www.city.yokohama.lg.jp/kodomo/unei/hoikuseido/file/11933-hoiku.pdf）
横浜市こども青少年局「平成25年4月1日現在の保育所待機児童数について」記者発表資料，2013年5月20日
　　（http://www.city.yokohama.lg.jp/kodomo/kinkyu/file/250520-250401taikijidousuu.pdf.pdf）
横浜市都市経営局「調査季報　横浜の子育て支援」横浜市，2013年
　　（http://www.city.yokohama.lg.jp/seisaku/seisaku/chousa/kihou/172/）

第9章 子育て支援を市民の力で
——大阪府熊取町

1 協働で取り組む子育て支援

　大阪府にある熊取町は泉南地域と言われる，関西国際空港近く，和歌山との県境に近い場所にあり，大阪の中心部よりは電車で40分程度である。人口は4万4544人（2013年3月末）であり，18歳未満人口が8103人となっている。関西国際空港まで電車で15分なのだが，JRの熊取駅前には何もなく，町役場も小さくて古い。役場の1階は狭く，ろくに町民が座るスペースもなく，カウンターの向こうの職員の執務スペースは書類が古いロッカーにぎっしりと詰め込まれ，きれいとはとても言えない。だが，そんな熊取町が，子育て支援が非常に充実している自治体だという。町のキャッチフレーズも「住むなら熊取　子どもが笑顔で輝くまち」である。子育て支援における熊取町の考え方は①すべての子ども一人ひとりを大切にする，②人と人との相互理解，関係づくりを支援，③人と人の関係の中で，新たな取り組みを創造，である。

　熊取町では保育所は8つあるが待機児童ゼロであり，うち1か所では午後10時までの延長保育も実施されている。公設民営の学童保育はすべての小学校に併設され，NPOによって運営されている。また対象児童は小学校6年生まで，午後7時まで開設されており，これも待機児童はゼロ。50年以上前から小中学校ともに給食もある。図書館には児童書が12万冊もあり，乳幼児4か月健診時のブックスタートを始め，読書活動も盛んである（写真9-1）。

　市民との協働による子育て支援も盛んで，ファミリー・サポート・センター

第9章　子育て支援を市民の力で

写真9-1　1年生から6年生までいる
　　　　　学童保育

　事業も提供会員も十分確保できており，ニーズに100％応えている。つどいの広場などもNPOの協力で開設している。さらに，「待つ支援から届ける支援へ」とイギリスのホームスタート事業の勉強会からNPOが立ち上がり，現在では町内でホームスタート事業（訪問型子育て支援）が展開されている。熊取では，「新しい公共」や「協働」といった言葉が生まれる前から，ずっと行政と町民が協力して子育て支援活動を展開してきたという。熊取町の担当者は「町民の力がなければ，こんなにいろいろできなかった」という。それでは，どうやって町民の協力を得られてきたのだろうか。
　もともと熊取町や周辺では戦後繊維工業が発達し，そこで働く女性が多かった。そのため早い時期から，4・5歳児のために公立保育所が開設され，かつ保育料も安かった。しかも町内には長く保育所しかなかったため，保育を必要としない子どもたちも，私的契約で全員入所していたという。当時は三世代同居がほとんどで，農業との兼業で働く人も多かったため，4・5歳児の保育だけで間に合っていた時代だった。ところが，1970年代半ばにニュータウン開発が始まり人口が急増する。流入してきた人のほとんどが大阪中心部や堺市に勤めに出る人たちだった。
　そこで親が運営する共同保育所が生まれ，学童保育の開設要望の動きもすぐに起こり，1979年には公設民営で最初の学童保育が小学校1～4年生対象で始まり，81年には高学年の5・6年生にも試行実施された。それがまた若い共働

第Ⅱ部 子育て支援の現場から

き世帯を呼び寄せることとなった。

　自分たちの町を良くするには，自分たちで動かないとだめだ，「自分たちで助け合おう」という考えはもともとの住民の間にもあったが，この新しく70年代に流入してきた住民たちも「町にお願いするだけではダメよね。町がなんでもできるわけではないんだから」と，とても前向きな人たちだったという。そのためボランティア活動や自治会の活動なども活発に展開されてきた。町内に自治会は38あり，この自治会長の会合には町長も出て，町の課題や行政の現状についての説明や意見交換を常に行ってきた。さらに，自治会長から地元の人々へ情報が流される。

　町長に言わせると「町の規模がちょうど良いのではないか。町の半分は山で半分の平地に住んでいる。様々な問題もどこか知らない地域の話ではなく，"あそこの課題"とわかる。適度に顔の見える関係で，自分たちの問題でもあると捉えることができるし，行政の限界もよくわかる。また一生懸命，町をあげて子どもや子育て中の親を応援したら，いずれ自分たちも地域のために何かしようという人たちが育ってくると思う。地域にとって良い循環が生まれる」という。

2　子育て支援を支える市民の力

　子育て支援における市民の活動が大きく前進したきっかけは，2002年3月に策定された「母子保健計画　みんなで子育て計画」を，前年度から1年をかけて住民と一緒につくったことだ。子育て中のお母さんたち20人で住民ワーキンググループが組織され，30回ものワーキング会議を開催されただけでなく，アンケート調査の集計やインタビューのテープ起こし，「熊取でこんな子育てをしたい講座」の開催，計画素案から計画リーフレットづくりまで，このワーキンググループが担ったのである。

　そもそもこの計画書の最初に当時の町長が「本計画は住民の皆様による自発性・主体性のあるコミュニティー作りまでを目標とした計画ですので『住民運

動計画』といえるものです」と述べ，さらに「計画づくりを通した地域づくり」という発想で，子育て中のお母さんたちにワーキンググループをつくってもらったとしている。そして，この計画策定過程そのものが，住民参加によって当事者のニーズをくみ取ることであり，さらに頻繁に実施されたヒアリングや勉強会が母子保健事業の広報と情報公開を兼ねていたと思われる。報告書には，パソコンの横に赤ちゃんを座らせながら，アンケートの集計をしている母親の写真なども掲載されている。またアンケート調査も小学生や中学生にも実施し，インタビューも子育て関係者だけでなく普通の親たちにも行うという，まさにすべての人を何らかの形で巻き込みながら策定されたものだった。

計画の概要をまとめたリーフレットにもママ・パパ・ぼく・私・おじいちゃん・おばあちゃんの声を載せ，「親の姿」「子の姿」「地域の姿」をまとめている。「みんなで子育て主要施策」は①気軽に誰もが集える地域づくり，②疾病を予防し病気の時も安心なまちづくり，③障害のある子どもも安心して暮らせるまちづくりである。2004年に義務化された次世代育成計画の先取りとも言える内容になっている。

さらにこの時にワーキンググループに参加した人たちにとっても，当事者として声を上げ，自分たちで町民の声を聞き取り，一つの計画としてまとめ上げる過程は，様々な行政の仕組みや政策やその限界について学ぶ貴重な経験であった。また，子育てに関する生の情報等を提供するのは民間の方が有効であり，「何でも行政がすればいいというものではないね」ということもわかる人たちが，地域に生まれることになった。実際この人たちがその後PTA活動や地域でのボランティアとして活躍し，その後，熊取町で子育て支援のNPOを始めた第一世代となっている。

日本全体で見ても1990年代ごろから「公園デビュー」ということが言われたり，「孤立した子育て」が話題になりだしていた。日本で初めて，乳幼児の親子が集う公的施設がつくられたのが，1992年の武蔵野市の「0123吉祥寺」であるが，他の自治体ではこういった施設は当時皆無であった。このころに子育てをしだした母親は男女雇用均等法以降に働き，結婚や子育てで家庭に入った人

が多く，若くてエネルギーにあふれていた。一方，育児環境がかつてとは激変しているにもかかわらず，子育て支援の環境は整っていなかった。そのため自分たちでなんとか友達づくりを進めたり，子育てしやすい環境を作ろうと，育児サークル活動を始めるお母さんたちもいた。

　自治体によっては，こういった育児サークルを支援したり，お母さんたちに子育て情報誌を作成してもらう等，積極的に彼女たちの能力やエネルギーを活用しようというところもあった。熊取の場合は，母子保健計画作りがそういったお母さんたちの発掘のチャンスとなり，自分たちの地域にはすでに何があり，一方，子育てのために新しく何が必要かを計画策定を通じて知った彼女たちが，自らの力で動き出したのである。そして熊取のみならず，全国の各地でつどいの広場や様々な子育て支援のNPOを運営しているのはこの世代であり，彼女たちの多くは40代となり出している。

3　ファミリー・サポート・センター事業の会員獲得

　熊取町の特徴は昔から住んでいた人と，新しくニュータウン開発以降から入ってきた人たちとがうまく融合していること，また，NPOと自治会や民生委員等，古くから地域活動に関わっている人たちの連携がとれていることだ。様々な場所で，昔からの自治会や民生委員と新しくできたNPOとの関係がぎくしゃくしていると聞く。熊取町の場合はどうやってこの問題を乗り越えているのだろうか。例えば，熊取町の場合，ファミリー・サポート・センター事業でも十分な提供会員が確保できている背景には2つの要因がある。ファミリー・サポート・センター事業の事務局は学童保育も運営しているNPO熊取こどもとおとなのネットワークが担っている。これは1978年から親が自主的に学童保育を運営してきた活動が母体になり，2000年にNPO法人化されたものであり，2010年から「ファミリー・サポート・センター熊取」を運営している。熊取町の学童保育はすでに35年以上の歴史があるため，OBの保護者たちの中にはすでに仕事を引退した人もいる。そこでまずは学童保育OB保護者のネッ

第9章 子育て支援を市民の力で

トワークを通じ「若い世代の子育てを手助けして」と依頼したことが大きい。自分たちも共働きをしながらの子育てで苦労してきたため、「助けになるのなら」と提供会員になってくれた人もいる。また自治会の会合を通して、町も今の子育ての大変さを説明し、提供会員を募った。自治会長が地区でやれそうな人を探してくれたのだ。こうやって提供会員が現れるのを待つのではなく、積極的に発掘したのである。

4　NPOと地域の人々との連携でホームスタート事業の展開

　熊取町では子育て支援において「親と子の成長を支えるための4つのキーワード」で体制整備を行っている。①情報整理（適切な情報の整理）、②学習と居場所（共に悩み成長する仲間と居場所づくり）、③相談（訪問）（悩みを整理し自分に向かい合う場づくり）、④育児サポート（地域協働により育児をサポート）、であり全体の事業体系は図9-1のようになっている。

　最近では、民生委員や主任児童委員、子育て支援のNPOが、新しいNPOを作り、イギリスのホームスタート事業（訪問型子育て支援事業）を始めている。2009年に大阪府では、各市町村の子育て支援事業を調査・集積して互いに学び合うという、「あゆみ・はぐくみプロジェクト」が実施された。その時に海外の様々な子育て支援を学ぶ中で、イギリスのホームスタート事業について熊取町の保健師が知ったことがきっかけだった。

　これはイギリスで1973年に一人の児童福祉のソーシャルワーカーが始めた事業で、子育て経験のあるボランティアが子育てに悩む家庭を訪問して、悩みや話を聞きながら必要な支援に結びつけていくというものである。現在では虐待予防の大きな効果があるとして、ヨーロッパを中心にアフリカやアジアも含め、世界の22か国で導入されているシステムである。

　そもそも1990年代に盛んだった育児サークル活動がだんだんとなくなり、かわりに様々な子育て支援事業が展開されているにもかかわらず、最近では、つどいの広場や子育てサロンにも来ない、ファミリー・サポート・センター事業

第Ⅱ部 子育て支援の現場から

○親と子の成長を支えるための「4つのキーワード」で体制整備
　①情報整理（適切な情報の整理）
　②学習と居場所（共に悩み成長する仲間と居場所づくり）
　③相談（訪問）（悩みを整理し自分に向かい合う場づくり）
　④育児サポート（地域協働により育児をサポート）

	情報整理	学習と居場所（集団）	相談と訪問（個別）	育児サポート	人材育成
	子育て情報誌の発行・情報提供DVDの作成等	子育て学習あいあい・まちゃん教室、子育てコミュニティ・ノーバディズ・パーフェクト・プログラム	すこやか（障がい）、おやこ教室、つどいの広場事業・保育所子育て広場	養育支援訪問、保健師訪問、ホームスタート、こんにちは赤ちゃん	子ども家庭相談、保健師相談、すくすく相談	ファミリーサポートセンター事業	
約10%						
約30%増加傾向!!						
約20%						
約40%						

虐待等、子ども家庭課による相談・介入の必要な親子
保健師による個別支援が必要な親子
引きこもりがちな孤立した親子
子育て支援事業に自主的に参加できる親子

図9-1　熊取町の子育て支援のニーズ別体系図

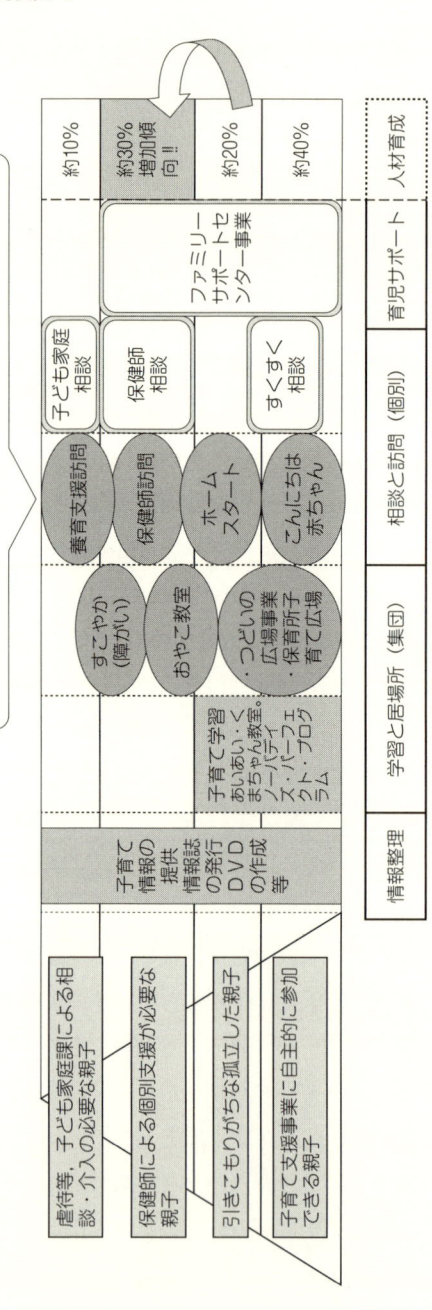

注：これは熊取町の子育て支援を親子のニーズ別に体系化したものである。熊取ではまず親子のニーズを4段階に分類するとともに、体制整備の「情報整理」「学習と居場所」「相談」「育児サポート」という4つのキーワードで行っている。これによって、もれのない子育て支援の制度体系が形成される。ここでは、最近では「保健師による個別支援が必要な親子」が増加傾向にあり、親子全体の30%程度となっていることがわかる。

150

も利用しないという孤立した親子が目立つようになってきている。「広場に来る人はいいけど，家に閉じこもっている人への支援はどうすればいいの？」というのはすべての子育て支援者が抱える課題である。熊取の民生委員や子育て支援のNPOも同じことで悩んでいた。

　少子化が進展する中で，子育て支援には常に「昔の母親はもっと大変な状況で農作業や家事を担いながら4人も5人も育てていたのに，専業で一人か二人の子を育てるのになぜ支援が必要か」と批判がつきまとってきた。だが，熊取町では先にあげた「みんなで子育て計画」をつくる中で，今の子育てが地域との交流がまったくなく，孤独でつらいものになっている現状があぶり出されている。そして子どもは「家庭」と異なる役割のある「地域」があってこそ，人間関係や社会性を身に付けることができると，確認されている。社会と隔絶された家庭の中だけでは子どもは育たない。だからこそ，引きこもっている親子と社会をつなげていく子育て支援が必要となっているのだ。

　熊取町では子育て中の親子を俯瞰して，先の図9-1で見たように，①虐待など，子ども家庭課による相談・介入が必要な親子が10％，②保健師による個別支援が必要な親子が30％で増加傾向，③引きこもりがちな孤立した親子が20％，④子育て支援事業に自主的に参加できる親子が40％と見ている。

　そこでイギリスのホームスタート事業について学んできた保健師が「この事業には，子育て支援で求められている物を実現する新しい可能性がある」と，民生・主任児童委員や子育て支援の2つのNPOに声をかけて勉強会を始めた。昔は様々な子育て関係のイベントで顔を合わせていた民生委員やNPOであったが，つどいの広場の授業を受託するなどして，それぞれが自分たちの活動で忙しくなり，互いの交流機会が少なくなっていたという。そうすると一緒に子育て支援をする仲間でありながら，関係がぎくしゃくし出す。というわけで，改めて一緒に新しい支援について学び，連携の可能性を探ろうと集まった。

　この過程で，「待つ支援」ではなく，家庭を訪問する「届ける支援」が必要だとみなが気づいた。そこで，主任児童委員とNPOのメンバーが集まって新しく，「NPO法人ホームビジットとんとん」を編成し，2012年8月より事業が

第Ⅱ部　子育て支援の現場から

写真9-2　ホームビジター養成講座の様子

開始されることとなった。

　ご存知の通り，最近ではまず，すべての赤ちゃんが「こんにちは赤ちゃん事業」で訪問を受けることになっている。その時に深刻なケースだと判断されると養育支援訪問事業につながり，保健師や児童福祉司が直接ケアすることになる。だが，それほど深刻ではないが，様々な子育て支援事業にも参加せず，なんらかの課題を抱えていると思われるグレーゾーンにいる親子へのフォローがこの事業の目的である。

　家庭訪問はオーガナイザーとホームビジターと言われるボランティアの2者で行われる。オーガナイザーは，NPO法人ホームスタート・ジャパンにおいて子育ての専門知識に関する研修を受講し，認証を受けた人である。ボランティアも7日間にわたるホームビジター養成講座を受けている（写真9-2）。一つひとつの家庭に，まずオーガナイザーは初回訪問し，次にビジターの紹介を兼ねて同伴訪問，その後ビジターが3〜4回訪問し，最後にオーガナイザーが訪問することにしている。一つの家庭に丁寧に関わることが目標である。そうやって話を聞き，悩みを解きほぐし，健診や広場など外の子育て支援の事業に親子が出ていけるよう，困った時にはちゃんと自分の問題を外部に相談できるように，地域との橋渡しをすることが役割である。

　例えば，「離乳食のつくり方がわからない」というお母さんには，その家のキッチンで，そこにある道具を使って一緒につくってみる。言ってみれば地域のおばあちゃんのような役割だ。「子どもとの遊び方がわからなかったが，ビ

ジターさんが一緒に遊んでくれて，子どもとの関わり方がわかった」「子どもと二人きりで家にずっといるのはしんどかった。一番つらい時期に訪問してもらって支えてもらった」「下の子が生まれ，上の子に関われなかった。ビジターさんに下の子を見てもらい，上の子と思い切り遊べて，上の子の気持ちが安定した」といった感謝の声が利用者からきている。

　ホームビジターになった人も「特別なことをしなくても，おかあさんの話を聞き，気持ちに寄り添うことで問題解決になることを学んだ」「人との出会いを実感できる。自分の子育てを支えてもらったので，役立ててうれしい」といっている。

5　次の世代の育成

　もちろん熊取町でも悩みがないわけではない。これも全国のNPOが抱えるのと同じ課題，次に引き継ぐ世代が現れるかということである。多くの子育て支援のNPOの主力が40代後半になりつつあり，子育ての当事者ではなくなりつつある。また子育て支援の基盤が整備・充実してきたがゆえに，多くの親にはそれが当たり前のものであり，誰かが支えなくてはならないものであるとか，ましてや，自分は単なる利用者であり，支える側に回るという考えをもたなくなってきている。さらに再就職したいという時期もどんどん早まり，保育所に入れるなら，なるべく早く仕事を始めたいという人も増えている。また，能動的に動く人も少なく，「言われないと動けない」「個人でバラバラ」という人が多いのも世代の特徴になっている。ところがそういう人たちが子育てをしているのであり，熊取町では市民の協力なくては様々な事業が立ち行かない。そこで，次の世代を育てる試みも始まっている。

　子育て当事者である若い親に，地域の資源や行政・社会の仕組みを知ってもらい，主体的に動ける人になってもらおうと，お父さん，お母さんを巻き込んで子育て応援DVDを作成してもらったのだ。撮影指導をボランティアに依頼し，その指導のもと，親たちが様々な子育て支援事業を取材し，30分のDVD

が完成した。親たちにとっては，自分の意見を周りの人に聞いてもらえる，それが形になっていくという喜びを味わう活動だったようだ。その過程で地域の様々な人と出会ってつながってもらいたい，という担当者の思いもあった。

　もちろん，担い手の世代交代が迫られているのは子育て支援の分野だけでなく，高齢者介護の分野ではもっと深刻である。もちろん個々のNPOでの次世代育成も重要であるが，現状ではそれぞれのNPOは活動をまわしていくのに精一杯で次世代育成まで力が回らない。そこで行政の役割もあるのだが，長岡市のように生涯教育を戦略的に使う可能性もあるだろう。だが熊取町ではまだ，福祉分野での地域人材の育成と生涯教育の連携はできていない。いずれにせよ地道に学びと交流の場を展開していくことが重要だろう。また生涯教育は生涯教育課だけの専売特許でもない。子育て支援拠点やNPO，保育所といった様々な場所で大人が学び，地域とつながっていく経験をつむことにより，「子育てを助けてもらった経験」から「助ける経験」へと循環する仕組みをつくっていくことができれば，熊取町の子育て支援がずっとつながっていくことになるだろう。

6 ｜ 子ども家庭課・教育委員会との連携

　熊取町では2006年より子どもの保健と福祉を統合し，子ども家庭課を設置した。さらに教育員会の指導主事には子ども家庭課との兼務辞令が出ている。一昔前は福祉系の職員が学校現場に入ることには大きな抵抗感があり，縦割りもあった。だが，キレやすい子が現れたり，親の対応にも学校が四苦八苦するようになる過程で，次第に子どもの教育と家庭は一体の問題であり，家庭の問題を解決しない限り子どもの教育の問題も解決しない，との理解が広まり出した。要保護児童のカンファレンスなども福祉と教育と合同で10年以上前から年に100回以上，行ってきたからだ。

　そこに兼務辞令が出ることにより一気に教育と福祉の連携が進むことになった。今では学校ごとに気になる子のリストが作成され，子ども家庭課の職員と

写真9-3　ボランティアによる登下校の見守り

共有されている。さらに，障害のある子や特別な配慮が必要な子どもには「きずなシート（個別の教育支援計画）」というものが就学前から作成され，児童についての様々な情報が個人のみならず，関係機関からのものも記載されている。2010年には子ども家庭相談を充実させるために，スクールソーシャルワーカーが配置された。

また，教育委員会と子ども家庭課のしきりも一気に低くなり，小中学校が職業体験や命の授業で保育所を訪問するなど，交流も活発になっている。特に思春期の難しい中学生が，保育所で赤ちゃんとのふれあい授業に入ると，みるみるうちに明るくやさしい表情になるのが見てとれるという。実は中学生と子育て中のお母さんたちとの交流体験もある。小学生は自分たちでつくった紙芝居などを，保育所で披露してくれる。兄弟数が減っている中で，年代の違う子どもたちとの交流は，とても貴重である。

今では行政の中に0歳から18歳までをカバーする「豊かな子ども育ちネットワーク」がつくられている。また2013年10月には教育委員会と子ども家庭課が同じ建物に入って「教育・子どもセンター」がつどいの広場併設でオープンした。めざしているのは，「教育・子育て・保育の企画調整機能の強化」「相談体制ネットワーク機能の強化」「情報発信機能の強化」だ。

熊取町では登下校の見守りのボランティア活動も活発である（写真9-3）。町の人たちが子どもを支援する活動に熱心なのには，熊取の人々の気質だけで

なく，悲しい事件のこともある。実は2003年に，下校途中の小学生の女の子が行方不明になる事件があった。女の子は10年たった今も見つかっていない。そのこともあり，多くの人が熊取の子は自分たちが守って育てなくてはいけない，一人ひとりが気にかけて目配りすれば事故は防げるはず，という思いで動いている。

■ 参考・引用文献
　熊取町「熊取町母子保健計画　みんなで子育て計画」2002年
　熊取町「熊取町次世代育成支援対策地域行動計画」2010年
　熊取町「熊取町協働憲章──『みんな』が主役となりすべての'ちから'を結集する協働・参画を目指して」2010年
　　(http://www.town.kumatori.lg.jp/ikkrwebBrowse/material/files/group/4/kyoudoukensyou_kakutei.pdf)
　熊取町「子育てしやすい町くまとり」
　　(http://www.town.kumatori.lg.jp/kosodate/index.html)

第10章 子育て当事者から支援者へ
——大阪府富田林市

　各自治体で子育て支援のやり方は様々だ。熊取町や横浜市のように，市民との協働をかかげ，NPO等の市民の力を得て子育て支援基盤の整備を進めているところもあれば，「そもそもうちにはNPOがない」というところもある。だが，今後様々な子育て支援策をすべて公務員で担うことはできないし，直営だけでは多様な展開ができない。いかにして様々な形で市民の力を借り，一緒にやっていくかが非常に重要になる。また当事者が支援の提供者側にいれば，今，何が必要か，何が求められているのかを，素早く現場に反映することができる。そこで，ここでは，子育て支援活動に従事しているNPOの人たちがなぜそういうことを始めたのか，という事例を紹介したい。またNPOは時間を経るとスタッフの年齢も上がっていく。そこをどう乗り越えるかという工夫も参考になる。また未だに「なぜ子育て支援が必要なのだ」と考える人もいるだろう。ここにあげた事例は，子育てに悩む母親がどうしてそうなるのか，悩んでいる最中に何が起こっているのかを知って頂く参考にもなるはずである。

1 学生結婚

　大阪府富田林市。南海高野線の金剛駅から古い公団の団地のある駅前の坂を登って5分のところ，古い鉄筋の一軒家でつどいの広場事業「ほっとひろば・ふらっと」が開催されている。祝日を含む月曜日から土曜日まで毎日，午前10時から午後4時まで。利用は無料だが，200円出せばコーヒーとお菓子が出る。ゆっくりコーヒーを飲みたいお母さんの場合は，その間スタッフが子どもを見

第Ⅱ部　子育て支援の現場から

写真10-1　ふらっとスペース金剛の外観

てくれる。古い家は，おばあちゃんの家，実家のような雰囲気だ（写真10-1）。ここを運営しているのが，特定非営利法人ふらっとスペース金剛である。この法人の代表が40代前半の岡本さんだ。

　岡本さんはなぜ，子育て支援に関わるようになったのだろうか。彼女と子育てのこれまでを見てみよう。和歌山生まれの岡本さんは親元から離れて大学生活を送っていたが，大学4年生の夏に予期せぬ妊娠をした。友人たちはみな就職先を決め，将来の夢を語っている。それを横目に「自分の人生はどうなるのだろう」と不安になり，産むべきかどうかさんざん悩んだ彼女は祖母に相談する。何人もの子どもを産み，また病気で子どもを死なせた経験をもっている祖母の「生まれて元気に育つ子もいれば，死ぬ子もいる。子どもは授かりものだから思うようにはいかん。はじめから親の人間はいないんやし，子どもが親にしてくれる。心配せんでもええ」という言葉で，子どもに会いたいと心から思えるようになり，出産を決意した。

　卒業式の3日後に出産し，出生届と結婚届をいっしょに出した。ただ，友人が就職し社会人として様々な経験を積んでいく中で，自分は就職もせず母親になる，という焦りを感じた。それなら，理想のお産や子育てをして，仕事をするより誇れる深い経験をしようと考えた。そこで，自然分娩を目指し，助産院に通い，運動も食事も気をつけたのだが，結局は前期破水で緊急帝王切開になり，大きな挫折感を味わった。

第10章 子育て当事者から支援者へ

しかも夫の勤め先の京都での親子三人の生活は，孤立していた。夫以外の誰とも話すことなく，毎日ベビーカーをおして琵琶湖疎水沿いをひたすら歩いたり，京都のまち中を放浪していたという。友人たちはみな新入社員として張り切って働き出しているころで，自分の子育ての状況など話せるわけもないし，友人がわかるわけでもない。大人と会話のない毎日は，自分の存在が社会とつながっていない，社会に居場所がなく"社会人ではない"という疎外感を感じる毎日だった。本来なら赤ちゃんと過ごす幸せな時期のはずだが，終わりのない日常に息がつまりそうだった。大学を出てすぐ母親になった岡本さんには，どうやってママ友をつくればいいのか，どこに行けば同じような子育て中の母親に会えるのか，それすらわからなかった。夫は次に大阪に転勤になり，ようやく子どもを通して公園などで人間関係を築けるようになってきたころ，2人目を出産するが，この子が重症のアトピー児だった。そして2人目のわずか生後5か月で，今度は東京転勤になった。

2 良い母親・理想の子育ての呪縛

「空気のきれいなところがアトピーにはいいかも」，と東京の西の端にある八王子市の公団の14階建の高層マンションの8階に住んだ。これが大きな間違いだったという。通勤に時間がかかり，夫は夜勤仕事で夕方から朝まで家に帰ってこないし，なれない東京暮らしでヘトヘト。マンションは上下階をエレベーターで移動するだけで，人とはほとんど会わない。高層マンションでは外に出るのもおっくうになる。下町のアパート等に住んでいれば，自然と人と出会い言葉を交わす人にも出会えたかもしれないが，どんな人が住んでいるのかわからず，長女の幼稚園の友達家族を除いてはまったく知り合いができなかった。

上の子は4歳で幼稚園に入ったが，次女にかかりきりになる親の注意を引こうと，赤ちゃん返りをしておもらしをしたりする。アトピーの次女は体中をかきむしり，包帯からは膿と血がにじみ出ている。むずかって熟睡できず，泣いてぐずるので，岡本さんは赤ちゃんを抱いて，一晩中うつらうつらですごす。

様々な病院に行くが、どの医者も違う治療法を指導し、少しも症状は改善しない。何が何でも母乳で育てようと考えていた岡本さんは、子どもにアレルギーが起こらないように、自分自身も何もかも除去した食事しかしなかった。おかげで岡本さん自身がやせ細って体重も36キロになり、髪も抜け、精神的にも肉体的にも追い詰められていく。それでもアトピーに悪いからと、ひたすら布団干しや掃除をくりかえす。

上の子が幼稚園に通っているのなら、そこで知り合いもできそうだが、幼稚園に送り迎えする体力もなくなり、思考停止状態になっていく。子どもが浴衣で盆踊りのお披露目をする日に、普段着で行かせたり、持ち物もちゃんと用意できなくなる。幼稚園に行っても、アトピーで体中に包帯を巻いている赤ちゃんを抱いて、老婆のようにやつれていて、他のお母さんと仲良く過ごせる余裕が、精神的にも肉体的にもなかった。

毎日が苦しく、当時の記憶は全部白黒だという。マンションのベランダからきれいな景色が見えたはずだが、どの記憶にも色が付いていない。夫は夫で、家に帰ってくるのが怖かったという。妻の様子があまりに悲惨で、「ただいま」とドアを開けたら親子心中しているのではないか、とビクビクしながら帰宅していた。それでも若い夫婦は、誰かに助けを求める、ということも思いつかなかった。なぜなら岡本さんは、「大変だ」と認めると自分が崩れそうで、「2人の子がいて私は幸せ」と毎日自分に言い聞かせるように言っていたからだ。

岡本さんが体力も落ち、注意力散漫になっていた時に、上の子が大けがをした。その時駆け込んだ救急で、下の子に気づいた看護師が、東京の世田谷にある国立小児病院（現・国立成育医療研究センター）に行きなさいと勧めてくれた。

藁をもすがる気持ちで行った病院では、ソーシャルワーカーが岡本さんにアンケートをとりながら面接をした。その中に「子どもをかわいいと思えない時はありますか？」という質問があった。ペンを動かせなくなった岡本さんは、だいぶ時間がたってから「はい」に丸をつけて、その場で泣き崩れた。その時にソーシャルワーカーが「お母さん、今まで一人でよく頑張ったね。これからは一緒に頑張りましょう」と声をかけてくれたという。「子育てが苦しい。つ

らい」という気持ちを初めて自分に正直に認め，人に話せたのだ。

　自分の状況を自分自身で受け止め，人に助けを求められるようになって，生活は少しずつ改善していった。以前から「送り迎え行ってあげるよ」と，気にかけてくれていた娘の幼稚園友達のお母さんに，お願いすることもできるようになった。また，幼稚園の先生に相談し，延長保育の定期利用を申し出ることもできた。家事代行のホームヘルプサービスにも助けられた。家から出づらい状況を理解して，市の職員が日曜日の夜にもかかわらず，ファミリーサポート事業のビデオを持って自宅を訪問してくれて，すぐにサービスを利用できるようにしてくれたことも心強く感じたできごとだった。

　そうやって子どもの状況が良くなると，自分の状況も少しずつ良くなってきた。だがそれでも，自分の思い込んでいた理想の子育てとの葛藤があった。

　例えばお医者さんは「母乳を止めたら？」と言う。除去食をやりすぎて栄養失調状態では，母親にとっても良いはずがない。医者にしてみれば当然のアドバイスなのだが，「良い母親は母乳で育てる」と信じ込んでいた岡本さんには，医者が理想の育児を壊す敵に見えた。他のことでも「理想の育児」「良い母親がすべきこと」「母親が守るべきルール」と自分が信じていたものと，まったく違うことを医療関係者が話す。家事もろくにできない専業主婦である自分。一体自分が信じていた「良い母親」とは何だったのだろう，と再び挫折を味わった。

　その頃，同じマンションから男性が飛び降り自殺した。男性が下のコンクリートの上に倒れているのを，自宅のベランダから見たが，その時には自分がそこに倒れているような錯覚を覚えた。その男性は「病気で失業し悩んでいた」と，うわさで知った。「自分も近くに住んでいて，どうして話を聞いてあげられなかったのだろう，すぐ近くに住んでいたのに，なぜ知り合えなかったのだろう，すぐ壁の向こうに人がいるのに，ここはなんて寂しいところだろう」，と心がキリキリした。ある日，スーパーに行き，店内でぐずる長女をもてあまして「そんな子は知らない」と先に店を出ると，長女は店の外の路の上に座り込み「おかあちゃーん」と泣き叫んでいる。陰から見ていると，泣く子の横を何人もの大人が過ぎ去っていくのに，声もかけないし，関わらないように子ど

もの横を大回りして過ぎていく。それを見て「私たち親子は社会から見捨てられた」と涙が止まらなかった。

そんな様子にさすがに夫は危機感を抱き、「このままでは妻が自殺します」と会社に掛け合い、大阪に転勤希望を出し、富田林市に来た。引っ越しの翌日、ホームセンターで買い物していると、通りかかったおばちゃんたちがみんな、子どもを見て、「かわいいなあ。いくつなん？」と声をかけてくれる。知らない人が声をかけてくれた初めての経験だった。それだけで涙があふれてきて、ここなら子育てできる、と思ったという。

3　自分たちの居場所をつくろう

子育てしている専業主婦は社会から孤立している気がして、「社会人」とは何なのか気になり、社会福祉士の勉強も始めた。託児付きの様々な講座に出たり、生協の子育てサークルにも入り、友人や子育て仲間を見つけていった。かつての自分のことを思い起こすと、「子育てで悩んだり孤立している母親は、きっといるはず」、「そんなお母さんたちを応援したい」という気持ちが強くなってきた。「せめてコーヒー一杯をゆっくり飲みたい」、というささやかな願いをかなえる場所、安心して子連れで集まれる子育て中の母親の居場所を作りたいと思った。

今思えば無謀だったが、2003年1月に仲間10人で月5000円を出し合い、今の空き家を月5万円の家賃で借りることにした。古い住宅街なので、近所の人にとっても驚きだった。最初は放置されて草も伸び放題だった家に人が来るのは歓迎だったが、不特定多数の親子が出入りする場だと知ると、やはり子どもの声などを嫌がる人もいた。だが、住宅街も高齢化している。そこで、みんなの負担になっている自治会の会計の仕事を引き受けたりもした。さらに公民館がない地区なので、地域の会合などに、居場所を夜や日曜に開放すると、近所の人が喜んでくれた。昼間いつでも人がいる場所がある、というのが心強いというのに気づいてくれたのだ。そのうち、近所の高齢者の人が、「この書類は

第10章　子育て当事者から支援者へ

何？」と市役所から来た手紙を持ってきて，「説明して」と頼みに来るようになった。

　そうこうするうちに，新しい子育て支援施策のメニューに「つどいの広場事業」というのがあるのを知り，「これが私たちのやりたいことだ！」と厚生労働省まで電話して，ひろばの関係者の研修会に参加した。一方，自分たちで始めた親子の居場所を続けるために，NPO法人格を取得し，ありとあらゆる助成金や補助金を申請し，利用者からは1回500円払ってもらった。それでも定期的に来る人が28人はいて，最初は週1回開催だったのが，もっと長く頻繁に開いてという声があり，午前中だけから午後も，週1日が2日になり，3日開設となっていった。居場所を提供する側は純然たるボランティアで，しかも家賃まで負担している。どうやったら続けられるかが，大きな問題だった。並行して，富田林市の子育て支援担当の窓口にも「こういう事業が国にあるんです。富田林でもやりませんか」と働きかけていたが，いっこうにらちが明かないまま2年以上が過ぎ，ボランティアベースで続ける限界まで来ていた。

　その後市長が代わり，「市長とお茶でもどうですか？」という市長と市民が意見交換する場が設定されることになった。早速応募し，市長とふらっとスペースのみんなが会い，どうして子育て支援が必要かを説明した。市長は多くの兄弟の中で育った人で，やはり「なんで子育てを支援せなあかんねん？」と聞く。「市長，本当にお母さんだけで育てられました？　兄弟が多かったということは，兄弟どうしで育てあってたんと違いますか？」と聞くと，「そうや。弁当も姉ちゃんがつくってくれて，授業参観も姉ちゃんが来てくれたこともある」と，市長が次第に思い出す。この他に，学校の帰りに近所の店のおっちゃんが声をかけてくれて，そこでひとしきり話してから家に帰ってきたなど，近所の人たちがかわいがってくれたこと，子どもが多いと，できのいいのも悪いのも交ざっていて，母親もそれが当り前と考えていたことに気づいてくれた。そこで，地域に人のつながりがなく，一人で孤独な育児を母親がしていることや，たった一人か二人の子育てだからこそ，子どもを通じて常に母親が評価されるしんどさを，みんなで必死に市長に説明した。それが実り，2005年8月に

163

写真10-2 みんなで一緒に遊びながらおしゃべり

つどいの広場事業として認められ、市の委託を受けるようになった（写真10-2）。

4 活動体から事業体へ

　行政から補助金が出る事業を実施するのだから、これまでのサークル的な活動体から事業体とならなくてはならないし、公益的活動を実施する責任も発生する。これまで、毎回500円払って支えてくれていた利用者の中には、「私たちの居場所じゃなくて、みんなの施設になるの？」と悲しんだ人もいた。当時の富田林市には行政とNPOの協働のルールもなく、一つひとつを手探りで模索しなければならなかった。

　そうやって始めると、同じ市内から1時間かけて電車を乗り継いでくる人もいることがわかった。そこで、市内各所にある公的施設を借りて、週に3日程度出張広場も始めることにした。最初の6か月は自主事業だったが、その後は正式の広場事業となり、4か所で実施している。というわけでふらっとスペース金剛では週6日型1か所、週3日型3か所の広場事業を行っている。

　こうやって当事者が始めた活動の継続性はどうなっていくのだろうか？　岡本さんに率直に聞いてみた。現在、法人のスタッフのうち8人は立ち上げ当初からいた人たちで、その後、利用者から2人の人がスタッフになっている（総勢は20人）。

岡本さんもすでに下の子も中学3年になっており，もはや子育てに悩む内容が変化してきている。岡本さんは正直に「だんだん乳幼児期，子育てに苦しんでいたころの記憶が曖昧になり，今の自分のものさしで他のお母さんの育児を見てしまう」と話す。だが，スタッフにはいろんな世代がいた方が支援の層が厚くなる。ちょうど子育て真っ最中のスタッフから，ちょっと先輩，だいぶ先輩がいると，子どもが成長していく道筋を踏まえて様々な支援ができる。それに夕方や夜の支援活動には，すでに子どもが大きくなっているスタッフも必要だ。実は，子連れでスタッフが働くことをどうするか，も議論したそうだ。子連れのみんなが始めた居場所が公的な事業となり，スタッフとして働く時に子どもを連れてきていいのかどうか話し合い，子連れで働くのを OK にした。子どもを連れて働くのはマイナスばかりでなく，上の年齢の子を見るだけでも利用者には子育ての先を見通せる助けになる。

　また広場を始めると，様々な子育てニーズがあることに気づく。それと共に，その時のライフステージに応じた多様な働き方ができる場をつくりたい，という思いもあった。そこで今では事業は①子育て支援，②女性のエンパワメント事業，③地域づくり事業の3本立てになっている。例えば，②女性のエンパワメント事業は，少ないが収入に結びつき，かつ社会的にニーズのある時間決めの預かり保育やイベントの時などに託児を行う出張保育，「一緒に子育てヘルパー」という自宅に訪れて，保育や家事援助を行う活動である。この子育てヘルパーはさらに発展し，千早赤阪村から頼まれ，養育支援事業として子育てに課題のある家庭に入り，ケースワークも行う事業としての委託も受けている。

　地域の関係を取り戻し，地域で様々な人が関わって子どもを育てようというのが，③地域づくり事業である。一つは夏休みの学童保育代わりの「夏休み寺子屋」と，月に1回集まって，普通ではできない体験を大学生リーダーと一緒にする「子どもわくわく体験隊」だ。親子だけではできない多彩な経験ができるし，大学生と小学生の出会いの場にもなっている。

　それに女性たちの応援も始めたいと考えている。子育て中のお母さんは「自分はいろいろやる能力がない」と卑下していたり，社会とのつながりが切れて

いる人もいる。広場に来るだけでなく、それぞれの能力を活かしてもらおうと、まずは「ふらっとギャラリー」を広場の一角に設置し、お母さんたちの手づくり品を展示して販売するスペースをつくっている。そうやって社会に参画している実感をもってもらいたいと考えている。この背景には岡本さんの経験がある。

　実は岡本さんは社会人向け大学院で勉強しようとしたことがある。その時の願書に、主婦という項目がなく大学に電話したところ、「就業している人が対象です」と言われ願書を提出する勇気が出なかった。「子育ては社会人の営みとはみなされていない」と言われた気がした。職歴がなく、学生からずっと主婦をしてきた岡本さんにとって、それは社会から自分が否定されたような経験だった。子育てしながらでも社会に関われる、できることがある、という実感を若いお母さんにもってもらいたい。アイデアは次から次にある。例えば富田林市には、80歳以上の方にお祝い品を届けるという長寿祝賀事業というのがあるが、赤ちゃんがいるお母さんが、親子で敬老祝い品を持ってお祝いを伝えにいったらどうだろう、と考えている。高齢者と赤ちゃんや若いお母さんが言葉を交わすチャンスになるし、数百円でもいいからお母さんたちに謝金がはいらないかと考えている。

　子育てから手が離れたお母さんたちの応援も始めた。「できること咲かせましょう」プロジェクトだ。できることを登録してもらい、ひろばでの講座の講師などをしてもらおうというものだ。「こういうことできる」という人と「してほしい」人を結びつけることも始めている。さらに再び自分の技能や技術を活かして何かしたいというお母さんたちの応援スペースとして、すぐ近くの公団の1階1室を借り、「ふらっとシェアルーム」を開設している。広場の活動を超えて、様々なことをやりたい人が場所を利用して活動できるように工夫をしている。この部屋の大家さんは年配の女性で、「そういう場所があったらいいわね」と自ら物件を購入し、「ふらっと」に貸してくれているのだ。

　年齢が上がったスタッフは少しずつ、その時のライフステージの当事者としての経験が活きる事業に移行する。そして適宜、利用者から子育て当事者とし

てスタッフになってくれる人をリクルートする。そうやって法人として成長し，当事者として支援できる姿勢を維持していきたいという。

■ **参考・引用文献**
　ふらっとスペース金剛ホームページ（http://www.furatto.com/）
　ふらっとスペース金剛「第9回通常総会議案書」2013年

第11章 震災後の子どもたち
——宮城県仙台市

1 仙台——震災の後で

1 災害子ども支援ネットワークみやぎ

　2013年の秋、震災から2年半が経って子どもたちの状況はどうなっているのだろうか。最近では震災後の深刻な状況はおさまったということで、支援団体の活動も縮小され、撤退が始まっている。仙台市は活気があふれているが、本当に状況は改善したのだろうか。仙台市を訪れ、子育て支援に関わる何人かの人に話を聞いてみた。

　まず訪れたのは、仙台市宮城野区にある、災害子ども支援ネットワークみやぎが運営する災害子ども支援センターである。このセンターがあるのは県の遊休施設で開設されている「みやぎいのちと人権リソースセンター」である（写真11-1）。宮城県臨床心理士会や、ここねっと発達支援センター、宮城骨髄バンクやチャイルドラインみやぎなど、複数の団体が入居するセンターである。このセンターの2階には、子どもの一時預かりの保育施設もある。

　ここを訪れた時に、きれいに整理された子ども服や靴、紙おむつのパックに100円や200円といった値札が付けられているのを見て驚いた。もう物資の支援は必要ないと思っていたからだ。だが、まだまだ支援が必要な人はおり、事態はより個別的に深刻になっていることを知ることになった。

　災害子ども支援ネットワークみやぎの代表は、子どもの電話相談を行うチャイルドラインみやぎの代表でもある小林さんだ。チャイルドラインみやぎは

第11章　震災後の子どもたち

写真11-1　みやぎいのちと人権リソース
センターの外観

2001年から活動していたが2011年の震災後，子どもへの支援が必要だと，子ども関係の活動をしていたNPOや個人に声をかけ，4月にネットワークを立ち上げて本格的な支援活動を開始した。物資提供，被災地での託児室開設等も行った。今でこそ震災時の子ども支援が重要と言われているが，震災直後は「子どもは後回し。まずは大人から」といわれるような状況だった。現在では県の子ども関係の課と子ども支援団体のネットワークである宮城県子ども支援会議の事務局となっている。現在の子どもたちの状況について，小林さんとセンターを担当する気仙沼市出身の職員の方に伺った。

災害子ども支援センターでは，遊び場のない仮設住宅を訪れ，遊び場活動をしたり，学習支援のサポーターを派遣し，子どもたちや親の相談をその場で受けたりするだけでなく，センターに来てもらって話を聞くということもしている。今や災害子ども支援センターはよろず相談所にもなっており，どこに行ったらよいかわからない人が，まずは尋ねる場所ともなっている。ここで話を聞き，必要があればセンターで支援したり，適切な機関につなぐこともする。「話だけ聞いてもらえばいい」という人も来るそうだ。私が尋ねた日の午前中も，石巻市から秋田県に避難し，その後，仙台市に戻った人が来たそうだ。

この方は，小さい子どもを2人抱えて小学校の避難所で生活をしていた。だが避難所暮らしは大変で，本当は石巻市の仮設に入りたかったが，抽選には当たらず，被災者を受け入れていた秋田県に二次避難していた。だが秋田県に行

169

第Ⅱ部　子育て支援の現場から

くと，地元（石巻市）がどうなっているか，今後どうなるかの情報が入らず，支援も受けられない。秋田県に移住して2か月半経ったころに仙台市でみなし仮設（一般のアパートを仙台市が借り上げて被災者を受け入れるもの）に入れることを知って，とにかく戻ろうと仙台市まで戻ってきた。だが石巻市の元の家は避難区域になっていて，住むこともできない。仕事もできない。「自分は今後どうすればいいのか」を相談に来たということだった。

　このように2年経ったと言っても，様々な課題は残されたままなのだ。そこで，センターでは，仮設住宅やみなし仮設に入っている人たちに登録してもらい，ずっと支援を続けている。それでは，現在，被災した親子の状況はどうなっているのだろうか。

2　二分化される被災者のいま

　震災から2年経って，生活再建のめどが立った人と，うまくいかない人と分かれてきている。いくつかの地域では土地のかさ上げや，移住問題の意見がまとまらず，まったく展望が開けない状況に直面している人たちが出てきている。震災から2年間ぐらいはみな緊張感もあったが，ここにきて，今後何年，この宙ぶらりんの状態が続くかわからず，一気に鬱になる人も増えてきている。

　子どもたちを抱える若い世代には，あまり支援がない。壁の薄い仮設住宅では子どもの声が響き，音のトラブルなどで出ていかなくてはならない人もいる。「子どもの声がうるさいと，壁をどんどん叩かれる。狭い家の中で子どもに怒ってばかり。どうすればいいの？」と途方に暮れている人もいる。仮設住宅の中には，集会所への子どもの出入り禁止のところまである。そんなところで，親子が暮らしていけるだろうか。そこで子持ちの人は，みなし仮設に移る人も多い。そうすると今度はどこに住んでいるか見えにくくなり，知らない地域で，支援も受けられない孤立した親子が出てくることになる。

　また仕事も大きな問題だ。いよいよ沿岸部の瓦礫の撤去も終わったが，それは復興への第一歩であると共に，瓦礫撤去の仕事もなくなるということである。震災後，なんとか臨時の瓦礫撤去の緊急雇用の仕事で食べていた人たちが，い

よいよ仕事と収入を失うわけである。
　もちろん地域によっては，例えば水産工場を動かそうと思っても，瓦礫の仕事の方が給与が高く，人手が集まらなかった状況が改善されるわけだが，すべての地域で工場や仕事が戻ってきているわけではない。漁師にしても港の再興がまだだったり，乗る船のない人もいる。仙台市に来れば仕事があると思って来た人も多いが，資格がないと難しい。電気工事の資格や大型トラックの運転免許があればいいが，アルバイトをいくつも掛け持ちしている漁師さんもいる。沿岸部では保育所もなくなり，「働こうと思っても，子どもを預けるところがない」という母親もおり，それが仙台市に移ってくる要因にもなっている。今後は，食べていけない状態の人がさらに大勢出てくる可能性があるという。
　親の瓦礫撤去の仕事がなくなったある家族は，高校生の娘が夜スナックでバイトをして，そのお金で食べている。トラックの運転手や工事関係者相手の飲み屋は沿岸部で増えているからだ。代替地もかさ上げもめどが立たない中で，避難地域にある半壊したような家に戻って住みだしている親子もいる。窓にはガラスの代わりにベニヤ板が張ってあったそうだ。そこに住む親子は中学生の子どもがはく靴も買えず，学校には大きな父親の靴をはき，靴ひもをギュッとしめて通っている。だが，そんな家族に「何か必要なものはないの？」と聞くと，「大丈夫。なんとかやっている」と答えるという。「2年経ってもまだ支援が必要か」「なぜ自立できない。甘えている」という批判もあり，「何が必要か」を言えなくなっている人もいる。
　親の困難な状況を見て，子どもたちは我慢する。気を使って何も言わない。「ほしいものはない」「勉強は嫌いだから，大学には行かなくていい」。子どもたちは決して親に無理なことは言わない。震災の影響が一番弱い子どもにしわ寄せされているのだ。家が狭くて勉強する場所がない，思春期なのに家族全員で雑魚寝，家の経済状態が悪く大学への進学をあきらめる。
　こういった親子の問題は目新しいことではない。日本中に，親の失業や貧困の中で，様々な問題を抱え，子どもの育ちが脅かされている家族がいる。これまでは「親の責任」と放っておかれたが，子どもたちが健やかに育ち，社会の

担い手になっていくことは，私たちにとって必要なことなのだ。そこで，最近では貧困の連鎖を断ち切ろうと，丁寧な学習支援や進学支援が講じられるようになってきた自治体もある。被災地の子どもたちにも同じように，これから息の長い支援が必要なのだ。

また福島県からの避難者も状況は困難である。原発から20km圏内に住んでいた人は福島県内と仙台市のような遠隔地にも，2つ仮設住宅を持つことができる。そこで父親は仕事のある福島に，母と子は仙台に住んでいる家族は少なくない。これが30km圏内や自主避難だと，条件が変わる。放射能が不安で仙台市に母子だけ避難すると，その家賃の負担が大きくのしかかることになる。いずれにしても夫婦や親子の関係は不安定になる。中には住居費を節約するために，仙台市近辺から福島県まで毎日通っている人もいる，そうすると交通費も疲れ方も並大抵ではない。一方，各地に避難した福島県の人は，住民票は福島のままなので，保育所の入所や仮設住宅の入居も，まずは地元住民優先で後回しになる。そこで，どうしても必要な人は住民票を避難先に移してしまう。

もちろん，生活再建がうまくいっている人もいる。そういう人は妻がなんらかの資格を持っていて，夫婦二人で働ける家族だという。妻が看護師や保育士，教員資格などがあると，「もう国や県が何かしてくれる，と待っていても無駄」と，夫婦フルタイムで働き，二重ローンでも組んで家を買う人もいる。だが，すぐ働ける技能がある人ばかりではないし，「震災後，子どもが母親から離れず不安定で，預けられない」「避難先で保育所に子どもが入れず，働くことができない」という人もいる。そういうわけで，経済的にも困窮する人がおり，みんなで集まって子ども服の交換会をしたり，センターの安い服やおむつは貴重な助けとなる。あるお母さんは「友人には金銭のことを話せない。ママ友には当たり障りのないことしか言えない。プロに相談したい」とセンターに来たそうだ。

■3 子どもたちの育ちを守ることが東北の未来を築く

復興が進む中で，困っている人たちの抱える課題は，それぞれ個別で一層解

決が難しくなっている。避難地域や代替地，仮設や復興住宅のルールも自治体によって違う。一気に物資を配るような，目に見えて成果が上がる支援の段階は終わり，それぞれの人の事情に応じた個別の支援が必要な段階に入っているが，それこそ時間がかかり，出口が見えない状況がずっと続くことになる。

そのためセンター自身も，様々な寄付や支援を受けて活動しているが，「短期に目に見える成果を求める方々の寄付や支援は受けられない」という。つまり「被災した方たちは，考えに考えて一歩を踏み出すまで時間がかかる。迷ったあげく，踏み出せない方もいる。その迷いや不安に寄り添って，その方に本当に役立つ支援を行うには，時間の制約があったり，大きな成果を求められたりする資金は受け取れない」ということだ。

あまりのことに，私が「いろいろなところに支援が入りましたよね？ それはどうだったのですか？」と聞いてみた。「もちろん，いろいろな支援を受けてチャンスや出会いに恵まれた子どもたちもいるけれど，支援は目立つ大きな仮設住宅や話題のところに集中した」と，小林さんは言う。もちろん支援は重要で，災害遺児・孤児に関しては，大学まで進学できるだけの寄付が集まったそうだ。しかし，もともとの遺児や孤児が，震災によって困難を抱えた状況はあまり理解されていない。また，中には，ボランティアと称した人から子どもへの性虐待もあったらしい。支援団体の活動は貴重だが，スタッフの質や研修が不十分であったり，刻々と変わる被災地のニーズに対応できない一方的な押しつけの支援であったり，被災者の自尊感情を傷つけるような活動もあった。そこで，チャイルドラインみやぎでは県の委託を受けて，被災地で子ども支援を行う人への研修も担ったのである。

小林さんたちは，「子どもたちのこれからが心配だ。狭い仮設で静かにゲームをするしかなく，子どもの体力が落ちてきている。緊急雇用の終了などで，家計が悪化する世帯がさらに増えている。親族里親の疲れも目立つし，子どもたちが将来を見据えた人生を描きにくくなっている。支援はありがたいが，一方でいつも支援してもらうだけ，という中で『自分たちには何もできない』という無力感にとらわれ，自尊感情が低下している子どもたちが目立つ」という。

第Ⅱ部　子育て支援の現場から

　2012年，チャイルドラインみやぎには2553件の電話相談があったが，不安を訴える子どもが23.9％（全国では16.5％）となっている。実際，宮城県全体では前年に比べ，2012年度には不登校が増え出している。

　さらに，震災から2年以上経って，今後の生活再建のめどが立たない中でも，新しい命を育もうと，出産を決意する若い母親たちがいる。母親の中には今後の見通しが立たずに鬱に近い人もいるが，幸せに子育てできるような支援が必要だ。この子どもたちが，被災地の将来の復興を担っていく。一方的に支援されるだけの存在にならず，子どもたちが力を社会で発揮することにより，自尊感情を取り戻す。そして，さらに自分たちの力を伸ばし，健やかに成長していくことが東北の未来には不可欠なのだ。

　そのためにも，小林さんは「大人の幸せなしに子どもの幸せはない。親に安定した仕事と精神があってこそ，子どもは安心して育つことができる」ということで，今やセンターでは家族丸ごとの支援の重要性を認識している。だが，ちゃんとした技量をもつ支援の担い手など，支援の資源は不足している。子どもたちの問題は大人の問題の陰に隠れ，そこへの助けは未だに，あまりにか細く不十分である。親が被災者であっても，子どもたちがハンディを背負うことなく，自立した社会の担い手となるまでの育ちを保障する。それこそが東北の未来を拓く，震災の復興への足掛かりだと，小林さんは信じている。

2　のびすく泉中央

1　中高生の居場所──"のびすく4プラ"

　東日本大震災は子育て支援の現場にどんな影響をもたらしたか，そして今後も，どのような支援が必要かを見てみよう。仙台市には子育て支援拠点（仙台市子育てふれあいプラザ）として「のびすく」といわれる施設が市内に4か所あり，NPO等の民間団体が指定管理者として運営している。それぞれ特徴ある運営がされているが，共通の主要事業は4つあり，まずはひろば，子育てに関する情報提供，一時預かり，相談である。

第11章　震災後の子どもたち

写真11-2　のびすく泉中央の入っている
　　　　　建物外観
　　注：ドームはこども宇宙館時代はプラネタリ
　　　　ウムだった。

写真11-3　"4プラ"の受付とロビー
　　注：筆者が訪れたのは雨の日曜日の午後だったが，
　　　　ロビーだけでこの写真の何倍もの大勢の中高
　　　　生がいた。

　そのなかの一つ，地下鉄泉中央駅の近くの図書館との合築施設にある「のびすく泉中央」を尋ねた（写真11-2）。ここは一般社団法人マザー・ウイングが運営している。のびすく泉中央がある場所は，もとはこども宇宙館だった。こども宇宙館が2007年に閉館され仙台市天文台に移設された後，2009年からのびすく泉中央がスタートしている。建物全体の1・2階は図書館。3・4階がのびすくで，3階は就学前の親子の居場所，4階が「次世代育成交流センター"のびすく4プラ"（図11-1）」として中高生の居場所となっている。この他に4階には事務所や貸ホール（プラネタリウムを改造したホール）がある。まずはのびすく泉中央をご紹介したい。

　何よりもここの特徴は，中高生の居場所事業である。ここでは人と交流してコミュニケーションを重ね，居場所を見つける役割があるので，必ず受付で会員証をつくる（写真11-3）。さっと通り抜けられないようにわざと入口は狭くしてある。さらに，お兄さんやお姉さん，お母さんの役割をするスタッフがいて，長いカウンターが受付の横にL字型に設置されている。なんとなくスタッフと話したい子は，ここに座っておしゃべりするのだ。カウンターでハロウィーンの飾りつけをつくっていた女の子は，毎日のように学校帰りにのびすくによってから家に帰るそうだ。学校であったことや様々な思春期の心のモヤモヤをここで落ち着かせてから家に戻るのだろう。おなかがすいた時に買い食い

175

第Ⅱ部　子育て支援の現場から

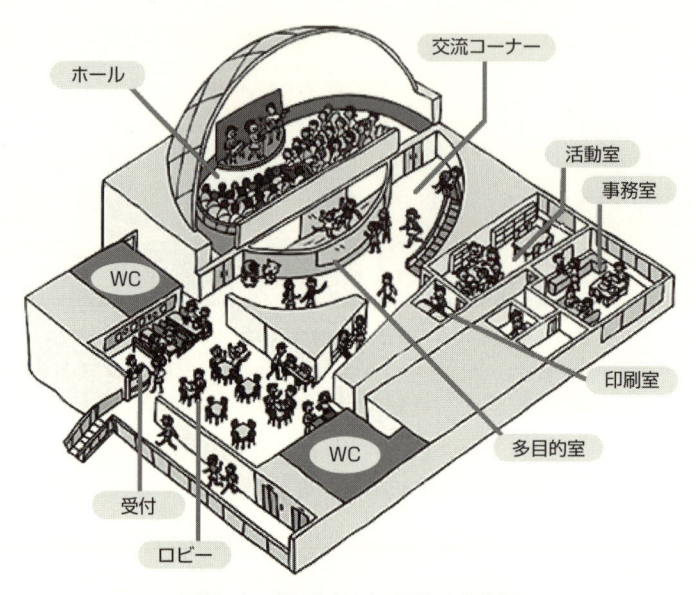

図11-1　"のびすく4プラ"の全体図

できるミニ駄菓子屋があり、カップラーメンも食べられる場所がつくってある。
　もとはプラネタリウムのロビーだった場所に、椅子やテーブルがいくつも入り、男の子たちはゲームをしながらうれしそうに話しているし、女の子たちも何やら一緒にノートに書き込んでいる。2台ある卓球台は人気で予約がぎっしり。もとはプラネタリウムの映写機が置いてあったガラス張りの映写室は、占有貸出しの部屋で、女子がグループでダンスの練習をしていた。映像機が撤去されたプラネタリウムは、立派なミニコンサートホールになっている。
　今は中高生に学校と家以外の居場所がない。公園で集まったり、コンビニの前にいると、すぐに警察に通報される。卓球など何かして体を動かそうと思っても公的施設の予約は数週間前からで、年配の人たちがほとんど抑えている。図書館は友人と話はできないし、カラオケボックスにもお金がいる。結局はマクドナルド等でたむろするしかない。公的な施設で、中高生が遠慮なく活動でき、見守ってくれる大人がさりげなくいる場所。「普通の中高生の居場所が必要だ」と言うと、ほとんどの場合「なぜそんな場所がわざわざいるのか？」と

いうのが一般的な反応だ。だが現実に見ればその必要性がわかる。「こんな場所が中高生には必要なんだ」という見本のような場所だった。1か月にのべ2000～2500人の利用者がいるという。

2 震災の後の子育て支援

3階の子育て支援拠点は，もとはこども宇宙館の入り口ホールだったところだ。高い吹き抜けの天井に，天井までのガラスの場所に「おひさまひろば」という滑り台や遊具が置いてある。横には絵本と積み木のある落ち着いた「つみきの森」。そして床に座るテーブルが置いてある場所は，飲食自由の「ふれあいひろば」である。やはり日曜日ということで，お父さんや両親と来ている子どもが多い。ふれあいひろばでは，お母さんたちがおしゃべりに夢中である。同じフロアーに託児室や相談室もある。情報コーナーには市内すべての，のびすくのニュースレターもあるだけでなく，市内すべての幼稚園と保育所の案内書など様々な物が置いてある。

館長の出雲さんはエプロンがトレードマークのおじさんである（7人の子持ちであり，家事の達人らしい）。この館長さんと理事の小川さんにお話を伺った。震災直後のことではなく，そこから2年半経った今の状況などを話して頂いた。3月11日の後は，建物の修繕が必要だということで8か月間使えなかった。かわりに仮設の市民センターで，ひろば事業を展開していた。いつも来ていた人たちは，実家などに避難して仙台から離れたのか，来なくなり，代わりに避難してきた人が他に頼るところがなく，ひろばに来ていたという。家で育児している人が地域で頼る人がいない時には，「まずはひろばに行けばいい」と考える人が多くなっていること，それだけひろばが誰もが知っている事業になっていること，避難してきた人を含め，震災等の緊急事態の後は在宅の親子に情報を提供するには，ひろばが重要な拠点になることがわかる。

震災の後，3か月ぐらい経つともともとの利用者も戻ってくるようになった。被災者を支援する間に，スタッフの感覚も鋭くなり，人からいろいろなものを聞き出す力もつき，「気になる人をキャッチできるようになった」という。

さらに震災後1年ぐらいは，誰もが「頑張らなくちゃ」という緊張感があり無理をしていたが，その後，最近では目に見えて支援が必要な人が増えてきている。一つには夫婦のずれが目立ち，DVを訴える人が少なくない。例えば被災地に戻るのか戻らないのか，仕事をどうするのか，子育てをどこでするのか。普通に生活していれば考えもしなかったことが，震災後は「どこでどうして生きていくのか」という根本的な問題に，夫婦で答えを出さなくてはならない。夫婦ですぐに考え方が一致するわけではないし，答えが出たとしても，生活再建のためには一つひとつ乗り越えていかないといけない。若い夫婦には荷が重いのだ。出雲さんは，高齢者などには様々な支援があるようだが，現役の若い夫婦は「働けるから自助努力でできるよね」ということで，支援が手薄だという。

　それと最近では，各地に避難していた人たちが仙台市に集まり出している。例えば新潟県など日本海側や山形県・青森県に避難していた人が，「雪の中で暮らせない」「冬の運転が怖い」「寒すぎる」ということや，復興事業で仙台市の景気が良く，仕事があるということもある。沿岸部には戻れないが，近い仙台市に来たという人もいるし，沿岸部では生活再建ができないと，仙台市で暮らすことを決心して移ってきた人もいる。

　震災直後に福島県から避難してきていたお母さんは，つい先日，のびすくに来て，「仙台には住民票も移していないし，公的な施設を使って迷惑をかけてはいけないと思っていた。でも2年以上ずっと一人で，引きこもり状態の孤独が耐えられず，勇気を出してここに来た」と堰を切ったように，震災からの自分の2年間のことを話していき，その後，ひろばで行っている被災者サロンにつながったという。

　被災していない人でも，仙台市の好景気で「夫は仕事で家にいない」「被災地の復興の仕事で出稼ぎ」ということで，夫婦の問題を訴える人が増えている。中には，ずっと前から支援が必要な状態だったのに「辛い気持ちを話すのは，震災で子どもや家をなくしたり，もっと深刻な問題を抱える人で，自分などは『辛い』と話したり，『助けてほしい』などと言ってはいけないと思っていた。

だが震災から2年経ったから，気持ちを話す気になった」という人も少なくない。ところが，「自分などは」というお母さんの抱える問題が，大変深刻なものだったりもする。小川さんは，「震災によって問題を抱える人が一気に出て，その人たちへの対応に集中していた間に，普通なら支援を受けているはずの人が，隠れてしまっていた。その人たちがさらに状況が深刻化してから浮上してきており，震災の影響はさざ波のように，今でも広がっている」という。

のびすく泉中央では福島県からの避難親子のために，福島ママの会「きびたん's」を立ち上げている。親子で遊べるプログラムがあったり，コーディネーターが入って情報交換や気持ちを吐露することができる場所だ。これだけでなく，パパも集まれる会を持とうということで，私が訪れた日曜日にいも煮会をしたところ，パパ同士がこれからどうするか，ずっと話しこんでいる姿が見られた。震災から2年半経ってもまだ福島の問題は解決しておらず，人々はこれからどうするか，考えあぐねている。「若い夫婦が，これから生きていくためには，パパにも支援が必要なんだ」ということを実感したという。

のびすく泉中央では，さらにレベルの高い支援ができるようにと，宮城学院女子大学にある震災復興心理・教育臨床センターと連携し，様々な支援手法を学んでいる。例えば，定期的にグループで自分の悩みを語り合い，個々の心の安定をとり戻すミーティングを開催したり，専門家にお願いをして，自分の気持ちを話す場も開いている。「ママのきもちトーク」という託児付きの会で，コーディネーターと共に参加者が気持ちを語り合う場であり，言いっぱなし，聞きっぱなしで批判もアドバイスもない，安心して自分を出せる場としている。

またこれまでは，深刻な問題を持っているお母さんは保健師などの専門家や公的機関につなげればよいと思っていたが，それで終わりでないことに気づいたという。のびすくに相談に来るお母さんの中には，すでに医療機関や保健師さんの定期的な支援を受けている人もいる。ところがお母さんの中には，専門機関とのびすくには言っていることが違っていたり，本当は少しも良くなっていないのに，専門家の期待に応えようと「最近は外にちゃんと出かけられます」とか，「話せる知り合いができました」といったことを言う人もいるとい

う。のびすくでは慎重に聞き役に徹するようにしている。こういったことから，一人のお母さんの支援のために，一つの機関で対応するのではなく，ケース会議をするように複数の機関が集まって情報交換し，どのように支援するかをすり合わせていく体制が必要だと感じている。

　さらにのびすく泉中央では，2012年7月より震災後の子育て支援として，支援が必要な家庭に訪れるホームスタート事業を始めた。「どこにもつながっていないお母さん」がまだまだいると感じているからだ。ホームビジターの養成講座をしたことにより，子育て支援に関わるボランティアの発掘にもつながった。ビジター訪問によって孤立したお母さんたちが他人とつながり，ひろばにも自分で来られるようになり，そして社会に居場所を見つけていく。一人ひとりを丁寧に支援していきたいと考えている。

3　仙台冒険遊び場・プレーパーク

　冒険遊び場・プレーパークというのをご存知だろうか？　今，公園を見てみると子どもたちが走り回って遊んでいることなどほとんどない。ボール遊びは禁止だし，歓声をあげて遊んでいれば「うるさい」と怒られる。それ以前に，そもそもキックベースボールや缶けりをする人数の子どもが集まらない。大人は「子どもはゲームばかりしている」と怒るが，それ以外に遊ぶ方法がないというのが悲しい現実なのだ。そんな状況を変えようと取り組まれているのが，プレーパークである。これは，子どもがやってみたいという遊びを実現できる場所，ということで，泥んこ遊びや木登り，焚火に穴掘りとなんでもしていいよと「けがと弁当は自分持ち——自分の責任で自由に遊ぶ」の合言葉の下，子どもたちが思いっきり遊べる公園のことだ。さらにここの特徴はプレーリーダーといって，子どもを見守ったり，遊びにいざなうスタッフがいることである。この活動の日本でのスタートは1970年代に始まった東京都世田谷区の羽根木公園が有名だが，最近では横浜市でも放課後児童育成事業の一環として位置付け，複数個所の公園で展開している。

第11章　震災後の子どもたち

写真11-4　かつての海岸公園冒険広場　　写真11-5　泥んこ遊び

　実は仙台市では震災前，市の拠点的なプレーパークがあった。海の近くに海岸公園をつくった時に，「子どもたちがわくわくでき，思いっきり遊べる公園を」という考え方で，2005年から海岸公園冒険広場が常設されていたのだ（写真11-4，11-5）。森に囲まれ豊かな自然に恵まれた公園の中には，バーベキュー場のあるデイキャンプ場や大型遊具の広場があるだけでなく，大きな穴を掘ってやる泥んこ遊びや大工さん仕事，焚火や地面の落書きなど，なんでもできるプレーパークだった。プレーリーダーが駐在するリーダーハウスも設置され，火曜日以外は毎日開園していた。土日は仙台市内全域から親子連れがやってきて，昼のバーベキューをはさんで一日中遊べる公園として賑わっていた。
　指定管理者として公園全体の管理と冒険遊び場の運営を行っていたのが「NPO法人・冒険あそび場——せんだい・みやぎネットワーク」である。もとは冒険遊び場を広めようと，仙台市内の公園や校庭で活動を展開するいくつかのグループのネットワーク組織だった。子どもたちに思いっきり体を動かして遊ぶ楽しみを味わってもらいたいと「遊びを通して子どもたちに生きる力を」をモットーに，何年にもわたって活動してきた団体だ。
　震災の日は20人ぐらいの来園者がいた。大津波警報が14時49分に発令された後，15時10分には来園者の避難が完了したが，冒険遊び場には高台があったために，逆に地元の人が3人避難に来た。園にいた2人のプレーリーダーが，防寒具や救急用品などをリヤカーに積んで避難者のもとへ運んでいた時に，津波が防潮林の木々をバリバリと引き倒す音が聞こえてきた。あっという間に周囲

第Ⅱ部　子育て支援の現場から

写真11-6　冒険遊び場の回りには津波が来た
注：前方の閖上（ゆりあげ）方面から煙があがっている（2011年3月11日16時ごろ）。

は濁流の海になり，2人で展望台めがけてかけて走って登ったという。津波が来たのは15時50分すぎだった。冒険遊び場は展望台で海抜15メートル程度あり，ここに来た津波の高さは7～8メートル。管理棟など公園の半分以上が津波に襲われたが，冒険遊び場のある高台だけ助かったのだ。展望台から見ると，緑豊かだった公園から，すっかり森がなくなってしまっていた。地面に「ゴニン・ヒナン・ブジ」と書き，一晩そこで過ごす覚悟を決めた17時10分ごろ，自衛隊のヘリコプターが救助に来た。その後，公園はがれき置き場になり，道路のかさ上げや農業排水路の付け替えの話も持ち上がり，冒険遊び場は閉園のままだ（写真11-6）。

だが，被災したからこそ，子どもたちが思いっきり遊べる場所が必要になる。大人たちが嘆き，苦しんでいる時，大人たちのそういった姿を見て，子どもたちは自分の心を隠そうとしてしまう。しかし，思いっきり遊ぶことによって，いろんなものを払しょくし，子どもたちも回復する力を取り戻す。子どもたちにとって遊びは「心のケア」であり，生きていくうえで欠かせないものだ。

そこで，津波の被害を受けた沿岸部の人たちが多く避難・仮住まいする地域の公園や校庭，仮設住宅で出張プレーパークを展開していった。2013年10月現在，仙台市内に8か所のあそび場を開設している（6か所は週1回の定期的な開催。2か所は不定期である）。また，岩沼市が仮設住宅のある地区で始めた遊び

場事業にも協働で取り組み始めている。

　仙台市内では普通の公園や小学校の一角で開催したり，「ちびひろ」といって乳幼児のために町内会館の中で週に1回開催する遊び場もある。プレーパークをやる時は，色とりどりなイラストが描かれた車「プレーカー」や「あそビークル」に遊び道具を積んでやってくるのが目印だ。海岸公園の時も平日は近所の子たちは自転車で来ていたが，それ以外の子は，週末に親に車で連れてきてもらうしかなかった。市内各所の公園で開催されるようになったということは，それだけ子どもたちにとってプレーパークが身近になったとも言える。

　被災した地区の学校では間借り状態，校舎の被災・建替え，今後の統廃合への動きが続いている。また，被災した地区は学校の統廃合や仮設から恒久住宅への移動など，落ち着かない毎日を子どもたちも送っている。そんな子どもたちに癒しとなる遊びを経験させたい，ということと，公園で仮設住宅と近隣の子どもたちが一緒に遊び，それを軸に大人も地域でつながれるようにと始めたのだ。

　子どもが楽しそうに遊ぶ姿は，見ているだけで幸せな気分になる。子どもたちの遊ぶ声がすると，大人たちもそれを見に集まってくる。そうやって大人同士が会話を交わし，時には子どもたちと交わって遊び，交流が生まれてくる。「そんなこと昔は自然にやっていたじゃないか」と言われるかもしれないが，子どもたちが集まり，最初の遊びのきっかけを作り，楽しく安心して思いっきり遊べる公園づくりのためには，プレーリーダーのような場づくりの手助けが必要なのだ。

　例えば「ちびひろ」も町内会館に近隣の人が遊びに来ることにより，地域での人間関係も生まれることになる。「若い親の孤独な子育てをなくす」のが「ちびひろ」の目標である。海岸公園がなくなった後，「子どもが自由に楽しく遊ぶ場所というだけでなく，母としての感動と楽しみを感じる場所だった」との海岸公園での冒険広場の再開を願う手紙も来た。子どもたちの遊ぶ姿を通して，親も一緒に成長していく場でもあったのだ。

　筆者は仙台市荒井地区の市民センターの横にある荒井4号公園で開催されて

第Ⅱ部　子育て支援の現場から

写真11-7　七郷遊び場で工作で遊ぶ

いる七郷あそび場に訪れた。小雨の降る中だったが，高校生から小学生までい
り混じって，大騒ぎでドッジボールをしているグループや，ブルーシートの屋
根の下で工作したりトランプをしている子たちもいた（写真11-7）。七郷遊び
場は仙台市若林区荒井地区にある。この地区は仮設住宅があるだけでなく，地
域に点在する48地区が防災集団移転促進事業での移転先宅地となっている。そ
の他，2014年の春には復興公営住宅も完成する予定であり，新たな集団移転地
が周辺に次々と造成中でもある。また，地区の民間賃貸住宅には福島県や気仙
沼市・石巻市などの市外から移ってきた人もいる。いよいよこの地区で暮らし
ていくことを決心する人もいれば，どうするのかまだ決まっていない人もいる。

　プレーリーダーに聞くと，最初はやはりなかなか互いに口もきかなかったが，
今では仮設の子も昔から地域にいる子も一緒になって遊んでいるという。逆に
この地区から別の場所に移った子も，ここに来れば友達に会えると，プレーパ
ークの日には自転車に乗って遠くからやってくるという。子どもたちには毎日
毎日が貴重な時間だ。これからどうなるかわからない不安を親たちが抱えてい
る状況でも，思いっきり遊んで幸せな思い出をつくってほしい。公園の向こう
には恒久住宅も見える。そこに住み，この荒井地区が新しい故郷になる子もい
る。一方で，ここから出ていかなくてはならない子もいるかもしれない。だが，
プレーパークを通じて，ここで友達をつくり，見守ってくれる大人と巡り合い，
信頼できる人間関係を得て，生きていく力を育んでいってほしい。

プレーパークに不思議な力があることを，みな気づき出している。被災地にこそ，プレーパークが必要なのだろう。でも本当は，日本中の子どもたちに，思いっきり遊べる遊び場や一緒に遊ぶ仲間が必要なのだ。

■ 参考・引用文献──────────

NPO 法人冒険あそび場　せんだい・みやぎネットワークホームページ
　　（http://www.bouken-asobiba-net.com/）
NPO 法人冒険あそび場　せんだい・みやぎネットワーク「ぼうひろ便り」2011年
NPO 法人冒険あそび場　せんだい・みやぎネットワーク「ぼうひろ便り Vol. 2」
　　2012年
NPO 法人冒険あそび場　せんだい・みやぎネットワーク「ぼうひろ便り Vol. 3」
　　2012年
災害子ども支援ネットワークみやぎ（http://saigai-kodomo.org/）
仙台市「震災復興地域かわら版　みらいん」17号，2013年
のびすく──仙台子育て応援サイト（http://www.nobisuku-sendai.jp）
のびすく泉中央（http://www.nobisuku-izumi.jp）
宮城県教育委員会「不登校への対応の在り方について」2013年
　　（http://www.pref.miyagi.jp/uploaded/attachment/237122.pdf）

第Ⅱ部　子育て支援の現場から

Column 各地の現場レポートから見えてくるもの

　第Ⅱ部では各地の子育て支援の試みについて取り上げた。新潟県長岡市（人口約28万人），岩手県普代村（約0.3万人），遠野市（約2.9万人），神奈川県横浜市（約370万人），大阪府熊取町（約4.5万人）は行政側からの視点，富田林市（約11.7万人）と仙台市（約107万人）は地域で活動する法人やNPOの視点からのレポートである。

　様々な人々の話からは学ぶものが多かった。実はここに取り上げていない地域にも出掛け，子育て関係の人々に話を伺った。そういった中で，いくつか気づいたことをここでまとめたい。これからは，地域の子育て支援事業の実施主体は市町村になる。そこで，市町村にとって，何が必要かを書いてみたい。だがここにあげるものは，行政に必要というだけでなく，地域で子育て支援をしている人や支援を求めている親子にとって，こういう行政だったら子育て支援基盤の充実が進むかもしれない，と参考にして頂けたら幸いである。

　行政側に話を聞いた時に，第一に違いがあると感じたのは，地域の子育ての状況を把握し，何が課題か，何が良いところかを端的に語れる人がいるかいないかであった。子育て支援に前向きに取り組んでいる自治体には，必ずそういう人がいる。誰が子育て支援施策の統括者なのか，誰が全体を把握する責任者なのか，自分の仕事として子育て支援に取り組んでいる職員は誰なのか，そういった職員が行政内部にいるかどうかが重要である。自分たちのしている仕事をその意義も含めて話せるかどうか，ということであり，どんな仕事に携わっているとしても，仕事をする人間の基本という気もする。

　だが，一方公務員は人事異動が当たり前であり，「わかっている人がいなくなると，あっという間にひどいことになる」「担当者によって仕事の質が大きく変わる」というのは市民からよく聞く。だが一方で，特定の人物が特定の仕事に張りつくのはデメリットもある。むしろ人事異動により，様々な人が子育て支援関係の仕事を担当し，役所内に子育て支援への理解者が増えるメリットが生まれると考えることもできる。人事異動によって引き継ぎ時の仕事の滞りなどを避けるためにも，第二に必要なのは，子育て支援施策の実施状況やメニューを体系的に表したものや，政策目標，対象者や利用実績，現在の課題などをまとめ上げた資料を予算なども含めて用意することだ。それは自分たちの仕事の現状を把握するだけでなく，市民に対して自分たちの町で何が行われているか，ということを説明するためにも役に立つはずだ。自治体によっては，現状把握した体系的な資料もないところもあり，市町村長が市民に説明したり，議会で答弁する際にどうしているのか，そもそもどうやって行政執行が行われているのか，仕事の成果をどう図っているのか，疑問に思うようなところもあった。さらに引き継ぎには書類に書いていないもの，地域での人

脈やネットワークの引き継ぎも忘れてはならない。

　第三に役所内のネットワークだ。横浜市役所の待機児童解消の例で見たように，役所内の様々な部署からの協力がないと，待機児童の解決はできなかった。長岡市の子育て拠点整備も公園や防災担当課や職員との協力があってできたものだ。また，つどいの広場事業や地域型保育事業は，地域の空き店舗や遊休施設などを利用して展開されている事例も多く，そういった遊休施設の情報も集めるために，役所内で協力が得られるような体制づくりも必要である。役所内に思わぬ情報を把握している部署があったり，人がいたりする。

　第四に長岡の例を見てもわかるように，補助金や事業スキームの情報も欠かせない。子ども関係の補助金だけでなく，様々な分野の補助金と抱き合わせで，複合的に地域の課題が解決できないかという目配りも欠かせない。縦割りでなく役所の内外で常にアンテナを張り，新しい施策の勉強をすることが必要だ。知恵のある自治体とない自治体の差は大きい。本当はこういったことこそ，県が情報を集め，市町村のコンサルタントとして様々な知恵や工夫をアドバイスすることが必要だと思うが，県こそ縦割りになっており，縦割りのまま漫然と国の情報を流すだけになっていなだろうか。そうであれば，県など頼らず現場を持つ市町村が自分で努力するしかない。忙しくても，職員になるべく研修の機会があるようにし，常に情報が手に入る状態にしておくべきである。

　第五に地域にネットワークをはり，地域の実情を理解するとともに地域資源の発掘をしなくてはならない。自分たちの地域にどのような子育てに関わる活動があるのか，何が行われているのか，どのような人や資源があるのかを把握することだ。

　子育て支援事業の実施主体は市町村であるが，すべてを直営でやる訳ではない。地域の様々な法人や団体，人の協力を得て行うのだ。横浜市で最初の地域子育て支援拠点のモデル事業を実施する際に，筆者は直営でやるか地域のNPOに運営してもらうのか，職員と意見を交わしたことがある（前田，2007）。

　子育て支援に関わる人のすそ野を広げなければ，支援の充実は図れない。公務員は支援基盤の整備やスキームをつくり，実際の担い手は地域の資源や人材に任せる一方で，保健師などの専門職は専門職しかできない仕事に特化する。そうやって役割分担していくことが必要だと考えている。そうすることによって多層的な子育て支援の基盤ができ，親子の状況に応じたきめ細やかな支援ができるようになる。ただし，子育て支援の担い手は行政の下請けではない。一緒に地域の子育て支援を充実させていく協働のパートナーであり，親子のニーズを聞き取り，その現状を理解している最前線でもある。

　少なくない自治体の人が，「うちの地域ではそんな人材はいない。担い手がいない」という。だが，本当にそうだろうか。子育て支援者の研修会や会合に行くと，

第Ⅱ部　子育て支援の現場から

「色々活動しているが，役所には相手にしてもらえない」「地域に様々な活動をしている人材がいるのに，役所とは一切つながっていない。なぜなら子育て支援の仕事は少子化で閉園された幼稚園や保育士OBの人たちの仕事と役所は考えている」という話をよく聞く。子育て支援の基盤を整備するためには，役所の中に座っているだけでは難しい。職員自らが地域にでかけ，地域で様々な人々と出会い，ネットワークをつくっていくことが必要だ。

　これからは子育て支援の担い手だけではなく，すべての分野で，地域を一緒に支えていく市民のパートナーを見つけていく必要がある。熊取町では若い親たちに両親学級に参加してもらうだけでなく，町の中を取材して子育て支援DVDを作成する仕事を依頼した。そうすることによって，若い親たちが地域でネットワークを作ることができる。こうやって地域を知り，将来は地域を支える担い手になってもらおうという期待もある。

　遠野市では「国や県に頼らず，基礎自治体としてできることに挑戦し続ける」として，少ない予算は「知恵と工夫を結集」し，人員不足は「新たな公と市民協働」で乗り越えようと，「市民と共に築く」と，「遠野スタイルによるまちづくり」を打ち出している。これからは行政が何もかもやるのは不可能であるし，やるべきでもない。市民と一緒に地域のニーズを拾い上げ，どうやって社会的に必要なサービスを供給するかを考え，行政と市民の役割分担や協働の仕組みを整えていく。そういったやり方をすることにより，多層的な子育て支援基盤がつくられていくと思う。

　最後に，被災地の子どもたちのことに触れたい。皆さんは，第11章を読まれていかが思われただろうか。恥ずかしながら，震災の影響が一番弱い子どもに来ると頭ではわかっていても，実際に支援に携わる人々からお話をうかがった重さはまったく違うものだった。筆者は2011年の秋，まだ瓦礫が山積みの沿岸部を回ったことがある。その2年後の2013年の秋には瓦礫もすっかりなくなり，復興への道筋がつながりだしたように見えていた。しかし，取り残された人々は，展望の見えない苦境の中にいる。今，何が必要かは，災害子ども支援ネットワーク宮城の小林さんが話して下さったそのままである。東北の復興を担っていくのは，子どもたちなのだ。だがその子たちは，親たちの仕事や経済的な苦境の中で，進学や自分の夢を語ることを許されていない。子ども自身がそれを感じ取り，決して無理を言わず我慢している。その子どもたちを育み，進学や将来の夢に挑戦させずして，どうして東北の復興があるだろうか。この子どもたちがやがて大人になり，自立していくまでの息の長い支援が必要である。さらに，その支援は子どもの自尊心を育み，自らの力を発揮させるものでないといけない。技量のある専門家が関わるなどして，子どもとその家族に寄り添う丁寧な支援が求められている，ということをお伝えしたい。

第Ⅲ部

子ども・子育て会議と
子ども・子育て支援新制度のこれから

　今後は，各自治体に設置された地方版子ども・子育て会議が，子育て支援の方向性を討議していく場となる。そこで，この会議の役割や効果的な運営へのヒントなどもあげている。次に子ども・子育て支援新制度で日本の子育ての課題が解決するかどうかも，国際比較を通して見た。さらに，日本が子育てしやすい社会になるためには何が必要かを考えている。これはあくまでも筆者の視点であり，読者の皆様にも是非考えていただきたい。

第12章 子ども・子育て会議とは

　子ども・子育て支援新制度では，地域の実情に合った事業計画の策定と推進が求められている。そのため，子ども・子育て支援法では子育て当事者のニーズを踏まえ，事業計画を策定することを義務としている。そのカギになると思われているのが，子ども・子育て会議である。

　国では，有識者・地方公共団体代表，事業主代表・労働者代表，子育てと子育て支援当事者を交え，子ども・子育て会議としている。これは様々な立場の人々が，子育て支援の政策決定プロセスに関われるようにするためである。この国の会議の役割は，新しい仕組みの具体的な内容を考えていくことにある。

1　地方版子ども・子育て会議の役割

　さらに子ども・子育て支援法ではその第72条〜第77条に「子ども・子育て会議の設置，組織，権限及び運営，市町村などの合議制機関の設置努力義務」が明記されており，実施主体である市町村に，地方版子ども・子育て会議の設置を努力義務としている。2012年8月公布通知では，この会議について「地域の子ども及び子育て家庭の実情を踏まえて実施することを担保するうえで重要な役割を果たすものであることから，設置するよう努めてほしい」，さらに設置する場合には「子ども・子育て支援事業計画の調査審議などが十分行えるよう設置時期について留意していただきたい」とまで書かれている。

　構成委員についても「バランスよく，幅広い関係者を集めていただくこと」や「構成員に幼児教育・保育両分野の関係者を入れ，子育て当事者の参画に配

慮する」ことも強調されている。つまり，今後，事業の実施主体になる市町村において，ニーズ調査や計画策定の際に，本当に地域の親子ニーズに応え，かつ支援者が実際にその提供計画に関わることにより，実現可能な施策として展開していく，ということである。

地方版子ども・子育て会議には様々な役割が期待されている。

(1)当事者のニーズ把握，地域の状況把握

(2)ニーズ調査を踏まえた基本方針，事業計画，提供体制，成果の検討

(3)教育・保育施設などの給付の内容検討，水準についての意見調整

(4)事業計画などの進捗状況などを調査審議するなど，継続的に点検・評価，見直しを行っていく（PDCAサイクルを回す）

(5)事業の監査，費用の使途実績の把握

(6)国，都道府県，市町村の子ども・子育て会議間の連携

(7)その他必要な事項

また，多くの市町村ではすでに次世代育成支援会議などを設置している。その審議会と地方版子ども・子育て会議はどう違うのだろうか。2005年度から2015年度（平成17年度から26年度）の間は10年間の時限立法である「次世代育成支援対策推進法」が施行され，2013年現在は後期行動計画に基づく施策が推進されている（さらに2014年4月には10年延長されることが決まった）。この次世代育成支援対策推進法に基づき，次世代育成支援対策推進行動計画策定と，その推進のための審議会などを設置している自治体は2011年1月現在で全体の75.8％となっている。だが子ども・子育て支援法は時限立法ではない。「子ども・子育て分野」は社会保障の4本目の柱として打ち出され，恒久的な財源を経て実施される重要な政策である。それを実現するために，導入された子ども・子育て支援新制度も恒久的なものである。よって地方版子ども・子育て会議も，今後継続していく子育て支援の施策のメニューや実施状況をチェックしていく等，上記にあげた役割を長期的に果たしていかなくてはならない。

第12章 子ども・子育て会議とは

表12-1 地方版子ども・子育て会議の設置状況

(2014年2月)

	設置措置済み	今後対応予定	会議体を置かない	方針未定	合計
全体	1,481団体(82.8%)	275団体(15.4%)	19団体(1.1%)	14団体(0.8%)	1,789団体
11月1日時点	1,271団体(71.0%)	486団体(27.2%)	15団体(0.8%)	17団体(1.0%)	1,789団体
都道府県	41団体	6団体	0団体	0団体	47団体
市区町村	1,440団体	269団体	19団体	14団体	1,742団体
うち政令市	20団体	0団体	0団体	0団体	20団体
うち中核市	42団体	0団体	0団体	0団体	42団体

出所:内閣府「子ども・子育て会議」配付資料より。

2　地方版子ども・子育て会議の状況

1　設置状況

　2014年2月時点での全国の自治体の地方版子ども・子育て会議の設置状況は表12-1のようになっている。全国1789団体のうち，設置済みは1481であり，今後対応予定は275，一方では会議体を置かないと決めているところが19，まだ方針を決めていないのが14となっている。

　過疎地の小さな自治体などでは数人の職員が福祉関係のすべての仕事を担当しているのが実態である。介護保険や国民健康保険の仕事の中に保育や子育て支援もあり，通常は保育所の入所事務をするのに精一杯というのも珍しくない。そういう担当者は研修の機会も少ない。最近は福祉関係の制度の見直しも頻繁で，とても追いつけないのが本音だろう。この新制度も社会保障の4本目の新しい柱なのであるが，介護保険に比べると報道も少なく注目度も低く，社会的な関心もまだあまり盛り上がっていない。また過疎地の小さな自治体だと有識者の委員に来てもらえない，見つからないということもあろう。

　もちろん自治体のやる気もあるが，県の働きかけや助言，適切な情報提供の必要性も感じる。筆者が各地を回った時に，自治体の福祉関係担当の職員の机の上に，県からのありとあらゆるFAXが山積みになり，そこに「子ども・子育て会議の設置をどうするか」という問い合わせの文書も一緒に入っているの

を見たことがある。さらに内閣府が自治体向けに作成した，新制度の膨大な量の作成資料もFAXされてきていたが，担当者はとてもそれを消化しきれず，よくわかっていないのが実態でもある。

2 県の役割

　県が国からの問い合わせ文書や制度の説明資料を，そのままFAXで市町村に流すだけでは，自治体の助けにならない。自治体の現場では例えば子ども・子育て会議運営に何がネックになるか，新制度の準備に向けて何が課題になるかを探り，適切なアドバイスや援助を行うことが県の仕事のはずである。基礎自治体のアドバイザーや知恵袋としての役割を適切に果たしている県がどれほどあるのだろうか。

　例えば，兵庫県の場合は県の担当課長が会議の設置方針が定まらない自治体に電話をかけたり，直接出向いて子ども・子育て会議の設置の条例制定を働きかけた。市町間の情報交換の機会を設定したり，市町職員，保育所・幼稚園関係者を対象にした説明会なども開催している。兵庫県では，2013年4月現在認定こども園は93か所（これは全国一の数）であるが，これを今後5年間に200か所まで増やす目標を掲げているなど，新制度に向けての県の取り組み姿勢を示している。

　兵庫県では，次世代育成対策推進法が延長される前から「新ひょうご子ども未来プラン（次世代計画）」の時期計画を策定することを決めていた。その担当は少子対策課であり，子ども・子育て支援法に基づく県計画は児童課が担当することになっているが，新制度発足に向けて組織再編も検討されている。また，県の子ども・子育て会議には教育・保育の需給計画を審議する部会を設置するとともに，社会的養護，児童虐待防止などについては社会福祉審議会児童福祉専門部会で，障害児施策は障害福祉審議会などで審議し，その成果を子ども・子育て会議で調査・審議する体制で進める予定である。ただ，新制度の事業実施の主体はあくまでも市町村である。市町村の現場が動かなければ，県として子育て支援基盤の整備充実はできないのである。

3 何の議論から始まるか

　子ども・子育て会議の役割は様々あるが、2013年7月1日段階では619の自治体で会議が設置されていた。そういった自治体ではまずは、ニーズ調査の内容についての議論がなされたはずである。

　同年11月の段階では1271か所となっているが、次に議論されているのは、新制度導入に伴って各自治体の基準をどうするのか、ということだろう。国の新制度に関する基準はやっと2013年の12月に取りまとめられ、1月に公定価格以外の制度の概要はほぼ確定された。それを受けて、各自治体ではその国の基準をどう取り入れるかの議論が始まっているはずである。

　基準を検討する時に必要になるのは、現状がどうなっているかの分析と、今後、それぞれの自治体が就学前児童の保育や教育、放課後児童の健全育成などにどう取り組んでいくのかという方針である。例えば、保育の利用時間の下限を月に64時間以上か、48時間以上にするかはそれぞれの自治体の判断に任された。それについては、現在の保育所の入所・待機状況、基準を変えた際の影響や、一時保育などの他の保育資源の供給や利用状況、当該地域における子どもたちの育成環境などを踏まえた上で、いかにするべきかという議論が初めて可能になる。基準だけを机上に挙げて議論することはできないからだ。

　つまり、基準を検討することそのものが、それぞれの地域の子育てをどう支えていくか、という議論や考え方をすり合わせていく場となる。時限立法である次世代育成支援対策計画は2015（平成27）年3月末までであったが、2014年には10年の延長が決まった。いずれにしても一層の子育て支援基盤の充実を目指した新制度の開始に合わせ、2015年4月からは新しい計画が必要であり、2014年には次の計画の策定準備が始められなければならない。基準の検討はその議論のスタートとも位置づけられるものであり、多くの自治体がその意識をもって子ども・子育て会議を開催したことを期待したい。ややもすると、行政内部では「新制度は新制度担当者の仕事だ」と捉えられがちだが、それは違う。新制度は子育て関係の施策を担当するすべての職員の仕事であり、自治体の子育て支援の在り方を今一度見直し、新たに体系化する作業が始まったのである。

4　「子ども・子育て会議」を効果的に運営するために

　内閣府では、地方版「子ども・子育て会議」を効果的・効率的に運営していくためのポイントについてまとめている。そこでは5つのポイントがあげられているが、それを表12-2にまとめた。

　1の委員が参画するという点だが、委員には「こういった支援を実施すべき」という思いやアイデアがある。だが、一方で今回の新制度は短期間に様々なことを決めなくてはならない一方で、新制度そのものの理解が難しい。特に専門的な用語は一般に人にはなじみがなく、事前説明なしに会議を開けば、「これはどういう意味なのか？」という質問と説明で多くの時間がかかることになりかねない。会議の前に事前のレクチャーなど、新制度への理解を深めることは、有効な議論をするには欠かせないだろう。

　2に関しても、実のところアンケート方式のニーズ調査だけでは実態を把握できない。多様な世代を対象とした聞き取りや、新制度の広報を兼ねたシンポジウムやグループインタビューなども有効である。3の会議の内容の公開だが、内閣府のあげたポイントには「委員や地域住民にも分かりやすい資料の公開」というのが示されている。だが率直に言って、そもそも内閣府の新制度の資料は大変難しくわかりにくい。自治体は市民や委員に新制度のわかりやすい説明資料を作成するのに四苦八苦しているというのが実情ではないだろうか。新制度をわかりやすく説明する資料を、是非とも内閣府にお願いしたい。

　4の事業計画の評価だが、新制度ではPDCAサイクルに基づいた事業実施が求められている。今後は住民の評価への参画は欠かせないだろう。だが、それは一方で難しさもある。例えば、働く親の中でニーズのある病児保育や延長保育などは、するべきでないという考え方の市民もいるからだ。改めて子育て支援がめざすものについて理解し合う必要がある。また、内閣府は遠野市の先進的な事業評価の方法について紹介している。遠野市では主要事業について「必要性」「効率性」「有効性」「公平性」「優先性」の5つの軸で評価している。それぞれ委員の価値観や理想の違いがあっても、重視すべきはあくまでも子育て中の市民の必要性の有無であり、何に緊急度があり、それをいかに効率的に

表12-2　地方版「子ども・子育て会議」を効果的に運営していくためのポイント

1．会議に委員が積極的に参画する
2．地域住民などのニーズ等をきめ細かく把握する
3．会議内容の情報を公開する
4．住民が事業計画の評価に参画する
5．多角的な視点で事業計画を策定する体制をつくる

出所：内閣府「地方版「子ども・子育て会議」の取組事例に関する調査報告書」(http://www8.cao.go.jp/shoushi/shinseido/administer/report/h25/jirei/pdf-index.html) より筆者作成。

実施しているか，という軸で評価するという考え方は重要なヒントになる。

5の多角的な視点については，テーマごとに分科会を設置してそれぞれについて深く議論することや，役所内の横断的な体制や連絡調整会議の設置などを通して，役所内でも情報を共有化することが提案されている。

3　尼崎市の事例

実際に，2013年4月から子ども・子育て会議を立ち上げ，活発に開催している自治体に兵庫県尼崎市がある。尼崎市子ども・子育て審議会は市長と教育委員会の付属機関としているところが特徴的である。また，それまでの尼崎市社会保障審議会児童専門分科会を改組する形で立ち上げられており，29人の委員から構成されている。委員は，児童専門分科会委員であったメンバーが中心になっており，構成員として，学識経験者，児童福祉・保育や学校教育の関係者，事業主・労働者の代表，市民公募委員の他に市議会議員が3人入っているところも特徴的である。自治体によっては審議会には議員を入れないとしているところもあり，審議会に議員が入ることには賛否両論があるだろう。また市民公募委員も特徴的であり，4人が選任され，小学校通学児童の保護者・在宅就学前児童の保護者・保育所通所児童の保護者・幼稚園通園児童の保護者と様々な立場を代弁する保護者の構成となるよう配慮されている。

さらにこの審議会の下には，5つの部会が設置されている。そのうちの一つ

第Ⅲ部　子ども・子育て会議と子ども・子育て支援新制度のこれから

```
┌─────────────────────────────────────────┐
│          尼崎市子ども・子育て審議会          │
│〈設置根拠〉尼崎市子ども・子育て審議会条例      │
│ ┌─────────────────────────────────────┐ │
│ │〈所掌事項〉                            │ │
│ │児童福祉，母子保健及び幼児期の学校教育に関すること│ │
│ │（子どもの育ち支援条例に基づく，子どもに関する施策の推進の│ │
│ │ための計画に関することも含む）          │ │
│ └─────────────────────────────────────┘ │
└─────────────────────────────────────────┘
```

〈参考〉尼崎市子ども子育て審議会の法的位置づけ
・子ども・子育て支援法第77条の市町村の合議制の期関
・児童福祉法第8条の児童福祉審議会
・認定こども園法（通称）第25条の合議制の期関

部　会

計画推進部会
※次世代育成支援対策
推進行動計画（後期
計画）期間中は常設

新　設

事業計画策定部会
子ども・子育て支援事業計画の策定に必要となる保護者のニーズの把握のための調査及びその結果を踏まえた保育サービス・幼児教育の目標量，提供体制の確保について検討し，とりまとめを行う。

就学前の教育・保育のあり方検討部会
小学校との連携を意識した就学前の子どもの学びについての基本的な考え方及び保育所，幼稚園，認定こども園等に対する市としての基本的な考え方について，検討し，とりまとめを行う。

認可基準等検討部会
新制度における施設，事業の認可基準や給付にかかる確認基準について，検討を行い，とりまとめを行う。

利用者負担検討部会
新制度における施設等の利用者負担について，検討を行い，とりまとめを行う。

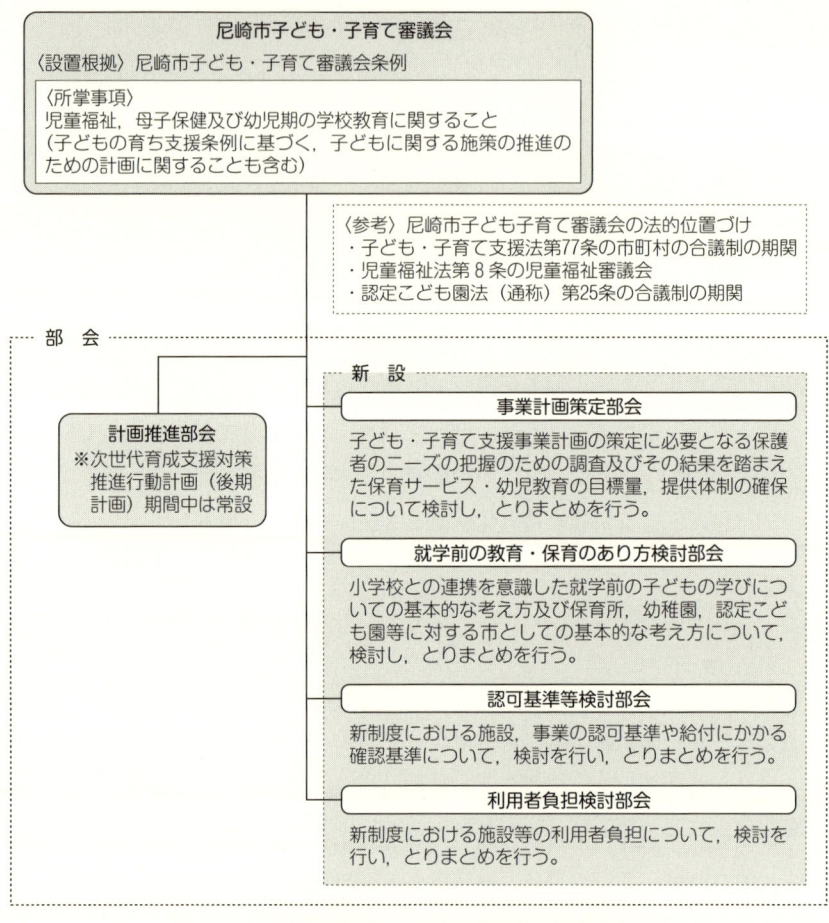

図12-1　尼崎市の子ども・子育て審議会の部会構成など
出所：尼崎市「子ども・子育て審議会」より。

は次世代育成支援対策推進行動計画の後期計画の推進状況を評価する計画推進部会（7人）である。事業計画策定部会（4人（中間まとめ報告後は10人））・新制度のために新たに設置された部会は4つ，就学前の教育・保育のあり方検討部会（13人（中間まとめ報告後は10人））・認可基準等検討部会（5人）・利用者負担検討部会（6人）となっている（図12-1参照）。

就学前の教育・保育のあり方検討部会は「小学校との連携を意識した就学前の子どもの学びについて，さらに保育所・幼稚園・認定こども園等に関する市としての基本的な方針のとりまとめ」，事業計画策定部会は「保護者のニーズ把握のための調査とその結果を踏まえた保育サービス・幼児教育の目標量と提供体制の確保について　検討とりまとめ」，認可基準等検討部会は「新制度における施設・事業の認可基準や，給付の確認基準について　検討とりまとめ」，利用者負担検討部会は「施設などの利用者負担について　検討とりまとめ」という役割分担になっている。

就学前の教育・保育のあり方検討部会は，2013年11月までに7回も開催されるなど，活発に議論が展開されている。それは，これまで尼崎市では「子どもの育ち支援条例」において，子どもの育成についての理念などを定めていたものの，保育所・幼稚園・認定こども園の所管や制度の違いから，各施設に対する考え方がまとめられていない状態であった。そこで，新制度の施行に向けて，各子育て関連施設の具体的な役割や，就学前の子どもをどう育てていくべきかについて共通認識をもつため，議論を行っているからだ。

新制度を契機とした抜本的な議論の必要性については，各自治体のこれまでの取組経過によって様々だろう。例えば尼崎市の隣接市である西宮市は，就学前の児童の教育及び保育について調査審議するため，「西宮市幼児期の教育・保育審議会」を2010年度から立ち上げ，2013年度に答申を出している。

このように検討が必要なテーマに応じて部会を複数設置し，委員を絞り込むと議論を交わしやすく，意見の集約も進み，成果の出る会議運営ができる。

だが，一方でこういった会議の運営がどこでもできるわけではない。一つには委員の負担も多大なものになることだ。仕事をもっている委員が，頻繁な会議に出席するのは並大抵ではないし，子育て中の委員と仕事をもっている委員では集まりやすい時間帯は違う。もう一つは会議開催の資料準備やスケジューリングなど，事務方の負担が大きいことだ。

なぜこれほど多くの会議が開催できるかというと，尼崎市が担当職員を複数配置しているからである。尼崎市では①子ども・子育て支援新制度に関する企

画，立案，調整など，②尼崎市子ども・子育て支援事業計画の策定，③尼崎市子ども・子育て審議会の運営など，を担当する部署として子ども・子育て支援制度準備室，子ども・子育て支援制度準備担当を設置している。ここには室長以下，課長1人，係長級2人，一般職3人，臨時職員1人が配置されている。さらに，この室の下には，別に子ども・子育て支援制度システム調整担当もおかれ，課長1人，係長級1人がおり，新制度の準備に専任で関わるのは10人となっている。さらに準備室が所属するこども青少年局はもとより，健康福祉局や教育委員会事務局などの新制度に関連する部局の所管課長13名に，子ども・子育て支援制度準備室との兼職（併任）辞令が出され，新制度の準備には専任の担当課が関わるだけでなく，保育・教育その他子ども関連の施策担当者すべての仕事である，という体制ができあがっている。

　だが，ほとんどの自治体では尼崎市のような人員配置ができているわけではない。新制度への準備，ニーズ調査から子ども・子育て会議の運営，さらには保育の必要性認定や給付など新制度に向けてのシステムの担当もすべて2～3人でやっているところが多く，小さな自治体になると保育担当者がこれらの仕事もすべてやっており，増員なしというところも少なくない，と聞く。一方でニーズ調査もしなくてはならず，2013年11月の段階でニーズ調査の準備中の自治体は1320団体あったが，2014年2月にはニーズ調査実施済みは1652団体となっている。子ども・子育て支援新制度は介護保険に匹敵する新しい制度の導入であり，準備期間は実感としてはそれより短い（ただし，国は介護保険と同程度の準備期間であると述べている）。

　適切なニーズ調査に基づき，計画策定段階から当事者が関わり，効果的な提供体制を組み立て子育て支援基盤整備がどれだけできるかは，自治体が関係者の聞き取りや準備にどれだけ力を注げるかにかかっている。それには人も知恵もいる。市町村長の本気度もかかっていると言えるだろう。

4 会議とニーズ調査で十分か

　さて，地域の当事者のニーズに基づいた計画づくりを担保するために，設置される子ども・子育て会議であるが，それとニーズ調査だけで，地域の実際の状況や当事者のニーズを把握するのに十分だろうか。例えばニーズ調査の対象は保護者だけでいいのだろうか？

　例えば，新制度では，高学年までを対象とした放課後児童クラブの大幅な拡充もめざされている。一方で，放課後児童クラブを利用するかどうかには関係なく，子どもたちには「時間・空間・仲間」の3つの間がないと言われだして，もう20年近く経っている。これは遊ぶ時間がない，自由に遊べる場所がない，一緒に遊ぶ仲間がないということである。

　乳幼児にはつどいの広場をはじめとして，様々な支援メニューは出始めているが，小学生に対してはどうなのだろうか？　かつて公園や広場にはいつでも子どもがいて，約束などしなくても公園にさえ行けば，遊び相手などいくらでもいた。だが今や公園には誰もいないだけでなく，約束して集まっても集まれるのはせいぜい数人で，缶けりや鬼ごっこもできるかどうかだ。それでは放課後の時間をもてあます，ということで，子どもたちは塾やおけいこごとや特定のスポーツサークルなどに加盟してしまい，さらに放課後自由に遊べる子どもが減る，という悪循環が起こっている。制度の説明でも書いたように，近隣に子どもがいないので，預かりの必要性はないが，放課後児童クラブに入って一緒に遊びたい，という要望も子どもたちから出るぐらいの状況になっている。

　被災地では，改めて子どもの遊びの重要性が認識され，遊び場活動が展開されている。仙台市で見た冒険広場や横浜のプレーパークも，「どこにこんなにたくさんの子どもがいたの？」と思うぐらい，異年齢の子どもたちが団子になって遊んでいる。小学校高学年になれば，自分たちに何がほしいのか，子どもたちも意見を述べられる。子どもたちへのニーズ調査やヒアリングもやってみる価値がある。今回は間に合わなくても，新制度での子育て子育ち支援基盤の

充実改善はずっと続いていく。是非，子どもたちの声も聞いて頂きたい。

　また，当事者のニーズ把握であるが，ニーズ調査だけではわからないものもある。例えば，少子化の調査などでは，「子どもを増やすには何が必要か」という質問には，必ず「お金」「保育」があがってくる。だが，実際には親たちに必要なものはもっと諸々あるのだが，それを表現することが難しく，その代名詞として「お金」を選んでいるふしもある。また子育て支援施設にしても，どれでもよいというわけではなく，利用方法や開設曜日や時間帯，支援者の関わり方やプログラムの内容など様々な考え方や受け取り方，要望もある。そういった聞き取りも重要であり，子育て支援施設でのヒアリングやワークショップの実施など様々な手法を凝らして，アンケートでは浮かび上がらない生の声を拾うこともできればしたい。例えば，ある町ではニーズ調査から「地域子育て支援拠点のニーズはそれほど多くない」と算定した。しかし，なぜニーズが少ないかというと，その町の子育て支援拠点は使われなくなった公的な施設を活用しており，駅から遠く不便なところにばかりあるからだ。これが駅や商業施設の近くなど便利な所にあれば，現在の利用者も使いたいと考える親子もずっと増えるはずだ。既存の施設やサービスを前提にニーズ調査を見てしまうと，こういう視点も抜けがちである。

　子育て支援の事業に関わる人々との対話も必要である。つどいの広場や拠点事業など，最近ではNPOを含め，多くの人々が関わっている。日々，親子と関わっているゆえに，親子のニーズや今の親たちの現況について多くの情報をもっている。予算や補助金といったお金の話ではなく，支援拠点に来る親や子どもたちに必要なもの，効果的な支援，足りないものなどを率直に述べてもらうのも，重要だろう。いずれにせよ，子育て支援のレベルアップのためには，こういった支援者同士や，熊取町が行っているように行政と支援者の情報交換・研修も欠かせない。地域子育て支援者のネットワークづくりも必要である。先にあげた熊取町のように，子育て当事者を巻き込みながら，自分たちにとって何が必要かを主体的に考えてもらう機会をつくっていくことも必要だ。

　子ども・子育て会議は重要だが，それだけで，子育て支援基盤が充実してい

くわけではない。現場での当事者の巻き込みやニーズのキャッチ，施策の見直し，実行体制の整備，関係者のレベルアップ，といった日々の丁寧な積み重ねが必須である。

参考・引用文献

尼崎市「子ども・子育て審議会」(http://www.city.amagasaki.hyogo.jp/si_mirai/shingikai/25861/025863.html)

内閣府「子ども・子育て会議」配付資料 (http://www8.cao.go.jp/shoushi/shinseido/kodomo_kosodate/)

内閣府「地方版『子ども・子育て会議』の取組事例に関する調査報告書」(http://www8.cao.go.jp/shoushi/shinseido/administer/report/h25/jirei/pdf-index.html)

第13章 子ども・子育て支援新制度で問題は解決するか

　さて、これまで見てきたように、それぞれの地域で様々な子育て支援が展開されている。さらに2015年度からは、新たな財源を得て、いよいよ子ども・子育て支援新制度がスタートする。それではこの新制度がスタートすれば、子育ての問題は解決し、日本は子育てしやすい社会になるだろうか？

　残念ながら、筆者の予想ではそうではない。確かに新制度は就学前児童の保育や教育、子育て支援の現場の改善にはつながるだろう。なぜなら、どういう支援をするかは、現場で行政と住民が一緒に考え、つくっていけるからだ。だが、結婚・出産や子育てを巡る深刻な課題は子育て支援の現場とは別のところにもあり、その解決は相当難しい。例えば正規労働者の厳選・少数化による長時間労働の常態化、その裏腹の非正規就労の増加と若者の就職難、高い高等教育費、性別分業意識、こういうものが絡み合って若者の結婚や出産のハードルを高め、子育て負担感を強めていると思われるからだ。

　この新制度の始まりは、日本が本当に子育てしやすい国になるかどうかのスタートにすぎない。例えば先にあげた労働時間の問題や若者の就職難や雇用の不安定化等を解決しない限り、少子化の勢いを止めることはできないだろう。それでは、国際比較調査で日本の子育てを巡る状況を見てみよう。

1 国際比較調査から

　これまで日本は子育て支援策を展開し、少しずつ充実させてきた。それでは日本は子育てしやすい国なのだろうか？

表13-1 あなたの国は子育てしやすい国ですか？

(%)

国　名 (2011年の出生率)	日本 (1.39)	韓国 (1.24)	米国 (1.89)	フランス (2.01)	スウェーデン (1.90)
①とてもそう思う	8.6	2.4	32.0	28.5	82.8
②どちらかといえばそう思う	44.0	13.8	43.5	43.5	14.3
③どちらかといえばそう思わない	36.1	40.2	14.9	21.3	2.1
④全くそう思わない	9.4	41.1	5.9	5.7	0.6

出所：内閣府「少子化社会に関する国際意識調査報告書」2011年，国立社会保障・人口問題研究所『人口の動向　日本と世界——人口統計資料集2013』厚生労働省，2013年より筆者作成。

　実は内閣府が2010年に，各国の結婚や育児などに関わる意識や実態を調査している。調査対象は日本・韓国・米国・フランス・スウェーデンの5か国であり，各国の20〜49歳までの男女約1000人を調査し，家計状態なども聞いている。結果は表13-1にまとめてあるが，「あなたの国は子育てしやすい国ですか？」という質問に対し，スウェーデンの人は82.8％もの人が「とてもそう思う」，逆に韓国では41.1％の人は「全くそう思わない」と答えている。日本では「どちらかといえばそう思わない」が36.1％，「全くそう思わない」が9.4％であり，日本の場合は，「子育てしやすい国」かそうでないかは，ほぼ拮抗している。ちなみに，2011年の出生率を同順に並べると，1.39，1.24，1.89，2.01，1.90となり，韓国が最も低くなっている（表13-1）。それではこの調査を見ながら，日本の出産や子育ての課題について考えてみよう。

2　子どもを増やす？　増やさない？

　この調査では，子どもや子育てのことについて様々な質問をしている。例えば，「子どもを持つことをどう考えているか」，という質問に対して，「子どもがいると生活が楽しく豊かになる」と答えているのは，日本62.7％，韓国45.2％，米国60.2％，フランス67.8％，スウェーデン69.9％となっている。韓国以外では子どもがいることをプラスとして捉えている人が過半数であることがわ

表13-2 「今より子どもを増やしたいか」という質問への回答
(%)

	日本	韓国	米国	フランス	スウェーデン
①希望する子ども数まで子どもを増やしたい	42.8	35.0	62.7	61.5	76.1
②今よりも子どもは増やすが，希望する子ども数になるまでは増やさない，または増やせない	6.0	16.4	16.8	18.2	10.2
③今よりも子どもは増やさない，または，増やせない	47.5	43.9	13.5	17.7	7.4

出所：内閣府「少子化社会に関する国際意識調査報告書」2011年より。

かる。

　そこでこの調査では，さらに「ほしい子どもの数」に対して「実際の子ども数」が少ない人に，「今より子どもを増やしたいか」と聞いている。結果は表13-2にまとめてみた。

　そうすると，「③今よりも子どもは増やさない，または，増やせない」と選んだ人が日本で47.5％，韓国で43.9％と，米国の13.5％などと比べてとても多いことがわかる。スウェーデンではその選択肢を選んだ人は7.4％に過ぎない。日本では「子どもがほしいと思っていても，希望の人数まで産めない」ということがわかる。それゆえ，出生率も低いのだろう。

　さらに，選択肢②と③を選んだ人に，「希望する数まで，また今よりも子どもを増やさない理由について」も聞いている。これは複数回答だが，選択者が多いものから，健康上の理由を除いて選択肢を見ると表13-3のようになる（回答は男女別と男女合わせたものの比率を掲載している）。

　何よりも目を引くのは，日本と韓国で「子育てに教育やお金がかかりすぎるから」という選択肢が突出していることである。スウェーデンでは3.2％，フランスは18.1％，米は32.1％であるが，日本は41.2％，韓国に至っては76.0％にもなっている。さらに「自分または配偶者が高年齢で産むのがいやだから」というのも日本人女性では35.1％も選択しており，晩婚化の進行が希望の子ども数を産めない要因になっていると推測される。

　次に日本と韓国で多いのが，「働きながら子育てできる職場環境がないから」

第13章 子ども・子育て支援新制度で問題は解決するか

表13-3 希望する数まで、また今よりも子どもを増やさない理由について

(%)

		日本	韓国	米国	フランス	スウェーデン
子育てや教育にお金が かかりすぎるから	男	44.6	73.3	35.0	11.8	—
	女	39.5	78.3	30.6	22.4	4.3
	計	41.2	76.0	32.1	18.1	3.2
自分または配偶者が高 年齢で産むのがいやだ から	男	26.8	33.3	15.0	20.6	12.5
	女	35.1	33.3	11.1	24.5	—
	計	32.4	33.3	12.5	22.9	3.2
働きながら子育てでき る職場環境がないから	男	14.3	15.0	—	8.8	—
	女	26.3	34.8	2.8	10.2	—
	計	22.4	25.6	1.8	9.6	—
雇用が安定しないから	男	10.7	16.7	15.0	11.8	—
	女	14.9	2.9	2.8	18.4	4.3
	計	13.5	9.3	7.1	15.7	3.2
家が狭いから	男	12.5	3.2	10.0	14.7	12.5
	女	11.4	7.2	13.9	18.4	8.7
	計	11.8	5.4	12.5	16.9	9.7
自分または配偶者が育 児の負担に耐えられな いから	男	8.9	13.3	5.0	5.9	12.5
	女	14.0	5.8	5.6	4.1	—
	計	12.4	9.3	5.4	4.8	3.2

出所：内閣府「少子化社会に関する国際意識調査報告書」2011年より。

であり、女性で見ると日本は26.3％、韓国は34.8％にもなっている。この他、日本が他の国と比べて多い選択肢は、「雇用が安定しないから」となっている。この選択肢はフランスでは男女計で15.7％、日本では13.5％だが、他の国では低い。また「自分または配偶者が育児の負担に耐えられないから」も日本女性が14.0％と他国より高くなっている。

　この回答から見ると、日本の場合は、教育費負担の軽減・働きながら子育てできる職場の整備、安定した雇用の確保、育児の負担感の低減が、望むだけの子どもを産み育てる条件として必要だと考えられる。

3　教育費の負担

　そこで許可を得て、この内閣府の調査データをさらに分析してみた。実際に

この調査回答者の家計に占める子どもの養育費の割合を見ると、フランスが低い。回答者の家計分析を見ると、米国では就学前の子どもがいると特に高いが、子ども数と子どもの年齢によっての大きな変化はない。韓国は子どもの年齢や子ども数が増えると急激に負担額が上がっている。それはどういうことか考えてみよう。例えば、OECDのデータで各国の保育費用比較を見ると、家計に占める保育費用も割合が最も高いのは、公的保育制度のない米国である (OECD, 2011)。そのため、米国の就学前の子どもがいる世帯では、家計に占める子ども関連の費用が高くなっていると思われる。

また母親の就労状況別にみると、母親が仕事をすると、米国・韓国・日本では子どもにかかる費用が増えているが、フランスやスウェーデンではあまり差がない。就労と子育ての両立支援が進んでいる国では、母親が働いても働かなくても、保育など子どもにかかる費用が急激に増えるわけではない。つまり、母親がどんな生き方を選んでも、子育てにかかる費用はあまり変わらない、ということになる。だが、他の国では、母親の就労に伴って保育など様々なコストがかかる、といった差が家計負担の差に出ていると考えられる。

また、確かに若い世帯は収入が低く、児童手当も乳幼児に加算されている。だが一方で子どもが小さい間は、比較的、教育にお金がかからない時期でもある。実は子育ての金銭的負担感の大きさは高等教育―大学教育等の費用の大きさから来ている。スウェーデンやフランスは、基本的に大学教育は無料である。また、米国は大学の授業料が高額であるが、基本的にそれは学生自身が銀行から借り入れたり、奨学金を得て賄う。親が賄うことは前提になっていない。

それに比べ、韓国や日本では大学の授業料は親が出すのが当たり前である。しかも韓国の進学率は非常に高い。2009年時点の国際比較データを見ると、短大を除いた大学進学率は日本では49％だが、韓国は71％である（文部科学省, 2012）。しかも両国とも大学に占める私立大学の割合が高く、生徒数で見ると日本で74.6％、韓国で81.9％が私立大学の学生である。

こういうこともあり、他の国に比べ、日本や韓国では大学進学において親が負担しなくてはならない費用がとても高い。さらに韓国の場合は受験競争も激

しく，公教育以外の塾や予備校への出費も大きな負担となっている。当然，子どもを大学に行かせようとすれば，それほど多くの子どもを育てられない。実際，家計の最終消費支出に占める教育費の割合をみると，5か国の中では韓国が突出して高くなっている（OECD）。先に内閣府の個人への調査で見たように，韓国で子どもの年齢が増えると，急激に家計の子ども関係の負担額が上がっているのは，この教育費が影響していると思われる。

4 子どもを持つことと生活満足度の関係

　多くの人が「子どもがいると生活が楽しく豊かになる」のに，「子どもを産まないのは，お金がかかるから」と答えている。それでは子育ての負担は金銭的な問題だけだろうか。子どもが多いと，人々の生活の満足度は増すのだろうか。そこで，さらに先の内閣府の調査の5か国のデータを使い，女性の生活の満足度と子ども数の関係を国ごとに分析してみた（表13-4）。
　そうすると，子ども数が増えると明らかに満足度が下がるのが日本である。逆に明らかに満足度が上がるのがスウェーデンで，特に子どもが3人いる人の満足度が高い。また妻の就労状況との関係を見てみると，週35時間以上妻が働いている場合，日本では妻の満足度が下がるが，フランスでは満足度が上がる関係がはっきりしている。スウェーデンでは上がる傾向が見られる。女性が働きやすく，子育てもしやすい国とそうでない国との違いが出ているようだ。
　つまり，女性に注目してみると，子どもがいるほど生活の満足度が上がる国とそうでない国があり，日本は子どもが多いほど満足度が下がってしまう国となっている。さらに，仕事の関係を見ると，フルタイムで働くことによって満足度が上がる国と下がる国があり，日本は下がる国となっている。例えばスウェーデンでは，女性がフルタイムの仕事を持つことだけでなく，子どもをたくさん持つことは女性の生活満足度を上げるが，日本はそれとは逆になっているわけだ。日本の状況は，「子どもはほしいが，教育費が高くこれ以上は産めない」一方で，それでも頑張ってたくさん産むと，生活満足度は下がる。子ども

表13-4 子ども数の増加やフルタイム就労が女性の生活の満足度に与える影響

	日本	韓国	米国	フランス	スウェーデン
子ども数が増えると生活の満足度が	下がる	×	×	×	上がる
週に35時間以上働くと生活の満足度が	下がる	×	×	上がる	上がる傾向

注:×は有意な関係が見せない。
出所:吉田千鶴・前田正子「国際比較から見た子育てコストと母親の就業」日本人口学会第65回大会発表,2013年より作成。

をたくさん生み育てられる経済力を得るために,女性がフルタイムで働くと「生活満足度」は下がる。これでは少子化が進んでも仕方がないような状態ではないだろうか。

「子どもを持つことが生活満足度の向上につながる」社会,子どもを持つことが本当に幸せだ,と実感できる社会にしていかないといけない。そのためには,子ども・子育て支援新制度で子育て支援の現場の改善・充実を行うだけでなく,それ以外の教育や働き方を含めた様々な社会の仕組みや制度の改革も欠かせないのだ。

■参考・引用文献

OECD, *Doing Better for Families,* OECD Publishing, 2011.
OECD, "Final Consumption expenditure of households"OECD Database
(http://stats.oecd.org/Index. aspx ?DataSetCode=SNA_TABLE5)
国立社会保障・人口問題研究所『人口の動向 日本と世界――人口統計資料集2013』厚生労働統計,2013年
内閣府「少子化社会に関する国際意識調査報告書」2011年
文部科学省「教育指標の国際比較」2012年
吉田千鶴・前田正子「国際比較から見た子育てコストと母親の就業」日本人口学会第65回大会発表,2013年6月

第14章 子育てしやすい社会に必要なもの

1 子どもをもう一人産みたくなるのは

　先に見たように，日本の女性は子どもを多く持つほど生活満足度が下がる。子どもがたくさんいると満足度が上がるスウェーデンとどこが違うのだろう。どうすれば，日本の女性がもっと子どもを産んでもいいと思うのだろうか。実は，重要なのは夫の育児への関わりなのだ。

　「全国家庭動向調査」というものが5年毎に行われており，最近では2003（第3回調査）年と2008年（第4回調査）に実施されている。この調査では夫の育児の協力度というのを聞き，それを得点化して分析している。そうすると，この両方の調査とも，夫の育児協力があるほど，第1子を産んだ後，もう一人子どもを産みたいという女性の意欲が高いことがわかった。また，夫の育児協力があるほど，第1子出産後も女性は仕事を継続していた。これは調査ごとに回答している人が違うので，2人目を産みたいという意欲のある人が，本当にその後2人目を産んだかどうかはわからない。

　そこで，国ではもう一つ，同じ人を対象に10年間継続した調査を実施している。それが「21世紀出生児縦断調査」というもので，2001年に生まれた子を対象とし，第10回（2011）までの調査をまとめた分析結果が公表されている。それを見ると，母親の育児不安や育児負担感が強いと，第2子が生まれにくいが，夫が育児に協力するほど第2子が生まれていることが判明している。つまり両方の調査からわかったのは，女性が「もっと子どもを産んでもいい」と思い，

実際に産むためには，夫の育児への関わりが欠かせないのだ。

　だが，夫にも「手伝いたくても手伝えない」という言い分があろう。子育て期は働き盛りの時期でもある。2011年の「労働力調査」を見ると，ちょうど子育て期にあたる男性の30代では18.7％，40代では17.7％が週60時間以上働いている。週5日働いたとして1日12時間，6日で1日10時間，それに通勤時間の往復2時間を足すと，家に戻ってきたらぐったりだろう。筆者の調査では，父親が育児に関われる帰宅時間の限界は午後9時である（前田，2004）。それを過ぎると，父親も疲れているし，だいたい小さな子どもは寝ている。

　そこで最近ではワーク・ライフ・バランスというのが盛んに言われるようになってきている。最初のころはファミリーフレンドリーと言われ，子育てをしながら女性が働くことができる職場づくりが中心だった。ところが，近年，40～50代の働き盛りの男性の介護離職も大きな問題となりだしている。そこで，今ではあらゆる世代や性別の人にとって，生活と仕事をどう両立させる職場にするかに焦点が移っている。その背景には，夫婦で共に子育てをする環境にならなければ，少子化の克服もおぼつかないということもある。

2　長時間労働の克服

　というわけで，最近では男女ともに，長時間労働の改善が必要と言われるようになっている。だが，一方ではみんなが残業せずに早く帰るようになれば，経済が縮小する，と考える人もいるだろう。しかし，図14-1に見るように，日本の労働生産性は労働時間が短い他の国より低くなっている。

　また，夫の仕事の時間を減らしてどうやって家計を維持できるのか，疑問に思う人もいるだろう。実は世帯当たりでみると，国ごとの労働時間にはそんなに差がない。先に取り上げた内閣府が調査した5か国のデータを見ると，6歳以下の子どもがいる世帯の夫婦二人を合わせた1週間の労働時間は，日本は66.6時間，韓国71.6時間，米国60.0時間，フランス59.2時間，スウェーデン67.2時間となっている。

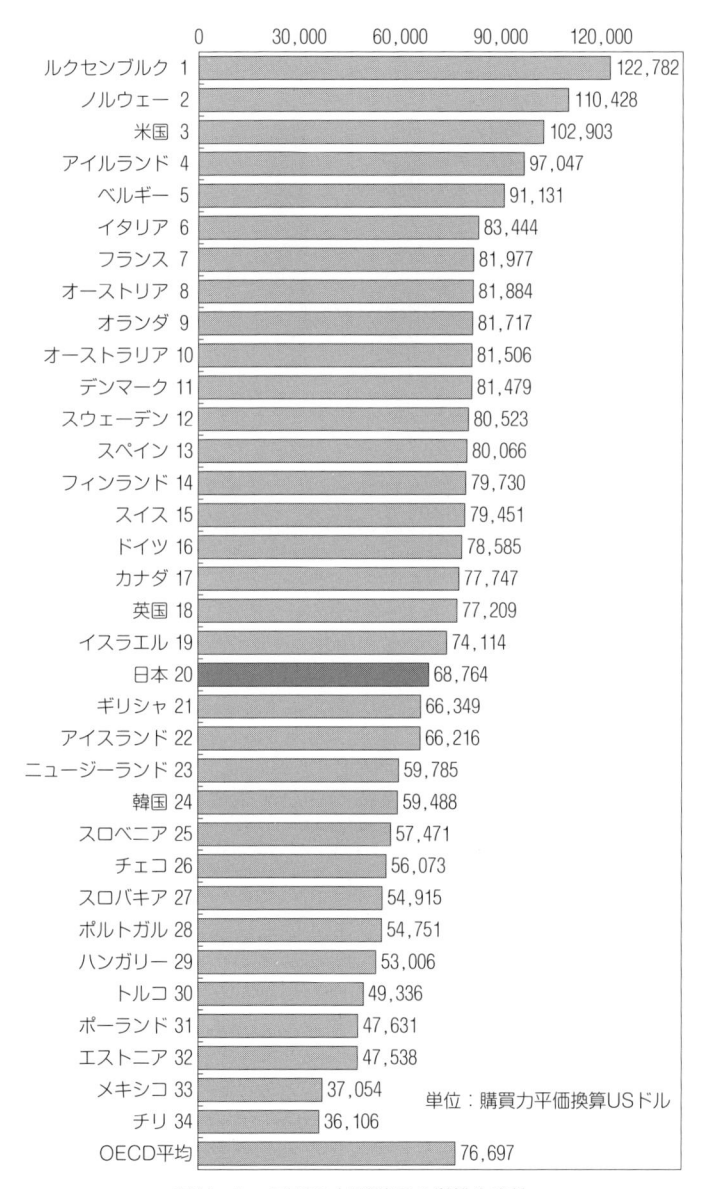

第14章　子育てしやすい社会に必要なもの

順位	国	労働生産性
1	ルクセンブルク	122,782
2	ノルウェー	110,428
3	米国	102,903
4	アイルランド	97,047
5	ベルギー	91,131
6	イタリア	83,444
7	フランス	81,977
8	オーストリア	81,884
9	オランダ	81,717
10	オーストラリア	81,506
11	デンマーク	81,479
12	スウェーデン	80,523
13	スペイン	80,066
14	フィンランド	79,730
15	スイス	79,451
16	ドイツ	78,585
17	カナダ	77,747
18	英国	77,209
19	イスラエル	74,114
20	日本	68,764
21	ギリシャ	66,349
22	アイスランド	66,216
23	ニュージーランド	59,785
24	韓国	59,488
25	スロベニア	57,471
26	チェコ	56,073
27	スロバキア	54,915
28	ポルトガル	54,751
29	ハンガリー	53,006
30	トルコ	49,336
31	ポーランド	47,631
32	エストニア	47,538
33	メキシコ	37,054
34	チリ	36,106
	OECD平均	76,697

単位：購買力平価換算USドル

図14-1　OECD加盟諸国の労働生産性

出所：日本生産性本部「労働生産性の国際比較」2012年より。

213

第Ⅲ部　子ども・子育て会議と子ども・子育て支援新制度のこれから

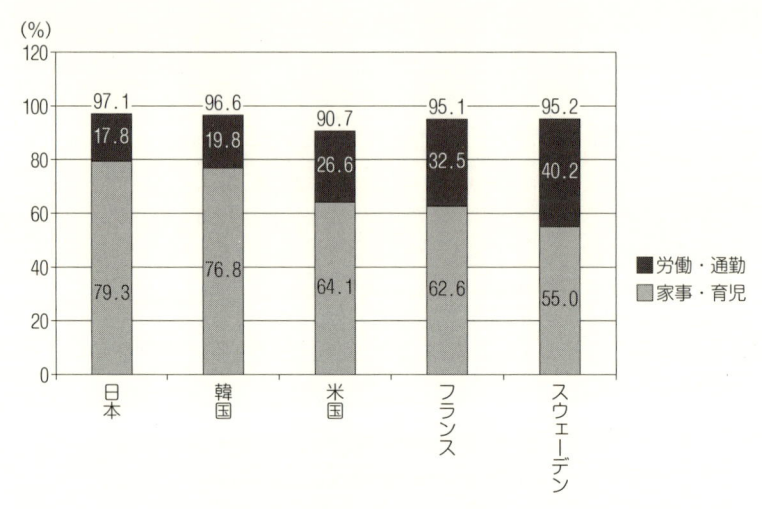

図14-2　カップル（夫婦）の「家事・育児」と「労働・通勤」の1週間の合計時間に占める女性のシェア

出所：吉田千鶴「育児」内閣府『少子化社会に関する国際意識調査報告書』2011年より。

　長時間労働で有名な日本と，残業のほとんどない国と言われるスウェーデンも世帯（つまり夫婦）で見ると，収入に結び付く労働時間にほとんど差はない。差があるのは，それを性別分業で夫のみが主に担っているのか，夫婦で同じように担っているのかの違いである。
　6歳以下の子どもがいる世帯で収入に結び付く労働と，家庭内の家事や育児がどのように夫婦の中で分担されているかを吉田（2011）が分析している。夫婦の「家事・育児」と「労働・通勤」の1週間の活動の合計時間をそれぞれ100％，あわせて200％とし，それぞれへの女性のシェアを集計している（図14-2）。日本は「家事・育児」の79.3％，「労働・通勤」は17.8％を女性が行っている。「家事・育児」と「労働・通勤」合わせると97.1％となっている。
　つまり全体を見れば，必要な活動のほとんど半分ずつを女性と男性とで分担していることがわかる。またスウェーデンは「家事・育児」の55.0％，「労働・通勤」は40.2％を女性が行っており，両方合わせて95.2％である。
　つまりどちらの国も世帯に必要な「家事・育児」と「労働・通勤」を合わせ

第14章 子育てしやすい社会に必要なもの

ての半分ずつを男女で分担しているが，日本は性別分業的に「男は仕事，女は家庭」と分担しており，スウェーデンはそれぞれの活動をそれぞれ男女で半分ずつ分担していることがわかる。

実は父親自身ももっと育児に参加したいと考えている。2011年度に取得権利がある男性の中で実際に育児休業を取得したのは2.63％にすぎないが（2012年度には1.89とさらに下がっている），2008年に厚生労働省から委託されて実施したニッセイ基礎研究所の調査によると男性の30％以上が育児休業を取得したいと答えている。ちなみに日本生命では2013年度に男性の育児休業取得を義務化することを決めている。

だが，男性がもっと子どもに関わる時間を持つためには，毎日の労働時間を減らさなくてはならない。その減った分の労働時間は女性が補う，ということで育児や労働を男女がともに担うようになっていかない限り，男性が家庭に関わることは難しいのではないだろうか。またそうやって一人ひとりの労働者の労働時間が短い国のほうが生産性が高い，ということは忘れてはならない。

3 若者に安定した仕事を

この厳しい時代に，労働時間を短縮して，働き手を増やすことなどできない，という考え方もあるだろう。だが，少数の正社員が長時間労働ですり減る一方で，雇用が不安定な非正規労働の若者があふれる状態で，どうやって若い人たちが結婚し，子どもを産み育てていけるだろうか。

図14-3に2013年3月に卒業した大学生のその後の進路の内訳がのっている。卒業生は約55.8万人。この内，正規の就職をした者が63.2％（約37.3万人），一方で正規の職員ではない者4.1％（約2.2万人），一時的な仕事（アルバイト・パートなど）に就いたもの3.0％（約1.6万人），就職も進学もしていない者13.6％（約7.6万人）となっている。実は2013年は就職状況が好転し，就職も進学もしなかった者はそれまでより減っている。

表14-1には，1992年からの大学生の卒業後の進路情報から，「就職も進学

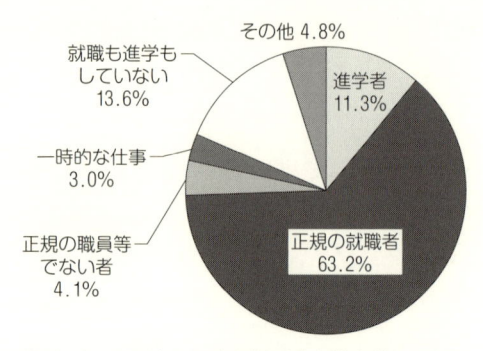

第Ⅲ部　子ども・子育て会議と子ども・子育て支援新制度のこれから

図14-3　2013年3月（平成25年）大学卒業生の状況

- 正規の就職者　63.2%
- 進学者　11.3%
- その他　4.8%
- 就職も進学もしていない　13.6%
- 一時的な仕事　3.0%
- 正規の職員等でない者　4.1%

出所：文部科学省「学校基本調査」2013年より。

もしない者」「一時的な仕事に就いた者」の人数をとりだしてまとめてみた。バブルが崩壊したとはいえ，1992年時点では「就職も進学もしない者」「一時的な仕事に就いた者」を合わせて約3万人弱，卒業生全体の6.6%だった。だが，その後この比率は急激に上がり，金融危機の後，1999年から2005年までは卒業生の2割以上がそのいずれかとなっている。特に2003年は卒業生全体の27.1%，合わせて15万人近い学生が就職も進学もしないか，一時的な仕事について，大学を卒業していったのだ。この卒業生たちが，その後，正規の仕事につけたかどうかは不明のままである。この者たちは2014年時点の年齢を換算すると，1997年から2001年に卒業した者がちょうど35歳から39歳，2002年から2006年に卒業した者が30歳から34歳にあたる。もし彼らがそのまま，無業かもしくは非正規の仕事にしか就けていないのであれば，未婚化の大きな要因の一つと考えられる。

　さらに図14-3でわかるように，就職者として数えられている者の中には，「正規の職員等でない者」も含まれていることに注意していただきたい。「学校基本調査」において，就職者の中でも正規と正規でない者を分けて掲載するようになったのは2012年卒業生からであるが，それ以前にも最近では，就職者に数万人単位で「正規の職員等でない者」が含まれていたと考えられる。

　実は，無業のまま社会に出ていくのは高卒者も同じ状況である。2013年で見

表14-1 「大学卒業生に占める就職も進学もしない者」と「一時的な仕事に就いた者」の人数推移

年度	卒業生数	①就職も進学もしない者	②一時的な仕事に就いた者	①と②を足した者が卒業生全体に占める割合	2014年時点での年齢
1992	437,878	25,107	3,941	6.6%	
1993	445,774	31,766	5,434	8.3%	
1994	461,898	52,254	7,709	13.0%	40歳から44歳
1995	493,277	67,844	9,280	15.6%	
1996	512,814	80,366	10,514	17.7%	
1997	524,512	79,936	10,738	17.3%	
1998	529,606	81,711	11,857	17.7%	
1999	532,436	105,976	16,023	22.9%	35歳から39歳
2000	538,683	121,083	22,633	26.7%	
2001	545,512	116,396	21,514	25.3%	
2002	547,711	118,832	23,205	25.9%	
2003	544,894	122,674	25,255	27.1%	
2004	548,897	110,035	24,754	24.6%	30歳から34歳
2005	551,016	98,001	19,507	21.3%	
2006	558,184	82,009	16,659	17.7%	
2007	559,090	69,296	13,287	14.8%	
2008	555,690	59,791	11,485	12.8%	
2009	559,539	67,894	12,991	14.5%	25歳から29歳
2010	541,428	87,174	19,332	19.7%	
2011	552,358	88,007	19,107	19.4%	
2012	558,692	86,566	19,569	19.0%	23歳から24歳
2013	558,853	75,928	16,850	16.6%	

出所：文部科学省「学校基本調査（各年版）」より筆者作成。
注：年齢は現役入学で4年で卒業を前提としている。

ると高校卒業生の53.2%（約58万人）が大学・短大進学，17%（約18.5万人）が専門学校進学，就職した者が16.9%（約18.4万人）である。一方，一時的な仕事に就いた者1.2%（1.3万人），就職も進学もしていない者は4.9%（約5.3万人）となっている。つまり，2013年3月に大卒・高卒合わせて約13万人の若者が無業のまま卒業していったのである。

　大学生に関しては，中小企業まで含めれば求人倍率は1を超えており，本人の責任もある，と言えるかもしれない。だが高校生の場合は，特に地方の場合，

第Ⅲ部　子ども・子育て会議と子ども・子育て支援新制度のこれから

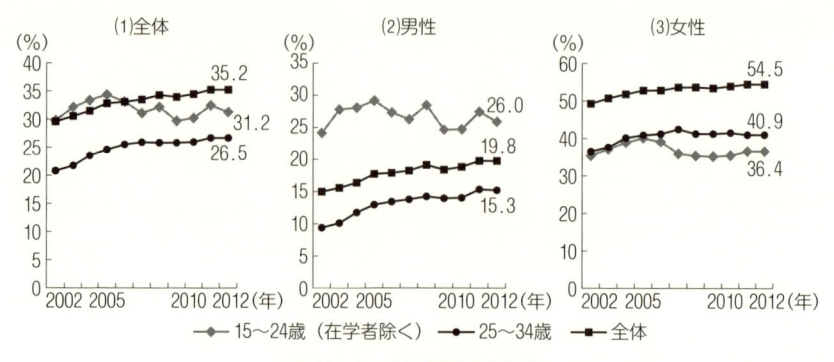

図14-4　非正規雇用者比率

出所：総務省「労働力調査」2011年より。

　地元に仕事がない，都会に出て働いても自立できるだけの収入は得られない，少ない子どもを親が遠くに手離したがらない，という事情がある。しかも就職した者も，就職後離職する者も少なくない。厚生労働省の「新規学校卒業者の就職離職状況調査」によると，2009年3月の卒業生では，就職後1年以内の離職率は高卒20.8%，大卒14.3%であり，就職後3年以内では離職率が，高卒35.7%，大卒28.8%となっている。若者が自立していくのが，難しい時代なのだ。

　さらに，若者非正規化も進行している。図14-4は若者の非正規雇用者比率の推移である。雇用者全体に占める非正規雇用者比率と共に，男女別で15～24歳，25～34歳の同比率も掲載されている。これを見ると，2012年時点で25～34歳の男性では15.3%，女性では40.9%の人が非正規雇用だということがわかる。まず，男性で非正規雇用の人が結婚しにくいことは，最近では自明の事実である。

　一方，「女性は結婚や出産があるのだから，非正規でもかまわない」，「どのみち家計補助的な働きだから」，と考えられてきたが，それは間違いである。家計経済研究所の11年間に及ぶパネル調査の結果，女性でも結婚し，子どもを産んでいるのは正規雇用の人であり，非正規雇用では結婚や出産の確率が低くなることが判明している。派遣やパートといった非正規雇用では，育児休業な

ども取りにくい。実際，出産後就労を継続するかどうかは別にしても，育児休業制度などが保障された安定した雇用がないと，女性も安心して結婚や出産に踏み切れないことがわかる。このことは，2000年から2010年にかけて国が実施した「21世紀成年者縦断調査特別報告」でも確認されている。さらに，未婚率が上がる中で，女性の貧困も問題になっている。「平成22年版男女共同参画白書」によると，2007年の「国民生活基礎調査」を分析した結果，一人暮らしの女性世帯が，勤労世代でも貧困率が32％になると試算されている。

　1990年代から2000年代の不況期に，非正規雇用を活用して人件費コストを下げ，個々の日本企業は生き残りを図ってきた。だが，それは若者の雇用の不安定化による一層の未婚化と少子化を招くことになり，社会の存続を危うくすることにつながっていたのだ。

4　長野県下条村を訪れて

　長野県の南部に人口約4,100人（2012年10月現在）の下条村がある。この村は合併を拒否し，自立してやっていくと決め，「村民との協働による村づくり」を標榜し，徹底した行政改革を行っている。村の職員は37人（保育士7人，保健師2人，司書1人を含む）しかいない。同規模の自治体と比較して約半分の人員である。そのため簡単な道の補修や整備は，村が資材だけを提供し，地域住民たちで自ら整備することになっている。

　そうやって得た財源を手厚い子育て支援に回し，高い出生率を維持していることで有名な村である。出生率は2008年から2012年の平均で1.86を維持している。保育所・小学校・中学校はそれぞれ1か所。また子ども向けの図書が充実している図書館もあり，そこに教育委員会も入っているが，掃除もみんな教育委員会の職員が行う。その横に結婚式もできるホールやヤングコミュニティホールというおしゃれで小さな洋館もあるが，若い人が自由に使える施設というだけでなく，そこで学童保育も行っている。

　高校卒業まで医療費は無料，給食費も保育料も減額するなど様々な施策を行

っているが，最も効果があるのではないかと考えられるのが，若者定住促進住宅という子育て世帯への住宅である。これは若者の定住化を進めるために，補助金を使わず1997年から建設を始めたもので，現在では10棟，124戸の住宅がある。2LDKで約65平方メートル，駐車場は各戸に2台分用意されている。それで月額3.3万円から3.4万円の家賃で，近隣相場の半額となっている。

　補助金を使わなかったのは，村が入居者を選考するからだ。すでに子どもがいる，これから子どもを産んで育てるというだけでなく，地域の助けあいや掃除・消防団など地域の活動に参加することも条件になっており，よりよい隣人関係を作れる人だけを入れるため，入居希望者は「なぜこの住宅に住みたいのか」という願書を書かなくてはならない。補助金を入れると，世帯収入などの基準で入居者を選考せねばならず，今実施しているような選考は許されない。

　この住宅を見に行ったが，駐輪場には赤ちゃんの手押し車や三輪車，子ども用の自転車がぎっしり並んでおり，広い駐車場は子どもたちの遊び場になっている。同じような世代が住んでいるので，子どもたちは遊び相手に困らないし，親同士で子どもを預け合ったり，助け合いができるのが何よりもいいそうだ。一昔前にはそれが当たり前だった。近所には子どもがあふれ，一緒に遊ばせておけばよいし，大きな子が小さな子の面倒をみるので，他人の子を預かるのもそんなに大変ではない。それがこの下条村の子育て支援住宅では再現されている。そのため子育てが楽で，「3人目を産んでもいいかな」という母親もいるし，「ここでなければ2人目は産めなかった」という人もいる。

　下条村では，一度住んだ若い人たちにその後も住み続けてもらいたいと，一戸建てを建てる土地も整備している。だが，子育て期に下条村に住んでいた世帯も，結局は親のいる出身地に戻って家を建てる人が多い。下条村が他の地域の若い人たちの子育て期を支えている，とも言える。だが，逆に言えば下条村のような試みを全国的に行えば，子どもを産みたいという人たちが，躊躇なく産めるようになる可能性がある。下条村も村の中で雇用の場が豊富にあるわけではないが，近くに会社の多い飯田市があることが有利に働いている。また，下条村は住民の中に占める若い女性の比率が上がっているめずらしい自治体でもある。

5 地方で仕事をつくれるか

　東京オリンピックが決まり，ますます東京への一極集中が加速化するようだ。だが，「東京に若者が集まると，さらに少子化が加速する」，と元岩手県知事である増田（2013）が主張している。「東京は人口のブラックホール」であり，「本来，田舎で子育てすべき人たちを吸い寄せて地方を消滅させるだけでなく，集まった人たちに子どもを産ませず，結果的に国全体の人口をひたすら減少させていく」と述べている。

　実は被災地を回った時，考えさせられたことがある。沿岸部の保育所も軒並み津波で壊され，保育所がなくなったことも若い世帯が被災地を離れる大きな理由である。しかも，「もし保育所が再興されても，働く保育士がいない。地元の保育所がなくなって，みんな東京の保育所に行ってしまった。東京のほうが給料もいいし，もう戻ってこないだろう」と言う。待機児童対策で全国から都心に保育士が集まることにより，さらに地方で子育てを支える人がいなくなっている現実がある。

　今回，子育て支援の状況を調べるために各地を回ったが，地方の悩みは「大学で都会に出たら，もう戻ってこない。大卒がつける仕事がない」ということだった。故郷に戻りたい学生が教員や公務員の仕事に応募しても，採用数がきわめて少ない。長年，臨時教員で働いていた若者も，とうとうあきらめて首都圏で教師になったという話も聞いた。そこで，ある農村で塾を運営している人は「あんまり教えないの。賢くなりすぎて東京の大学行ったら戻ってこなくなるから。子どもたちが地元の農業高校に行って，地元で働き続けてくれるのが夢。だから，地元に誇りをもってもらいたいと思って，地元の歴史や風習などを教えている」という。

　長野県の阿智村では，地域おこし協力隊の青年たちに会った。阿智村では全国的にみても珍しく，地域おこし協力隊の青年を最初から「地元に定住する」という条件で受け入れている。私が会った2人の青年は共に東京からの移住組

で，結婚し子どもも育てている。一人は海外出張もこなすサラリーマンだったが，震災の時，妻は子ども二人と東京にいて，家族離ればなれで暮らすのは限界と感じ，妻も移住に賛成したという。もう一人は阿智村に来てから，小さな集落に入り，そこで相手を見つけて結婚している。お嫁さんが彼を選んだ理由は「集落で仕事づくりをして，一緒に地元で働いて暮らしていけるから」ということらしい。

　彼らは地元から家と畑・水田を借り受けて暮らしている。生活はどうやって成り立たせているのか，聞いてみた。そうすると，まず食料の米や野菜は自分でつくれるし，農村では物々交換で，様々な物が手に入るという。現金収入は登山ガイド，地元特有の希少野菜を何軒かの農家と協働でつくってインターネットで宣伝し，東京のレストランに卸したり，土壌改善のための炭を間伐材で焼き，有機野菜を育てる人たちに売っている。また学童保育の指導員など，いくつも仕事をこなしながら，暮らしているという。彼らにそれで子どもを育てていけるのか，と聞くと，「高校生ぐらいまでは，自宅から通えば大丈夫。だが大学はネックだと思う」と話していた。子どもたちを保育所に通わせ，妻たちも地元で働いている。

　阿智村では村内の昼神温泉の旅館に泊まった客相手の朝市も，地元の人にとっては貴重な収入を得る場所だ。家の畑でとれた作物や手づくり品を，朝市で販売してから仕事に行けるように，平日の朝市は朝6時から始まり，8時には終わる。店を出す位置もよく売れる場所とそうでない場所がある。不公平にならないように，毎日一ブースずつ店の場所がずれていくように考えられている。

　また大阪の豊中市ではなかなか仕事に就けない人たちのための，就労支援のモデル事業を展開している。特徴的なのは，市役所が無料職業紹介所の免許をとり，単に仕事を紹介するだけでなく，地元企業の振興も兼ねて仕事づくりにも取り組み，就職後のフォローアップも行っていることだ。例えば，高級ブランドのかばんの縫製を請け負う工場では，技術を持った職人が高齢化し，後継者がおらず困っていた。そこで縫製過程を細分化し，熟練度に応じて様々な人に仕事を割り当てることとし，豊中市がそこに働く人を紹介している。これを

豊中市では「仕事を構造化する」と呼んでいる。

このほか，介護サービス事業協働組合を開設したり，高齢化で農業従事者の減少に悩む高知県と提携し，月の半分は高知に行って農業ハウスで働くという仕組みを導入できないかと準備中である。阿智村や豊中市のやり方が全国で通用するかどうかはわからない。だが，地域や地方で若者の雇用先を開拓する必要がある。

6 子ども・子育て支援新制度をスタートとして

今回，この本の中で子育て支援に特色のある自治体をいくつか取り上げたが，皆さんはお気づきだろうか。自分たちの自治体にはないにしても，周辺に雇用の場があれば，子育て支援の充実で若い世帯を呼び寄せることもでき，子どももたくさん生まれるようになる可能性がある。だが，周辺に雇用の場がなければ，いかに子育て支援が充実しようとも，若い世帯が集まってくることはない。若い人が結婚し，子どもを産み育てていくには，まずは働く場が必要なのだ。もちろん仕事があっても，子育て支援基盤がなければ，未婚化や少子化は進行する。子育て支援の充実と安定した雇用の場は，子育てしやすい社会を作るための車の両輪である。

また，若い人への仕事づくりには企業も重要な責任がある。一部の正規社員の世帯主賃金を保障するために，大勢の非正規雇用者を安く雇う仕組みでは，いずれ社会は立ち行かなくなる。オランダのワークシェアリングのように，仕事を多くの人に配分する。しかもそれは，現在のような保障のない非正規ではなく，安定した雇用を創出することが必要だ。もちろん，一方ではそのようになれば，すべての人に世帯主賃金（一人の収入で家族を養うレベルの賃金）を支払うのは不可能であり，現在の欧米のように夫婦二人で働いて，家計も家事も育児も担うということになるだろう。だが，雇用の安定が保障され，将来への展望が開けるのなら，結婚もしやすくなる。また結婚しない人生であっても，一人で自立して暮らしていけるだけの収入を得られる人が増えることになる。

第Ⅲ部　子ども・子育て会議と子ども・子育て支援新制度のこれから

　実際，東京都内の朝7時半から夜8時半まで開所しているある保育所は非正規が一人もおらず，全員正規採用の保育士で運営している。一時保育や学童保育も併設し，職員全員に保育士資格がある。毎月職員会議をして，翌月の勤務表を決めるが，「自分の子どものことを優先してよい」という前提があり，子どもの授業参観などの日は休んでよいことになっている。そのため子育て中とそうでない保育士を複数担任で組み合わせるなど工夫しているが，基本は職員が互いを思いやり，互いに助け合うという気持ちのよい職場づくりである。おかげでここは保育士不足に悩んだことはなく，男性保育士が職員の3分の1を占める。男性保育士は「少々給料が高くても，子どもが好きで保育士の仕事を選んだのに，自分の子どもに関われないのでは働きがいがない。しかもこの働き方だと，無理なく共働きできるので生活も十分安定している」と話している。

　そんなこと，不可能だと思われるかもしれない。だがオランダもどん底の80年代に，強い危機感の下，社会全体で改革に挑み，今の状態にまでもってきた。日本は残された時間は少ない。今，仕事や働き方の改革を始めなければ，雇用の不安低層がさらに増え，年金や失業保険といった社会保障のセーフティーネットをもたない人々は，年齢を重ねれば，そのまま生活保護受給者となる。90年代のバブル崩壊，さらに90年代後半の北海道拓殖銀行や山一証券の倒産などの金融危機後の超就職氷河期に，フリーターや無業者として社会に出た若者の中には，そのまま正規の職に就けないまま，30代後半から40代になりつつある者も少なくない。このままでは未婚化も少子化も一層進行し，10年も経てば日本にはもう改革の力もないかもしれない。東京オリンピックをめざして，社会に勢いがある間が将来への布石を打つチャンスだろう。

　子ども・子育て支援新制度は，日本が子育てしやすい国となるかどうかのスタートにすぎない。それだけに終わらせず，雇用や仕事，過疎が進みつつある地方をどうするのか，考えなくてはならない。悲しいことだが，地方は一般的に出生率は高いが，そもそも出産可能年齢の女性が減っているので，生まれる子どもの数は減っているのだ。

　地域によってはお見合いパーティーや結婚紹介にのりだしているが，それだ

けでは問題解決にならない。まずは地域から女性が流出しないようにすることが重要だ。例えば雇用対策と言えば，男性の仕事の確保が優先されていたが，女性も自立できる仕事の確保や女性が暮らしたいと思える街づくりも欠かせない。地元の女性が出ていきたいと考える町に，外からお嫁さんが来てくれるだろうか。若い女性のいない地域に，未来はないのだが，これまでいくつの地域が街づくりに女性の視点や考えを取り入れてきただろうか。

あれほど子育て支援に熱心な長岡市でも，実際には子どもは少しずつ減り，もちろん人口も減っている。それほど減少していないように見えるのは，平成に入ってから3回にわたって，周辺の自治体を合併しているからでもある。地方の少子化と人口減は今後，勢いを増して進んでいくだろう。

また，従来型の公共事業では，地域振興への解決にならないと小峰（2013）は述べている。例えば遠野市の事例をあげたい。東北大震災の後，災害の際の救援のためにも沿岸部と内陸部の交通網の整備が必要だということで，「復興支援道路」として，花巻・釜石間の東北横断自動車ルートの整備が決められた。遠野市周辺や釜石の中で途切れていた高速道路をつなぐのである。これができれば盛岡市内の救急医療施設への搬送も容易になると考えられている。そのためこの道路整備を歓迎する一方，戸惑いもある。実は遠野市には国道283号に「風の丘」という道の駅がある。ここは遠野市の人にとって重要な働く場である。高速道路がつながれば，この道の駅の利用者も減り，貴重な職場が打撃を受けるのではないか，と恐れる声もある。交通が便利になればなるほど，内陸部と沿岸部の結節点としての遠野市の役割が失われてしまう。

また被災した沿岸部の村でも，震災前から村にいくつもある漁港の維持管理費が村の財政を圧迫しており，漁師も高齢化によって減少する中で漁港の集約化は必須の課題であった。だが震災によって被災したことにより，結局すべての漁港に復興予算が付き，工事が行われている。震災後の問題山積みの中で，漁港集約化の方向性を定める時間も手間もかけられなかったことも事実だ。だが，震災で船をなくしたことを契機に引退を決めた漁師も多い。今は港の工事で地元にお金も落ち，仕事もあるが，それが終われば，さらに漁師が少なくな

っている一方で，港の維持管理費が村の存続を脅かす可能性がある。

　残念ながら，子育て支援基盤が充実しても，いわゆる狭義の子育て支援策だけでは少子化や人口減少の課題は解決しないだろう。高等教育を含めての教育費をどうするか，若者に安定した雇用が確保できるか，長時間労働が改善され，生活と仕事が両立できる働き方が当たり前になるか，子育て世帯の住宅問題をどうするのか，小児科や産婦人科など医療資源が適切に配置されるかなど，重層的なアプローチが求められる。産科医がいない地域ではお産もできないし，小児科医のいない地域では子育てもできないからだ。しかし一方で，どんなに努力しても人口減少をすぐに止めることはできない。日本全体で人口減少を前提にそれを乗り切る政策も講じなくてはならない。まずは今いる子どもも大人も含め，一人でも多くの人の能力を伸ばし，その力を社会で発揮してもらうことが必要だろう。

　子ども・子育て支援新制度は大切な制度である。子育て支援に安定した財源を確保するという，子育て関係者の願いを形にしたものである。これを大事に育て，よりよいものにしていかなくてはならない。

　この国で子どもたちが健やかに育ち，若い人たちが安心感をもって結婚や子育てできる社会をつくるために，私たちに残された時間は少ない。そういった未来を手に入れるために，惜しまずありとあらゆる資源と人を動員し，社会の仕組みを変える覚悟が必要である。

■参考・引用文献──────
　厚生労働省「21世紀出生児縦断調査及び21世紀成年者調査特別報告」2013年
　　（http://www.mhlw.go.jp/toukei/list/162-1.html）
　厚生労働省雇用均等・児童家庭局職業家庭両立課「今後の仕事と家庭の両立支援に
　　関する調査結果報告書」2008年（http://www.mhlw.go.jp/houdou/2008/07/
　　dl/h0701-6a.pdf）
　国立社会保障・人口問題研究所「日本の地域別将来推計人口2013年3月推計」2013
　　年
　国立社会保障・人口問題研究所「第14回出生動向基本調査──結婚と出産に関する

全国調査　夫婦調査の結果概要」2011年
国立社会保障・人口問題研究所「第4回（2008年）全国家庭動向調査」2010年
総務省「労働力調査」2011年
小峰隆夫「公共投資回帰では何も解決しない」『中央公論』12月号，2013年，pp. 40-45.
日本生産性本部「労働生産性の国際比較」2012年
樋口美雄・太田清・家計経済研究所（編）『女性たちの平成不況——デフレで働き方・暮らしはどう変わったか』日本経済新聞社，2004年
前田正子『子育てしやすい社会——保育・家庭・職場をめぐる育児支援策』ミネルヴァ書房，2004年
増田寛也・人口減少問題研究会「2040年，地方消滅。『極点社会』が到来する」『中央公論』12月号，2013年，pp. 18-31.
文部科学省「学校基本統計（各年版）」
吉田千鶴「育児」内閣府『少子化社会に関する国際意識調査報告書』2011年，pp. 126-150.

おわりに

　子ども・子育て支援新制度は大切な制度である。子育て支援に関わる様々な人々が願っていた，「子育て支援に安定した財源確保を」という思いを形にした制度でもある。この制度を大事に育て，よりよいものにしていかなくてはならない。新しい認定こども園制度も始まるが，少子化がどんどん進展する中で，就学前児童の健やかな育ちの保障をどうするか，といった議論が終わったわけではない。

　だが，この制度だけで，日本が子育てしやすい社会になるわけではない。本文でも言及したように，高等教育の費用をどうするのか，若者に安定的な仕事をどうやって保障していくのか，人口減の勢いを増す地方の再生をどう図るかなど，あらゆることを一緒に改革していかなくてはならない。

　大学で教えるようになって，驚いたのは，女子学生の考え方だった。「もっと勉強したら」「自分の能力を伸ばす挑戦をしたら」と言っても，「どうせ結婚するんだから」と，結婚相手がいるわけでもないのに「手抜きして何が悪い」という理由に結婚を使う。両親たちはバブル期に苦労せずに大手企業に入り，母親の多くは専業主婦だ。「お母さんから"女の子は頑張る必要ない"と言われている」とか，「どうせ家に入るのに，勉強する意味がわからない」と言う。

　男性の所得が減っていることや，多くの女性が結婚相手として選びたいと思う高い所得を得る男性は数が少なく，未婚率が上がっていると教えても，彼女たちは「自分だけは大丈夫」と高をくくっている。そのため，就職活動にも力が入らず，「どうせ結婚するのだからアルバイトでいいですよね」と言ったり，どうせ数年働くだけだからと，仕事選びもいい加減になる者もいる。

　だが，「結婚さえすれば何とかなる」と考えている女子学生を見ると，心配である。筆者が市役所で働いていた頃から，生活保護担当者の間では，家事手

伝いという名目で，親の家にいる無職や非正規就労の女性で40代，50代になっている人が少なくないことが問題視されていた。親が亡くなったあと，親の蓄えも尽きればこの女性たちが生活保護を受けざるを得なくなる，という話がずっと出ていたからだ。実際，80代の親が50代になろうとする娘を連れて，「この子は一度も働いたことがない」と相談窓口に来たことがある。

　男子学生の多くも「奥さんは家にいるものでしょう？　お母さんもそうだから」という。自分たちが現実的にどの程度の収入を得るのかも，まったくわかっていない。女子学生に「自分の将来の夫の年収はどの程度がいいの？」と聞くと，大概，とんでもなく法外な年収を言うので，男子学生は青くなっている。

　実際，自分で自立して暮らすために，どの程度の収入がいると思うか，子どもがいるとどうなるかを考えさせたり，給与から引かれる社会保険料などを計算させると，次第に，落ち着いて物事を考えるようになる子もいる。

　学生たちには，これから生きていくうえでの参考になるようにと思い，保育所に連れていったり，父親が育児に関わる重要性を男性のゲストスピーカーに話してもらったり，引きこもりからのサバイバーにも来てもらい，一度や二度の回り道や挫折も人生にはあるといったような，様々な生き方や考え方があることに触れさせようとしている。

　そんなことを繰り返すうちに，2013年に初めて卒業生を出した。生き生きと楽しく働いて，見違えるほど立派な社会人になっている者もいれば，1年経たずして，すでに最初の仕事を辞め，転職した者もいる。

　ある子の勤務は，毎日，朝5時ごろから夜9時すぎまでだった。そのうち過労で血尿が出るようになり，悩んで私のところに連絡が来たのだ。いろいろ聞き出すと，驚いたことに出勤簿は本人が書かず，上司が定時出社，定時退社で記入しているという。だが本人は「こんな短期間で辞めたら，甘えている，と言われるかもしれない。次の仕事はないかもしれない」と迷っている。

　私はすぐに知り合いのハローワークの職員に連絡をし，その子に相談に行かせた。ハローワークの職員から，本人は悪くなく，会社のしていることが違法であるとの説明を受け，無事退職し，今は新しい仕事についている。読者の

方々にすると,「そんな会社に就職するのが悪い」と言われるかもしれない。だがこの会社は上場している会社であり,「人を育てる」と書かれた立派なホームページの IR 情報には内部監査室からコンプライアンス委員会まで設置されていると書かれている。

このほかにも,支店に配属された新人全員が一斉に辞めたという事例がある。辞める前に一人ひとり本社に呼ばれたが,本社は支店長が適切な労務管理をせず,長時間労働を強要していることを知っていたという。「支店長とのめぐりあわせも運。それを乗り超えて一人前」ということだったのだろうか。ここにあげた二人は無事転職を果たした。だが,このほかにも,有名大手企業でも暴力沙汰やセクハラなど驚くようなことを学生から聞くことがある。

確かに学生は甘い。最近は少子化もあり,推薦で高校や大学にも進学できるため,1回も受験もせず大学に来ている子も少なくない。厳しいハードルを越え経験のない学生たちは,レポートのできが悪いと言われただけで涙を流したりする。私が新人時代に受けた研修や指導も,今の子はパワハラだと騒ぐかもしれないと思う。

しかし,若者を使い捨てのように扱う会社が許されるわけがない。少子化だ,結婚しない若者が悪い,と言う人もいるが,身もすり減らすような働き方をさせられて,どうして恋愛したり,結婚できるだろうか。この学生たちが社会人になることに夢をもち,安心して働けるようにならずして,どうやって少子化が克服できるだろうか。

本書にも書いたように,本気で少子化の進展を食い止めようと考えていたのであれば,1990年代から思い切って資源を投入し,子どもへの支援を手厚くし,職場改革と雇用改革も進めるべきだった。若者の雇用の非正規化が進めば,何が起こるかをもっと考えるべきだった。だが,進む高齢化への対応に気をとられ,不況を乗り切るために人件費を抑える方向に雇用は動き,対策が不十分なまま,日本の少子化対策は失われた20年になってしまった。

今度こそ,私たちは覚悟を決める必要がある。痛みや負担を避けずに議論し,人口減を前提に社会の仕組みを変え,様々な制度を,今の子どもたちや将来産

まれてくる子どもたちのためのものにしなくてはならない。子どもたちに手厚い制度を設けると，必ず「若い親を甘やかすな」という意見が出る。だが，子どもの健やかな育ちを守ることは，私たちの社会のためでもある。子ども・子育て支援新制度だけでは，問題の解決はできない。このラストチャンスを逃してはならない，と思う。

　最後に，各地で労を惜しまず，筆者に様々なことを教え，話して下さった方々に心から感謝申し上げたい。忙しい方々に無理をお願いしたにもかかわらず，何の見返りもないのに，現場の現状や，現場の抱える悩みを教えて下さった。本書に書かれていることは，あくまでも筆者の個人的見解であり，文中の錯誤や誤記はすべて筆者の責任である。

　今後，日本は人口が勢いを増して減っていく。だが，二度目の東京オリンピックが決まった日本が，この新制度導入のチャンスを逃さず，必要な対策をとり，少子高齢化の波を乗り切る力があることを信じたい。

　また，この本で取り上げた地方の訪問調査などは，2010年度～2013年度の科学研究費助成（課題番号23530296研究代表者吉田千鶴）を得て実施したものである。さらに分析のために，内閣府から「少子化社会に関する国際意識調査」のデータの提供も受けた。深く感謝申し上げる。

　この本の執筆中に大正生まれの父が亡くなった。大正・昭和・平成と3つの時代を生き，戦後日本の高度成長期に働いてきた父には，少子高齢化の日本の現状は信じがたいものだったろう。かすかだが，東京オリンピックのテレビ中継にくぎづけだった若い両親の姿が，私の記憶にはある。

　この本を亡き父に捧げたい。

2014年5月
前田正子

さくいん

あ 行

いーはとーぶ　115
育児休業制度　72
育児休業法　17
1号認定　43
1.57ショック　5
運営に関する基準　50
駅型保育園　17
エンゼルプラン　16
応益負担　46
応能負担　46
夫の育児協力　211

か 行

介護保険　21
確認　49
家庭的保育　39, 134
仮単価　48
緊急保育対策等5か年事業　17
公定価格　47
高齢化率　3
子育て支援事業本部　124
子育ての駅「てくてく」　80
子ども・子育て応援プラン　22
子ども・子育て支援給付　37
子ども・子育て新システム　27, 28
子ども・子育てビジョン　27
こども青少年局　128
『子どもと家族を応援する日本』重点戦略会議　24
これからの少子化対策について　23

さ 行

災害子ども支援ネットワークみやぎ
　168

3号認定　43
私学助成型幼稚園　37
次世代育成支援対策推進法　22
施設型給付　37
施設型給付幼稚園　37
シティホールプラザ・アオーレ長岡　88
児童手当　37, 72
下条村　219
社会保障国民会議　24
社会保障・税一体改革　32
就職氷河期　7
就職も進学もしなかった者　215
小規模保育　39
少子化社会対策推進専門委員会　23
少子化社会対策大綱　22
少子化対策推進基本方針　20
少子化対策プラスワン　21
新エンゼルプラン　20
人口置換水準　5
人口問題審議会　4, 6
新待機児童ゼロ作戦　26
静止人口　5

た 行

第一次ベビーブーム　3
待機児童　59
待機児童解消加速化プラン　30
待機児童解消「先取り」プロジェクト
　29
待機児童ゼロ作戦　20
第二次ベビーブーム　5
団塊の世代　4
短時間（保育）　45
短時間就労の下限　46
男女雇用機会均等法　17

233

地域型保育給付　37
地域子ども・子育て支援事業　54
地方版子ども・子育て会議　191
中高生の居場所　174
長時間（保育）　45
超就職氷河期　7

な行

2号認定　43
認定区分　43
ねっと・ゆりかご　112

は行

晩婚化　10
非正規雇用者比率　218
必要性認定　44
夫婦の出生力　12
プレーパーク　180
保育教諭　52
保育コンシェルジュ　137

保育短時間利用　46
保育に欠ける　40
保育の必要性　39
保育標準時間利用　46
放課後児童クラブ　55
訪問型子育て支援事業（ホームスタート事業）　149
ホームスタート事業（訪問型子育て支援事業）　149

ま・や・ら行

未婚化　9
未婚率　7
幼保連携型認定こども園　51
幼保連携型認定こども園教育・保育要領　52
横浜型幼稚園預かり保育事業　122
横浜保育室　121
利用定員　50

《著者紹介》

前田正子（まえだ・まさこ）

早稲田大学教育学部卒業。その後，公益財団法人松下政経塾研究員などを経て，1992年～1994年まで米国ノースウエスタン大学ケロッグ経営大学院に留学し，経営学修士を取得。この時，子連れで米国へ留学したことをきっかけに，帰国後1994年～2003年までライフデザイン研究所（現第一生命経済研究所）で，自らも働く母親の立場から保育制度や子育て支援の研究を始める。その間に，慶応義塾大学大学院商学研究科後期博士課程修了，商学博士号を取得。2003年～2007年まで横浜市副市長として，教育・福祉・医療を担当し，こども青少年局を立ち上げるなど，子育て支援をはじめ福祉政策全般の整備を進めた。2007年～2010年まで公益財団法人横浜市国際交流協会理事長を務め，2010年より現職。また，2009年～2011年まで地域主権戦略会議構成員権限移譲担当主査，2011年～2012年まで社会保障改革に関する集中検討会議委員を務める。近年では，地方版子ども・子育て会議の委員を務めるほか，子育て支援に関する講演を行いながら研究を続けている。

現　在　甲南大学マネジメント創造学部教授
主　著　『福祉が今できること――横浜市副市長の経験から』岩波書店，2008年
　　　　『子育てしやすい社会――保育・家庭・職場を巡る育児支援』ミネルヴァ書房，2004年
　　　　『子育ては，いま――変わる保育園これからの子育て支援』岩波書店，2003年

　　　　　　みんなでつくる子ども・子育て支援新制度
　　　　　　　　――子育てしやすい社会をめざして――

　　　　　2014年7月30日　初版第1刷発行　　　　　〈検印省略〉
　　　　　　　　　　　　　　　　　　　　　　　定価はカバーに
　　　　　　　　　　　　　　　　　　　　　　　表示しています

　　　　　　　　　著　　者　　前　田　正　子
　　　　　　　　　発　行　者　　杉　田　啓　三
　　　　　　　　　印　刷　者　　江　戸　宏　介

　　　　　　発行所　株式会社　ミネルヴァ書房
　　　　　　　　　　607-8494 京都市山科区日ノ岡堤谷町1
　　　　　　　　　　電話代表（075）581-5191
　　　　　　　　　　振替口座 01020-0-8076

　　　　© 前田正子，2014　　　　共同印刷工業・藤沢製本

　　　　　　ISBN978-4-623-07092-3
　　　　　　　　Printed in Japan

子どもを「人間としてみる」ということ　　四六判／308頁
　　　──子どもとともにある保育の原点　　本体　2200円
　子どもと保育総合研究所／編

見えてくる子どもの世界　　　　　　　　Ａ５判／220頁
　　　──ビデオ記録を通して保育の魅力を探る　本体　2400円
　岸井慶子／著

子どもの心の育ちをエピソードで描く　　Ａ５判／296頁
　　　──自己肯定感を育てる保育のために　本体　2200円
　鯨岡　峻／著

保育の場に子どもが自分を開くとき　　　Ａ５判／242頁
　　　──保育者が綴る14編のエピソード記述　本体　2400円
　室田一樹／著

子どもの心的世界のゆらぎと発達　　　　Ａ５判／226頁
　　　──表象発達をめぐる不思議　　　本体　2400円
　木下孝司・加用文男・加藤義信／編著

０１２３発達と保育　　　　　　　　　　Ａ５判／240頁
　　　──年齢から読み解く子どもの世界　本体　2200円
　松本博雄・常田美穂・川田　学・赤木和重／著

子どもの発達の理解から保育へ　　　　　Ａ５判／240頁
　　　　　　　　　　　　　　　　　　　本体　2400円
　岩田純一／著

共　感──育ち合う保育のなかで　　　　四六判／232頁
　　　　　　　　　　　　　　　　　　　本体　1800円
　佐伯　胖／編

─── ミネルヴァ書房 ───
http://www.minervashobo.co.jp/